英語 vs. 日本人

—日本人にとって英語とは何か—

森光有子
中島寛子

開文社出版

はじめに

日本に英語教育が導入されてから100年以上が過ぎ、今や英語は義務教育の中に当然あるべき科目となった。しかし、なぜ英語を学習するのか、日本人にとって英語とは何か、その必要性は、という問いに対して今日まで国が一貫した考えや態度を表明したことはないに等しい。英語教育の必要性については、専門家の間でもさまざまな考えが飛び交い、どういった理念の下で英語教育がなされるのかという一本の大きな柱のようなものがないまま、ここまで来ている。それ故、日本人は英語というものを捉えきれないまま、英語に振り回されてきた感がある。「教養のための英語」、「グローバル社会のための英語」、「国際人のための英語」など、英語に関してさまざまな方向が示されるのだが、どのような理由で何を目指して英語を学ぶのかがはっきりしないままになっているため、向かう先はどうなっているのかが見えない。「英語」という大きなものが漠然と存在するような感じなのだ。しかし、「英語」という何か大きなものに近づきたい、近づかねばならないという半分憧れと半分強迫観念のような思いは大きく、どうすればその巨大なるものを掴むことができるのかということに労力を費やしてきたように思われる。○○教授法であれば…、ALTの力を借りれば…、国際理解教育を取り入れることによって…、コミュニケーションを中心に学習すれば…などなど、英語への道を探るのであるが、スタート地点である「なぜ英語を学ぶのか」、「日本人にとって英語とは何か」、という根本的なところは抜け落ちたままだ。日本人にとっての英語の意味がわからないまま、それでもなんとか「英語」を目指そうとしている。それほど日本人にとって「英語」は大きな存在なのである。この漠然と存在する巨大な「英語」とそれにどうにかして向かおうとする日本人が「英語vs.日本人」というタイトルのイメージである。

「日本人にとっての英語の意味」と上で述べたが、日本人は母語を含めてことばというものの意味をどれだけ考えているだろうか。日本人なら生まれつき皮膚の色は黄色で髪の色は黒、目の色は茶色、というのと同様、日本人なら日本語を話すと考えている人がほとんどであろう。生物学的に、あるいは遺伝的に受け継いでいる要因と誕生後に個人個人が学ぶことによって身につけていく文化とを混同して考えてしまっており、日本の国語は日本語であることが当たり前だと思っている。これは日本人がその歴史上ことばを（奪った経験はあっても）奪われた経験がない故の結果であろうが、この事実が日本人からことばというものの意味を考えることの大切さに気づく機会を奪っている。

母語であれ外国語であれ、人と話をして通じるのであればそれでよいではないかと、文法にも語彙やアクセントなどの変化にも無関心また無頓着な日本人が多い。自分の考えを伝えるのに適当に単語を並べればそれでなんとか伝わると、トレーニングの必要性を全く感じていない人がほとんどであるように思える。ことばなんて自然に身につくものであるから、ことばの訓練など不要だと安易に構えている人が多過ぎる。またそれ故に、その日本人から成る日本という国には言語政策が欠けていると言える。母語を奪われた歴史、外国語を強制された経験がない民族は、その国の国語を制定する必要を感じず、母語は自ずと決まっていると思っている。このような十分な言語政策を持たない国の人々は、ことばが文化の「標（しるし）」（阿部2007）であるということに気づきにくいものである。

文部科学省はこの国の言語政策について何も示さないまま公立小学校でも英語を必修化することに決定した。私たちは、それぞれの専門領域での研究活動を通し、また英語学や英語史、異文化間コミュニケーション、英語科教育法、児童英語教育などの大学での授業、小学校や幼稚園での英語教育（あるいは活動）を担当するうちに、ただ英語は必修科目だから、あるいはグローバル化の時代には英語が必要だからという理由だけで、英語を受け入れ学ぶことは危険ではないかという思いが日に日に強くなっていった。英語の教員を目指す人が大学で修めるべき言語系の科目の中には、英文法や音声学あるいは発音法といった現実の指導に直接関わる知識や技術を学ぶ科目は必ず入っているが、なぜ英語を学ぶのかや英語とはどのような言語であるか（言語としての英語そのもの、歴史、背景など）を考える科目は必ずしも学ぶ必要のないカリキュラム構成になっている場合が多い。実際に英語科教育法を担当するようになって、英語の教師を志す学生の、つまり将来英語を教える側に立つ可能性のある人の英語に関する知識の浅いこと、表面的であることに、このままではいけないと思うに至った。授業で教えることが仮に文法や発音法の知識だけで間に合うとしても、あるいは話す力や聞く力が十分であるとしても、それだけではなく教員自身が英語とはどのような言語であるかを十分に知っているかどうかは、自ずと授業全体に影響を与えるであろう。2年後には日本のすべての小学校に英語が導入される。英語は人生最初の学校教育の段階で母語以外に学ぶただ一つの外国語になる。その言語に対して、日本の将来を担う子どもたちがどのような態度で接していくかを決定づけるのは教員であると言っても過言ではない。下手をすると、英語に特別の地位を与え、英語を崇拝するような子どもたちを生み出しかねない。英語優越主義に陥りかねないからである。そしてそれ故に、さまざまな観点から英語や日本語を、またその文化や歴史を考え、それらに基づく言語教育・英語教育を考える必要があるだろうという思いを持つようになった。

英語は現在、確かに世界共通語と言われるほど世界の多くの国・地域で使用されているが、古くは一地方のことばに過ぎなかった時代もある。英語はさまざまな歴史を経て現在に至り、そしてそれ自身の文化を持つ。同様に、日本語は日本の文化である。日本人はまず母語である日本語を、また日本語に埋め込まれている日本文化をきちんと見、敬意を払うべきである。その上で、これまで外国語を強制されたことのない日本人がこぞって、幼い頃から、日本文化と異なる文化を持つ英語を学ばなければならない理由と状況をよく考えなければならない。そして、全人教育を基本とする小学校から英語を必修にする意味と危険性とをよく考え、今、そしてこれからの時代、日本人は英語とどう付き合っていくべきかを真剣に論じなければいけないだろう。英語学習者にはこのような問題を考えながら学習してほしいのはもちろんであるが、地球の将来を担う子どもたちに英語を指導する立場にある大人たちの責任は大きい。

本書を執筆するにあたって、できる限り専門用語を避け、一般の人々にも広く手に取って読んでもらえるようにした。英語に関わる事柄は、今や専門家だけが考え論じればよい時代ではなく、すべての日本人の問題であると思うからである。また、全体の構成として、第1章から第6章へという流れがある。まず、今でこそ世界共通語と言われる英語がどのような歴史を経て現在の状況に至ったか、歴史を振り返る（第1章）。その際には、アフリカ、ネイティブ・アメリカン、アボリジニの人々に対して行われた悲惨な仕打ち――植民地化、侵略、英語の押し付け――という歴史も含めて考える（第2章）。アフリカなどの英語を押し付けられた人々は英語に対して嫌悪感を抱いているが、他方で自分たちの主張を世界の人々に示すためには英語を用いなければならないという矛盾を心の中に抱えている。それに対して、日本は植民地になった経験はなく、英語を強制された歴史もない。その日本は英語とどう関わってきたのかを第3章で考える。明治初期から現在に至るまで、日本人は英語に対して愛と憎を繰返してきた。アメリカの属国でもないのに、日本は今や公立小学校にまで英語を導入し、またテキストも授業も英語のネイティブ・スピーカーによる小学校を自治体で立ち上げるなど、自ら進んでアメリカの支配下に入ろうとしているかのような動きもある。英語に対するコンプレックスは続く。しかし、このような愛憎劇の原因となった英語は日本語と大きく異なる。日本人は英語を学ぶにあたって、これら2つの言語の違いに気づく必要がある。両者はどう違うのか、その一部を第4章で考える。言語には文化が組み込まれている。言語を見ればその文化の思考方法や事象の捉え方が見える。英語と日本語はさまざまな点で異なるが、言語が異なるということは英語文化と日本文化が違うということである。2言語を比較して、それぞれの文化に属す人々の思考や事象の捉え方を考える。そして、英語と日本語はこれだけ違うのだということに気づき、日本人のアイデンティティーとしての日本語を大切にしなければならないと主張する。母語を大切にする一方で、小学校英語反対論も多い中、公立小学校での英語必修化はもうすぐそこまで来ているという現実がある。実施は避けられない状況にある。それならば、メリットを考え、それらを最大限に活かそう。教師は、親は、何にどのように気をつけ、何をどのように教え伝えていくべきなのかを考える（第5章）。さまざまな側面から英語また英語と日本語、英語と日本人の関わりを見た上で、日本人はこれからどのように英語と（また日本語と）関わっていけばよいのか、付き合っていくべきなのかを最後に提言する（第6章）。

全体の構成としては以上のような流れがあるのだが、各章を単独で読んでもらっても構わないようにしている。それぞれ興味のあるところから読んでもらい、自分にとって、また未来のある子どもたちにとって、英語とは何なのか、どのように捉え、付き合っていくべきかを考える参考にしてもらえればうれしい。さらに、自分が使う日本語、世間で使われている日本語を意識的に見つめ、普段無意識に使っていることばに関して意識的に考える機会にもしてもらえれば幸いである。

2009年　5月

森光有子

中島寛子

目　次

第1章

征服する英語——その生い立ちと今

英語は今、世界共通語と位置づけられ、日本でもなんとか国民全体が世界に通ずる英語力を身につけなければと躍起になっている。日本人全体の英語力の底上げを狙って文部科学省は2003年、『「英語が使える日本人」の育成のための行動計画』を打ち出した。「『行動計画』では、『英語が使える日本人』育成の目標を『日本人全体として、英検、TOEFL、TOEIC等客観的指標に基づいて世界平均水準の英語力を目指すこと』としており、また各大学に『大学を卒業したら仕事で英語が使える人材を育成する観点から、達成目標を設定』することを求めている」（森光、中島2006：74)。そして、そのためには「早期に学習を始めた方が効果が大きいとの判断」（朝日新聞2008年5月25日）もあり、ついには2011年度から公立小学校でも英語が義務づけられることになった。改訂された『小学校学習指導要領』（2008年告示）では、小学校5年生と6年生に週1時間の「外国語活動」（実質は、英語活動）を実施することになっているが、一方では、全国に5千校程度のモデル校を設置し、学習開始学年をもっと早めて、小学校3年生からの英語授業を試みようという動きも強まっているようである。いずれにせよ、日本の小学生全員が学校で英語を学ぶ日がすぐそこに迫っていることに間違いはない。

日本人が幼い頃からこぞって学ぶことになったこの英語という言語は、どのような言語なのだろうか。いつ、どこで、どのように始まり、どのような歴史を経て現在に至っているのか。第1章および第2章のタイトルに「征服する英語」と冠したが、「征服」には2つの意味をかけている。一つは、いくつもの困難を乗り越えて何かを成し遂げる様を表す「征服」、もう一つは、他を倒して服従させ、人や土地を奪い支配するといった意味の「征服」である。つまり、このタイトルの意図は、2つの章を通して、幾多の困難を排し世界共通語というスターの地位に上り詰めた英語の姿（第1章）と、その歴史の途中で行ってきた他国（の人々）への侵略行為という負の部分（第2章）とを示し、歴史の表と裏の両面を考えることにある。それは、物事をある一方向からのみ見るのでは、物事の見方や考え方に偏りが生じるのではないかという懸念からである。

そこで、まずこの章では、歴史の現段階での最終地点から英語の世界語としての現状を確認し、その後で、英語の歴史を英語成立以前の時代から現在まで時間の流れに沿って見ていく。そして、今後、日本人のより多くの人々がより深い形で関わろうとしている英語とはどのような言語なのかをまず知り、英語が持つ「征服」の一つ目の意味を確認する。

1.1　英語の現在

今でこそ世界共通語である英語であるが、かつては一地方語であった。その一地方語がどのような歴史を経て世界共通語という現在の状況に至ったかは1.2以降で述べるとして、ここでは現在の英語の姿をさまざまな角度から見ていくことにする。

スイスのIMD（International Institute for Management Development；国際経営開発研究所）の調査によると、日本は2008年の国際競争力ランキングで55カ国・地域中22位（2007年は24位）であった（グラフ1-1参照）。

また、1993年にそれまで5年連続守っていた1位の座をアメリカに明け渡して以来、日本の順位は下降線をたどるばかりで、少し盛り返したとしても、またすぐに順位を落としている。1998年に急激に20位に落ち込んだ後は上位に入り込むことなく、2008年の22位である。一方のアメリカは、1993年以降ずっと1位を守り続けている。（グラフ1-2および表1-1参照）

グラフ1-1と表1-1をどう読めばよいだろうか。国際競争力を判定するのにはいろいろな要因が働いている。順位は55カ国・地域の経済のパフォーマンス、政府の効率性、企業の効率性、インフラ整備の4分野323項目に関して調査した結果に基づくものである。「効率性」ということばがあるように、いかに短時間で効率的に目的が達成できるかが問われている。しかし注目すべき重要なことは、日本より上位の国々の多くでは英語が公用語であったり、あるいは不自由なく通用するということである。[1]　平野は「国際競争で日本と日本人にハンディ

1）国際競争力が日本より上位の国・地域のうち、アメリカ、シンガポール、香港、カナダ、オーストラリア、アイルランド、ニュージーランド、イギリスでは英語は公用語である。イギリス以外の7カ国・地域はかつてイギリスの植民地であるか支配下にあったため、支配者の言語である英語を使用してきた。これら8カ国・地域以外の地域の多くでも英語は不自由なく通用する。それぞれの国や地域でなぜ英語が特別な地位になるに至ったかについては、Crystal（2003：chapter 2）、また平野（1999：第1章、第2章）などを参照。

グラフ1-1　2008年国際競争力ランキング

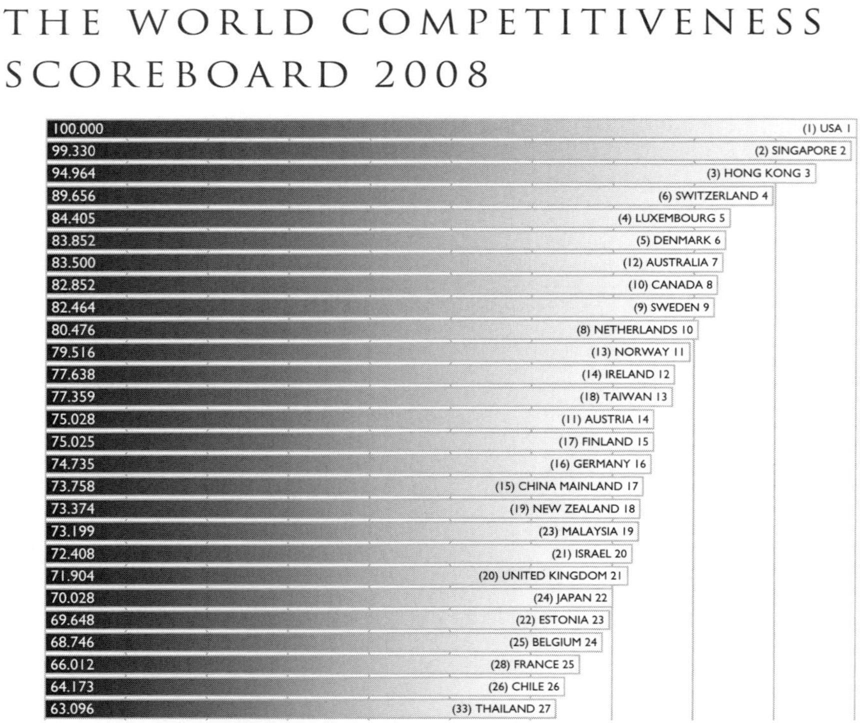
THE WORLD COMPETITIVENESS
SCOREBOARD 2008
100.000 (1) USA 1
99.330 (2) SINGAPORE 2
94.964 (3) HONG KONG 3
89.656 (6) SWITZERLAND 4
84.405 (4) LUXEMBOURG 5
83.852 (5) DENMARK 6
83.500 (12) AUSTRALIA 7
82.852 (10) CANADA 8
82.464 (9) SWEDEN 9
80.476 (8) NETHERLANDS 10
79.516 (13) NORWAY 11
77.638 (14) IRELAND 12
77.359 (18) TAIWAN 13
75.028 (11) AUSTRIA 14
75.025 (17) FINLAND 15
74.735 (16) GERMANY 16
73.758 (15) CHINA MAINLAND 17
73.374 (19) NEW ZEALAND 18
73.199 (23) MALAYSIA 19
72.408 (21) ISRAEL 20
71.904 (20) UNITED KINGDOM 21
70.028 (24) JAPAN 22
69.648 (22) ESTONIA 23
68.746 (25) BELGIUM 24
66.012 (28) FRANCE 25
64.173 (26) CHILE 26
63.096 (33) THAILAND 27

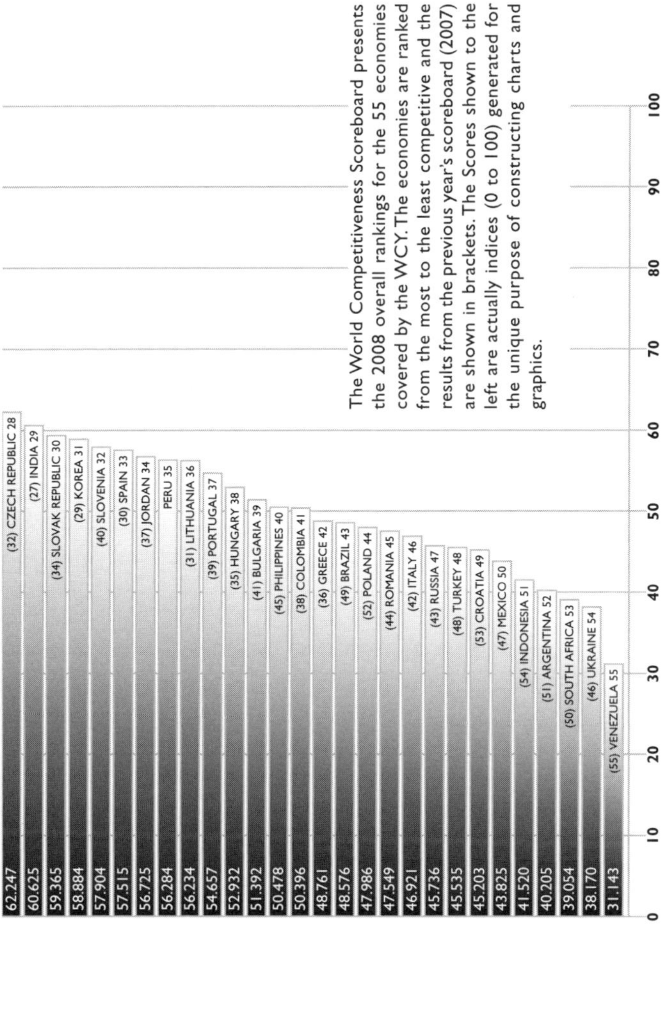
The World Competitiveness Scoreboard presents the 2008 overall rankings for the 55 economies covered by the WCY. The economies are ranked from the most to the least competitive and the results from the previous year's scoreboard (2007) are shown in brackets. The Scores shown to the left are actually indices (0 to 100) generated for the unique purpose of constructing charts and graphics.
62.247 (32) CZECH REPUBLIC 28
60.625 (27) INDIA 29
59.365 (34) SLOVAK REPUBLIC 30
58.884 (29) KOREA 31
57.904 (40) SLOVENIA 32
57.515 (30) SPAIN 33
56.725 (37) JORDAN 34
56.284 PERU 35
56.234 (31) LITHUANIA 36
54.657 (39) PORTUGAL 37
52.932 (35) HUNGARY 38
51.392 (41) BULGARIA 39
50.478 (45) PHILIPPINES 40
50.396 (38) COLOMBIA 41
48.761 (36) GREECE 42
48.576 (49) BRAZIL 43
47.986 (52) POLAND 44
47.549 (44) ROMANIA 45
46.921 (42) ITALY 46
45.736 (43) RUSSIA 47
45.535 (48) TURKEY 48
45.203 (53) CROATIA 49
43.825 (47) MEXICO 50
41.520 (54) INDONESIA 51
40.205 (51) ARGENTINA 52
39.054 (50) SOUTH AFRICA 53
38.170 (46) UKRAINE 54
31.143 (55) VENEZUELA 55
0
10
20
30
40
50
60
70
80
90
100

IMD WORLD COMPETITIVENESS YEARBOOK 2008

http://www.imd.ch/research/publications/wcy/upload/scoreboard.pdf

表 1-1　国際競争力と経済のパフォーマンスランキング 2003-2007

OVERALL RANKING AND COMPETITIVENESS FACTORS

	OVERALL					Economic Performance				
	2003	2004	2005	2006	2007	2003	2004	2005	2006	2007
Argentina	50	50	49	47	51	51	40	27	30	34
Australia	7	4	9	6	12	21	18	21	13	36
Austria	14	13	17	13	11	14	20	25	27	21
Belgium	18	23	22	26	25	4	19	19	21	20
Brazil	44	44	42	44	49	39	44	31	38	47
Bulgaria				41	41				39	31
Canada	6	3	5	7	10	11	8	11	12	13
Chile	25	24	18	23	26	35	31	23	15	28
China Mainland	27	22	29	18	15	3	2	3	3	2
Colombia	37	34	38	34	38	41	36	45	35	26
Croatia				51	53				48	50
Czech Republic	31	36	30	28	32	25	26	32	23	29
Denmark	5	7	7	5	5	12	29	29	29	18
Estonia	22	25	24	19	22	19	27	15	11	9
Finland	3	8	6	10	17	28	28	30	34	32
France	23	27	28	30	28	10	12	9	16	19
Germany	20	19	21	25	16	6	4	22	20	8
Greece	36	37	41	36	36	37	37	42	43	46
Hong Kong	10	6	2	2	3	27	10	4	5	6
Hungary	30	35	31	35	35	31	39	43	37	38
Iceland	8	5	4	4	7	18	14	16	6	11
India	42	30	33	27	27	20	11	12	7	10
Indonesia	49	49	50	52	54	43	46	51	53	55
Ireland	11	10	12	11	14	8	6	6	9	25

Israel	29	29	23	24	21		46	42	34	31	33
Italy	35	42	44	48	42		32	33	33	44	39
Japan	24	21	19	16	24		26	16	20	14	22
Jordan	40	39	35	40	37		45	47	49	52	44
Korea	32	31	27	32	29		33	41	38	36	49
Lithuania					31						37
Luxembourg	2	9	10	9	4		2	3	2	2	3
Malaysia	21	16	26	22	23		23	15	8	10	12
Mexico	45	47	47	45	47		40	43	40	22	30
Netherlands	13	15	13	15	8		5	7	10	17	5
New Zealand	16	18	16	21	19		24	17	14	28	40
Norway	15	17	15	12	13		15	24	26	18	23
Philippines	41	43	40	42	45		36	32	36	45	45
Poland	47	48	48	50	52		48	48	46	46	41
Portugal	33	32	36	37	39		30	34	39	42	48
Romania	43	45	46	49	44		47	35	41	41	35
Russia	46	41	45	46	43		44	45	48	51	52
Singapore	4	2	3	3	2		7	5	5	4	4
Slovak Republic	38	33	34	33	34		38	38	47	47	42
Slovenia	34	38	43	39	40		34	30	35	33	24
South Africa	39	40	37	38	50		42	49	37	40	54
Spain	26	28	32	31	30		22	21	24	32	27
Sweden	12	11	14	14	9		17	23	28	26	17
Switzerland	9	14	8	8	6		16	25	18	24	14
Taiwan	17	12	11	17	18		29	22	17	25	16
Thailand	28	26	25	29	33		13	9	7	19	15
Turkey	48	46	39	43	48		50	50	44	50	53
Ukraine					46						43
United Kingdom	19	20	20	20	20		9	13	13	8	7
USA	1	1	1	1	1		1	1	1	1	1
Venezuela	51	51	51	53	55		49	51	50	49	51

http://www.imd.ch/research/publications/wcy/wcy_book.cfm

グラフ1-2　日本の国際競争力ランキング　1991-2002

http://www.shinseibank.com/fx_info/imgs/gaikahozen/2g001.gif

キャップを与えはじめたのは、おそらく英語、とくに英語を使う過程でのスピードという要素だろう」（平野1999：2）と言う。つまり、英語を使って効率的に仕事が処理できることが大きな鍵を握っていると考えてよい。時間をかければ仕事も英語も処理できて当然である。今求められているのは、時間をかけずに仕事も英語も処理できるという能力である。したがって、英語力の弱い国、英語を普段使用しない国の競争力はよくないということ、英語ができなければ世界で生き残っていくのは難しいということになる。

英語の重要性を示すデータは他にもいろいろある。例えば、日常の生活の中にどれだけ英語が浸透しているかを郵便やコンピュータの情報などに見てみるとよい。「世界の郵便物の4分の3が英語によるものであるというのが広く引き合いに出される統計値である」（Crystal 2003：114、筆者訳）し、「また別の、これも広く用いられる統計値であるが、世界のコンピュータに蓄積されている情報のおよそ80％が英語による」（Crystal前掲書：115、筆者訳）。

また、次の図1-1が示すとおり、英語を第1言語として日常使用している人々（inner circle）、第2言語あるいは公用語として使用している人々（outer circle）、世界語として英語の重要さを認識し外国語として教育を受けている人々（expanding circle）をあわせると、世界の英語人口は夥しい数に上り、その数は2001年時点で11億人以上、最大の数字を取ると18億8千万人という数字である。そして英語が使用されている地域について言えば、inner circleとouter circleに属す国あるいは地域だけで、およそ75地域に及ぶ。

では、なぜ英語がこれほどまでに力を得、世界語になったのであろうか。Crystal（2003）に基づくと、次のように説明される。17世紀から19世紀にかけてのイギリスによる植民地拡大と産業革命、19世紀から20世紀におけるアメリカの経済力増強は、強いイギリス、強いアメリカにますます力を与えることになった。イギリスの産業革命によってもたらされた発明や技術革新、科学面での進歩はそれまでには考えられないものであった。これらを学び自らも利益を得ようとする人々はヨーロッパ大陸のさまざまな国に及んだが、これらの外国人が必要な知識を得るためには英語をきちんと学ぶことが必要であった。

図 1-1　世界の英語人口

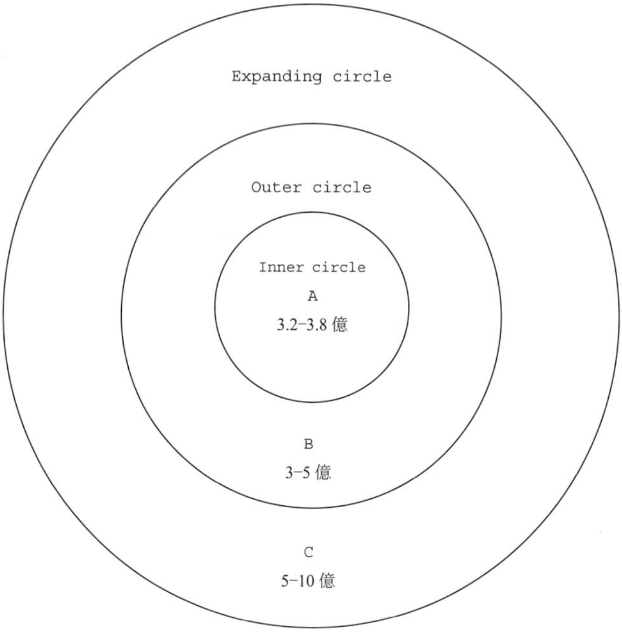

A：アメリカ、イギリス、アイルランド、カナダ、オーストラリア、ニュージーランド
B：シンガポール、インド、パキスタン、フィリピン、マレーシア、マラウィ、南アフリカ、ジンバブエ、ケニア、ナイジェリア、シエラレオネ、ボツワナ、カメルーン、ガーナ、タンザニアなど
C：中国、韓国、日本、ロシアなどヨーロッパ諸国

Crystal（2003：61) 参照

結果として、新しい技術が新しい言語上の機会を生み出したが、この時、新聞、広告、放送、交通・運輸、通信など社会のあらゆる面に影響を与えた産業において、英語が第一級の言語になった。さらに、世界が築いていた国際的協調の新しいネット

ワークにおいても、リングア・フランカの必要性が生まれ、それは明らかに英語であった。その後、1960年代、政治面での独立の気運が高まり、いくつかの新興国家が英語に特別の地位を与えた状態で誕生し、1970年代に起こったエレクトロニック革命はアメリカの独り舞台であった。そして20世紀のアメリカは軍事力、経済力において他国を寄せ付けない力を持つに至った。(Crystal 2003：120-121) 1945年、2度の世界大戦後、世界最強の国家になったアメリカは、さらに1991年の冷戦終結によりその力を増大させ、世界で最も影響力の強い国になった。アメリカのスタンダードが世界のスタンダードになる傾向が強くなり、グローバル化とは実質アメリカ化を意味することになった。

このようにして、英語を話す人・英語を使う国が力を得、その結果、英語はあらゆる面で力を持ち全世界に広がり、その地位を揺るがぬものにしていった。英語圏の2つの国がいくつもの機会を通して英語をどんどん世界語の地位へと押し上げていった。「言語の強さは誰がその言語を喋っているかということと密接に関係しており」(Crystal前掲書：7、筆者訳)、力ある者が使う言語が力を持つということである。いずれにしても、現在の英語があるのは歴史的に見て、「あるべき時にあるべき所に英語があった」(Crystal前掲書：77-78、筆者訳) 結果であると言えよう。[2]

2) さらに、平野は国際的公用語になる可能性があった7言語（英語、フランス語、中国語、ロシア語、スペイン語、アラビア語、ドイツ語）のうち6言語はその可能性を失い、英語のみが国際公用語としての地位を得るに至った理由をさまざまな観点から捉えている。詳細は、平野（1999：第1章）を参照。

17世紀以降、アジアまたアフリカ地域の多くの国々がイギリスの統治下にあった。20世紀の間にそれらの国々は独立を達成したが、それでもなおかつての支配者の言語・英語はそれらの国々で特別の地位を保っている場合がほとんどであり、公用語であったり、第2言語であったり、また外国語であったとしても依然として英語は力を持ち続けている。植民地の国々が独立する際、イギリスあるいはアメリカとの関係の歴史が、それらの国々に政治的独立を与えただけではなく、英語にも特別な地位を与えたということである。アフリカではウガンダ、ジンバブエ、レソト、ザンビア、マラウィ、ボツワナ、ガーナ、リベリア、シエラレオネ、ケニア、タンザニアなどが、またアジアではインド、マレーシア、シンガポール、香港、フィリピンなどがその例である。[3] これらの国々の中には、（またこれら以外の国や地域の中にも、）英語への拒否感や複雑な思いを抱く国々や地域がある。それはもちろんイギリスあるいはアメリカによる奴隷制や侵略また植民地支配という歴史の結果であることは言うまでもない（第2章参照）。

このように、確かに英語は負の歴史を一部に含んでいる。しかしこれまで見てきたとおり、英語は現在、世界で唯一つの共通語なのである。この英語という言語がいつ頃、どこで、どのようにして誕生し、その後どのような歴史を経て現在の英語の姿があるのか、また英語が誕生する以前のヨーロッパ世界はどのような状態にあり、どのような言語状況であったのか、英語成立以前の時代から順に見ていくことにしよう。また、英語が

3）詳しくは、Crystal（2003：chapter 2）参照。

どのような歴史を持つ言語で、日本人はその英語とどう向き合うべきかを考える手掛かりにしたいという本書の大きな目的を考え、今回は、英語自体の変化や特徴など（内面史）についての記述は最小限に止め、言語の誕生や変遷に影響を与えた外的要因（外面史）に焦点を当てる。

1.2　英語成立以前の時代

1.2.1　印欧語族

紀元前5000年から3000年頃、インド・ヨーロッパ（Indo-European）の人々は、黒海の北部地帯、現在のウクライナ共和国の中心を流れるドニエプル（Dnieper）川周辺にかたまって生活していたとされる（図1-2参照）。[4] したがって、これらの人々は単一と言ってよい言語——印欧祖語またはインド・ヨーロッパ祖語（Proto-Indo-European）と呼ばれる[5]——を話して

4）これについて渡部（1983）は、文法や語彙の点から判断して、インド・ヨーロッパの人々の「原住地は、『ブナ』の林があり、『蜂蜜』がとれ、『サケ』がいるようなところで、『冬』がきびしく、『雪』が降り、しかも『海』には面していなかったアジア寄りのヨーロッパ地域ということに」なり、「言語学的には——また考古学的にも——現在のゲルマン語地域よりも東寄りで、中央ヨーロッパから南ロシア草原地帯にかけてのどこかであったであろう」と述べている。詳細は渡部（1983：13-16）を参照。また、「現在のゲルマン語地域」については図1-4（本章脚注7内）を参照。

5）イギリス人ウィリアム・ジョーンズ卿（Sir William Jones）は判事として赴任したインドのカルカッタで、1786年、王立アジア協会の設立3周年を記念して行われた講演において、サンスクリット語、ギリシア語、ラテン語が動詞の語根と文法形式面において極めて類似していることを述べ

いたと考えられる。しかし、彼らは紀元前3500年から2500年頃、いくつかのグループに分かれて西に東に旅を始めた（図1-2参照)。それは東はインドから西はアイスランド、北はスカンジナヴィア半島から南はイタリア、ギリシアに及ぶもので

図1-2　インド・ヨーロッパ語族の故郷とそこからの移動

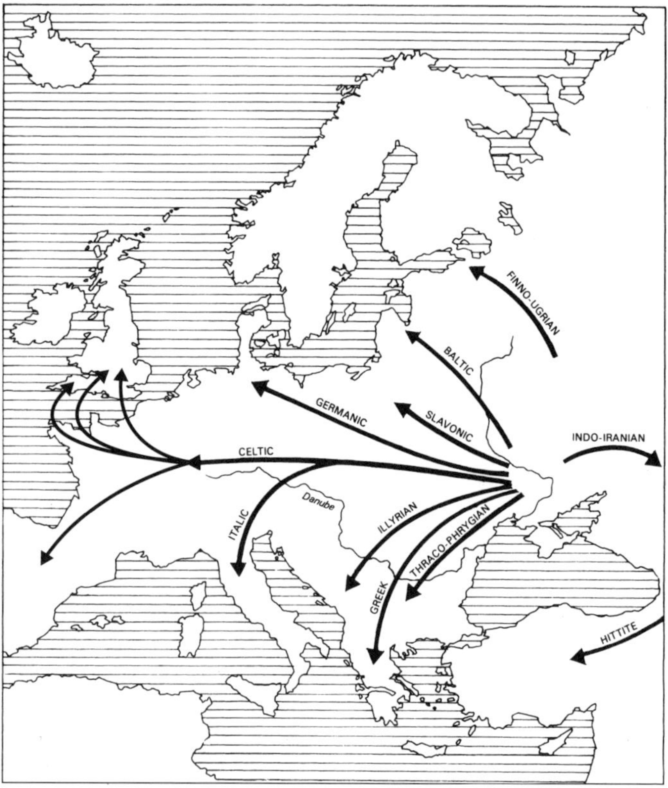

Booth（1988：17）に加筆

あった。人々が方々に移動し年月が経つうちに、共通であった言語は移動したそれぞれの土地に相応しい形の言語に変化し、さまざまな言語が印欧祖語から分岐・派生した（印欧語族あるいはインド・ヨーロッパ語族（the Indo-European（language）family）；図1-3参照）。[6] そして、それらはいつしか相互にわかり合えない言語となってしまった。[7]

た。そして彼はこれらの言語がおそらくもはや存在しない共通の起源から発したものに違いないと結論づけた。その後、それら3語にだけではなく非常に多くの言語間に規則的な類似性が観察されることがわかり、その結果、印欧語族（the Indo-European（language）family）と呼ばれる語族が認められるに至った。この印欧語族に属する諸言語の共通の起源が印欧祖語あるいはインド・ヨーロッパ祖語と呼ばれるものであり、多くの言語学者が再建しようと試みた。しかし、再建されたとしても、文書等による記録は実在しないこともあり、印欧祖語は理論的仮説物である。図1-3も参照。

6）本章脚注5参照。

7）しかし、下の図1-4に見られるとおり、ヨーロッパ大陸には西ゲルマン語、西ロマンス語など、いくつかの地理的方言連続体（geographical dialect continuum）が存在している。これらの方言連続体を区切る境界線は、政治的、また歴史的、宗教的理由などによって引かれる国境線とは異なるところにあり、国境を越えても相互にわかり合える場合があること、逆に同一国内であっても地域によっては異なる方言連続体に属すことばを話している場合もあることは明らかである。

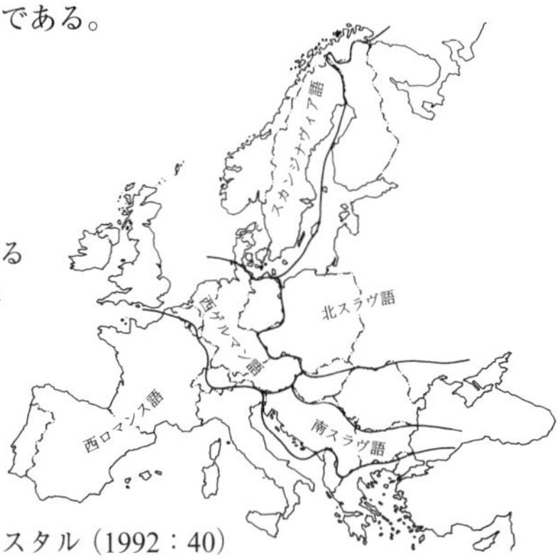

図1-4　ヨーロッパにおける地理的方言連続体

クリスタル（1992：40）

図 1-3　インド

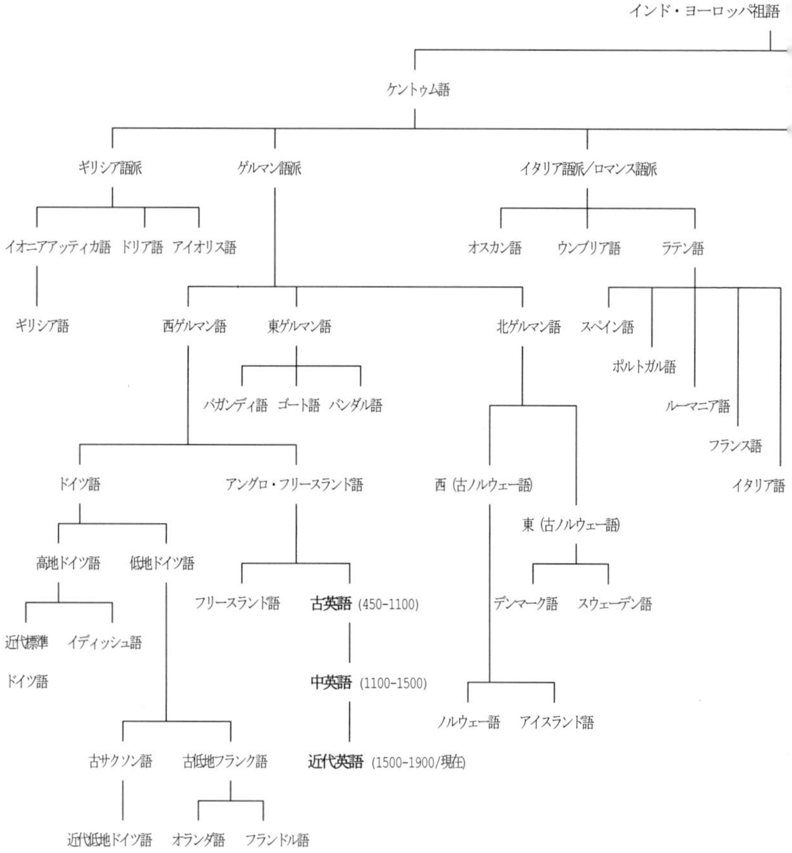
インド・ヨーロッパ祖語
ケントゥム語
ギリシア語派
ゲルマン語派
イタリア語派/ロマンス語派
イオニアアッティカ語
ドリア語
アイオリス語
ギリシア語
オスカン語
ウンブリア語
ラテン語
西ゲルマン語
東ゲルマン語
北ゲルマン語
スペイン語
ポルトガル語
バガンディ語
ゴート語
バンダル語
ルーマニア語
フランス語
イタリア語
ドイツ語
アングロ・フリースラント語
西（古ノルウェー語）
東（古ノルウェー語）
高地ドイツ語
低地ドイツ語
フリースラント語
古英語 (450-1100)
デンマーク語
スウェーデン語
近代標準
ドイツ語
イディッシュ語
中英語 (1100-1500)
ノルウェー語
アイスランド語
古サクソン語
古低地フランク語
近代英語 (1500-1900/現在)
近代低地ドイツ語
オランダ語
フランドル語

ーロッパ語族

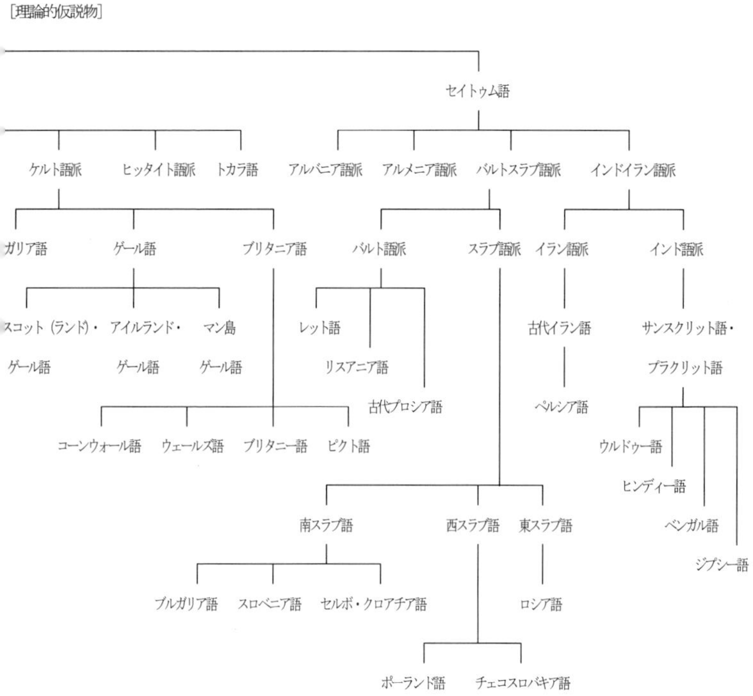
[理論的仮説物]
セイトゥム語
ケルト語派
ヒッタイト語派
トカラ語
アルバニア語派
アルメニア語派
バルトスラブ語派
インドイラン語派
ガリア語
ゲール語
ブリタニア語
バルト語派
スラブ語派
イラン語派
インド語派
スコット（ランド）・ゲール語
アイルランド・ゲール語
マン島ゲール語
レット語
リスアニア語
古代プロシア語
古代イラン語
ペルシア語
サンスクリット語・プラクリット語
コーンウォール語
ウェールズ語
ブリタニー語
ピクト語
ウルドゥー語
ヒンディー語
ベンガル語
ジプシー語
南スラブ語
西スラブ語
東スラブ語
ブルガリア語
スロベニア語
セルボ・クロアチア語
ロシア語
ポーランド語
チェコスロバキア語

フレンド（1972：20-21）を基に作成

1.2.2 ギリシア・ローマの時代

インド・ヨーロッパの人々が元いた故郷の地から方々に移動した時、現在のギリシア、またイタリアに向かったグループがいた（図1-2参照）。そこは地中海世界であるが、この地中海世界が「文明史としての、ヨーロッパ世界の始まりをつくった」（平野1999：22)。そこで勢力を得たのは、まずギリシアであった。[8] ギリシア人は紀元前9世紀から4世紀にかけて地中海世界に多くの植民市を建設し、ギリシア語を普及させた。したがって、この時代のヨーロッパ世界でまず力を持った言語はギリシア語であった。ソクラテスやプラトンといった哲学者はギリシア語で思想を語り、故に、思想や哲学に関わる語にはギリシア語起源のものを見つけることが多い。例えば、"idea（理念)," "philosophy（哲学)" などである。

やがてギリシアが衰え、替わってローマが台頭し始める。紀元前2世紀末にはローマが地中海を完全に支配し、そしてロー

8）地中海世界のヨーロッパ側で最初に勢力を得たのはギリシアであるが、中近東・アフリカ側で栄えたのはエジプト、アラブ人などであった。古代エジプトに起こった錬金術はアラビアを経てヨーロッパに伝わった原始的な化学技術であるが、これは近代化学の始まりとも言え、種々の化学物質を扱う技術の発達を促した。「錬金術師」は英語で "alchemist,"「化学者」は "chemist" である。錬金術師たちの探し求めたものは、「ハリー・ポッター」で有名になった「賢者の石」である（「哲学者の石」とも言う。故に、「ハリー・ポッター」一作目の作品名は、日本語では『ハリー・ポッターと賢者の石』であるが、英語では、*Harry Potter and the Philosopher's Stone* である)。また、アラブ人は航海術や天文学、数学において優れていた。アラビア数字（1, 2, 3, ...）はアラブ人がヨーロッパに伝えたことからこう呼ばれる。

マの隆盛に伴い、地中海世界での公用語はギリシア語からラテン語へと替わる。後で何度か言及されることになるが、ローマ帝国またローマ軍の力は強大であった。故に、特に政治や法律に関わる語にはラテン語が起源となっているものが多い。例えば、"authority（権威、権限)," "empire（帝国)," "state（国家)," "accuse（告発する)," "court（法廷)," "judge（裁判官)" などが挙げられる。

しかし政治や法律に関わる語に限らず、全般的に見て、ラテン語の持つ影響力は近年まで大きかったと言える。英語の文法家たちも古典至上主義の立場を取り、ラテン語こそすべての言語に適する普遍的枠組みを提供するという考えに基づいてきた。[9] 英語だけではなくすべての言語が「プロクルステスの寝台（the procrustean bed)」[10] に乗せられ、無理矢理ラテン語の文法を当てはめられてきた。そして、ラテン語の文法に当てはまらない言語は、洗練されていない原始的言語と位置づけられた。

このような立場やことばの捉え方は、言語学的観点からすると一般に受け入れられないものである（例えば、言語相対論）が、しかしいずれにしても、当時のローマの力がいかに大きかったかを示していると言える。

9）例えば、分離不定詞や文末の前置詞についての規則にラテン語の影響を見ることができる。

10）プロクルステス（Procrustes）はギリシア神話に登場する強盗。プロクルステスは旅人を捕まえて鉄製の寝台に寝かせ、その旅人が寝台よりも長ければ足を切り、短ければ引き伸ばして、寝台の長さに無理矢理合わせようとした。この話から、「プロクルステスの寝台」は、個々の特徴や事情を無視して強引に一定の規準に合わせることを意味する。

1.2.3　ブリテン島のケルト人

さて、ブリテン島（Britain）とブリテン島にやって来た人々に目を向けよう。現在のブリテン島にいた原住民はイベリア人と言われている。[11] ここに紀元前600年から紀元前100年頃にかけて、印欧語族の人々としてはじめてケルト人（Celts）が入ってきた。まず、紀元前600年から紀元前450年頃、今のフランス、ベルギー、ドイツなどを経てイギリス海峡を渡りブリテン島に入ったケルト人がいる（ゲール人（Gaels））。彼らはやがてアイルランド（Ireland）、スコットランド（Scotland）、マン島（the Isle of Man）に住むようになった。彼らのことばは住む地に応じて、それぞれアイルランド・ゲール語（Irish Gaelic; Irishなどとも）、スコット（ランド）・ゲール語（Scots (or Scottish) Gaelic）、マン島ゲール語（Manx）であり、特徴もさまざまであるが、いずれもゲール語（Gaelic）である。[12]

紀元前400年から紀元前250年にかけて、現在のブルターニュからブリテン島に入ったケルト人（ブリトン人（Britons））は、はじめブリテン島のほぼ全域に広がった。故に、彼らの名に由来して、この島はブリテン島と呼ばれるようになった（“Britain” は “the land of the Britons（ブリトン人の国）” である[13]）。彼らは次第にウェールズ（Wales）とコーンウォー

11）彼らの出身は地中海沿岸であろうと考えられている。渡部（1983：24）参照。

12）アイルランド・ゲール語とスコット（ランド）・ゲール語に共通の語として “whisk(e)y” がある。「生命の水」という意味のゲール語 “usquebaugh”（ウスケボー）から来ており、“e” のあるのがアイルランドのウィスキー、ないのがスコットランドのウィスキーである。

13）“Briton” の意については、本章脚注14参照。

ル（Cornwall）に定住するようになった。彼らはブリタニア語（Brittanic;ブリソニック諸語（Brythonic）とも）の話し手で、コーンウォールのブリトン人はコーンウォール語（Cornish）を、ウェールズに定住した人々はウェールズ語（Welsh）を、また、後で詳述するが、フランス北西部ブルターニュ（Bretagne；ブリタニー（Brittany））に渡ったブリトン人はブリタニー語（ブルトン語（Breton））を使った（1.3.1参照）。さらに、紀元前250年から紀元前100年頃に、セーヌ川流域からブリテン島に渡り南部に住み着いたケルト人もいた（ベルガエ人（Belgae））。

このように、約500年をかけてケルト人はヨーロッパ大陸からブリテン島に渡ってきた。彼らのことばは定住地になった場所に応じてさまざまであるが、いずれもケルト語派の言語である。

1.2.4　ローマ軍のブリテン島侵攻、そして完全撤退

ケルト人・ケルト語派言語の国となったブリテン島に侵攻してきたのは、ヨーロッパ大陸で絶対の力を持っていたローマ軍である。シーザー（Julius Caesar）率いるローマ軍の1回目の侵攻は紀元前55年であった。シーザーは大陸のガリア（Gallia；現在のフランスを中心とする地域で、ケルト人の地であった）を征服しようと戦っている時に、ガリアのケルト人がブリテン島のケルト人から支援を受けていることを知った。そこでシーザーはブリテン島に兵を送り、ブリトン人を討とうとした。しかし、ローマ軍の準備不足とブリトン人の強い抵抗とにより、ローマ軍はブリテン島を引き揚げた。こうして1回

目の侵攻は失敗に終わった。翌紀元前54年、ローマ軍はブリテン島に再度の侵攻を行った。シーザーはdivide and rule（分割して支配する）の手法を取りながら、東南地方の諸族を制圧した。しかし、ガリアが不穏であったため、ローマ軍はまた引き揚げることになった。

ローマ帝国が支配していたユダヤの地でのキリスト教誕生を挟んで約百年の間、ブリテン島では特記するようなことは起こらなかった。ただ、この百年の間にヨーロッパ大陸のガリアではローマ化が進んでおり、この影響はブリテン島のケルト人にも及んでいた。

そして紀元43年、皇帝クラウディウス（Emperor Claudius）の下、ローマ軍によるブリテン島の本格的征服が開始された。約40年に及ぶ戦いの結果、ローマはブリテン島のスコットランド中部以北を除くほぼ全域を征服した。これでブリテン島はローマ帝国の完全な属州となった。

ローマ軍は政治・行政上また軍事上の必要から約80の都市や砦を建設し、そしてロンドンを中心としてそれらの都市を結ぶ道路を建設した。石で舗装された道路も多く、また幹線道路のみならず支線も建設された。この道路建設は非常に大規模なものであり、この時以来18世紀までブリテン島でこれほど大掛かりな道路建設は行われなかったと言われるほどである。そしてこの時ローマ軍が建設した道路などは、現在でも至る所に残っている。

ケルト人の中にはスコットランド北部の山岳地帯に追われた者もいた。彼らは肌に絵を描いたり入れ墨をする習慣があったためピクト人（“Pict” は “the pictured” の意）と呼ばれたが、[14] たびたび南下しては侵入を試みていた。4世紀に入ると、覇権を求めてブリテン島からヨーロッパ大陸に渡る武将が出てきたが、そうなるとブリテン島の防備は手薄になる。侵略をねらうピクト人にとってはまたとない機会である。案の定、ピクト人による、またアイルランドのスコット人（Scots）による襲撃が始まった。

その頃、ヨーロッパ大陸では、ゲルマン民族の一派である西ゴート人（the Visigoths）がローマ帝国の領内に侵入した。世に言うゲルマン民族大移動の始まりである。そして、410年、西ゴート人はローマになだれ込んだ。ブリテン島のローマ軍には、もはやブリテン島に留まっている余裕などなくなり、ローマに急いで引き返さなければならなくなった。こうして、ローマ軍はブリテン島から完全に撤退することになった。そして、この時、ローマ軍はブリトン人に自分たちの国は自らの手で守るようにと命じた。

約400年に及ぶローマの影響は、当然のことながら、ことばにも表れた。それまでケルト語派の言語が使われていたブリテン島で、ローマ人のことばであるラテン語も使用され始めた。中にはケルト語とラテン語の両方を話すケルト人もいたようである。

英語の誕生はまだ先の話であるが、少し先取りして、現在の英語に残っているケルト語について触れておこう。ケルト語からの借用語として英語に入ってきた語は450語程度である。後述する英語誕生のきっかけを作った民族とケルト人との関係は、

14）また、“Briton” は「絵、模様」の意を持つことから、ブリトン人も絵や入れ墨で肌に模様をつけていたことがわかる。

征服者と被征服者の関係であったので、英語に残るケルト語は地名や川の名前などによく見られる。例えば、“London（ロンドン),” “Kent（ケント),” “York（ヨーク),” “Cornwall（コーンウォール),” “Dover（ドーバー),” “Avon（エイボン),” “Thames（テムズ川)” などがそうである。

1.3　古英語期（450-1100）

1.3.1　ゲルマン民族渡来

ローマ軍がブリテン島を去ってからというもの、ブリトン人はピクト人やスコット人の侵入に窮していた。自らの地は自らの手で守るようにとローマ軍に言い渡されたブリトン人であるが、それまで自分たちの安全をローマ軍に依存してきたブリトン人には、ピクト人たちに対してなす術もなかった。

ローマに再度救いを求めたが断られたブリトン人が援助を求めたのはゲルマン民族（the Germanic tribes）であった。ブリテン島に渡ったゲルマン民族（ジュート族（Jutes））はピクト人たちに勝ち、そのままブリテン島に留まった。ブリテン島が自分たちの郷里よりも豊かで住みやすいと判断した結果である。この居心地の良さは大陸にいるゲルマン民族を次々に呼び寄せることに繋がり、ついにゲルマン民族のアングル族（Angles)、サクソン族（Saxons）もブリテン島に大規模な侵略をすることになった（図1-5参照)。

次から次へと侵攻してくるゲルマン民族はケルト人を山岳地帯や辺境地域へと追いやり、また部族間での争いを繰返しながら、449年に渡来し始めてから150年の間に、おおよそ今のイングランドに相当する地域に七つの王国を成立させた。アングロ・サクソン七王国（the Anglo-Saxon Heptarchy）と呼ばれるそれらは、ノーサンブリア（Northumbria）、マーシア（Mercia）、イースト・アングリア（East Anglia）、ケント（Kent）、エセッ

図1-5　ゲルマン民族のブリテン島侵攻

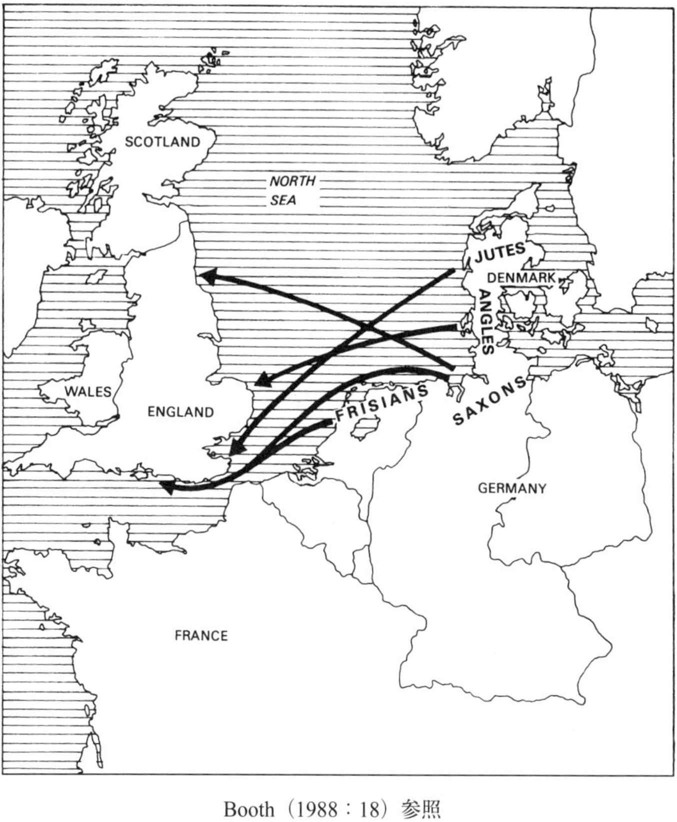

Booth（1988：18）参照

クス（Essex)、サセックス（Sussex)、ウェセックス（Wessex）である（図1-6参照)。

図1-6　アングロ・サクソン七王国

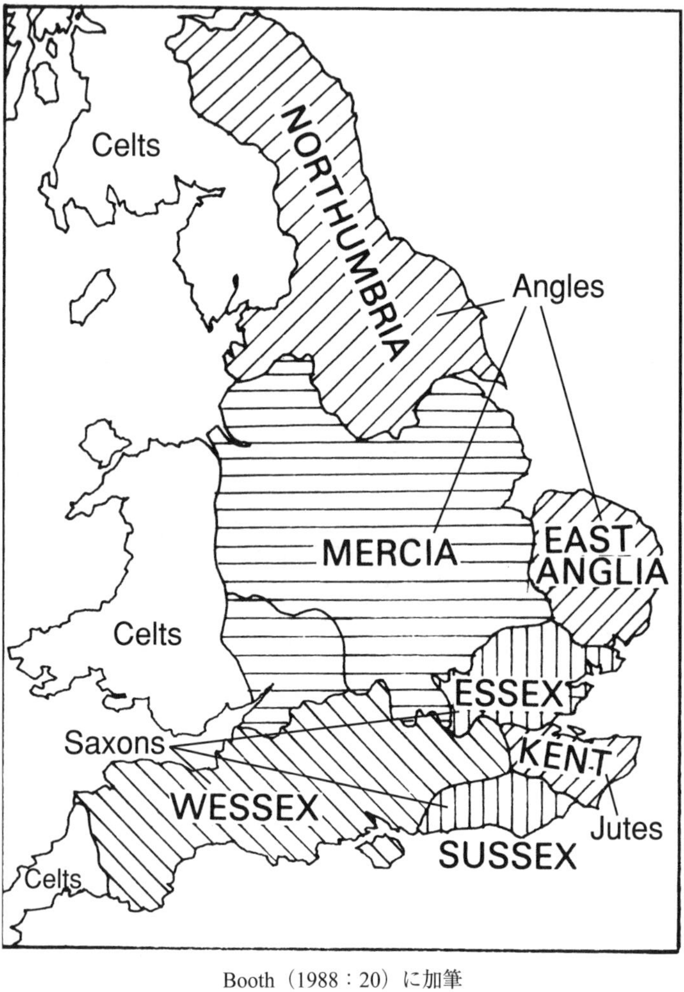

Booth（1988：20）に加筆

一方、ゲルマン民族との戦いに敗れたブリトン人は、北の山岳地帯や西のウェールズやコーンウォールに追いやられた。また、敗戦奴隷となったブリトン人の中にはコーンウォールからさらにイギリス海峡を渡りヨーロッパ大陸北西部に逃げた人たちもいた。大陸に脱出したブリトン人はそこに自分たちの新しい国を造り、そこをブリトン化した。故に、現在はフランスの一部であるその国の名はブリタニー（Brittany）である（フランス語でブルターニュ（Bretagne）；現在はブルターニュ半島）。これでブリトン人の国はブリテン島と現在のフランスの2箇所にできたことになる。そして自分たちが追い出された国を大ブリテン（Great Britain, フランス語ではGrande Bretagne）と、フランスのブリトン人の国を小ブリテン（Little Britain）と呼ぶようになった。

さて、ゲルマン民族の勢力は非常に大きなものであったが、中でもアングル族はノーサンブリア、マーシア、イースト・アングリアというブリテン島の中央部のほとんどを自分たちの土地にしてしまい、そして残りのほとんどの土地（南部）はサクソン族のものとなった（図1-6参照）。今日のイギリス人の主な祖先となる人々をアングロ・サクソン人と呼ぶことからもわかるとおり、現在のイギリス人のルーツはここにある。

また、ことばについても（ラテン語やフランス語など他の言語からの借用語ではない）英語本来語をアングロ・サクソン系の語と言ったりするが、この英語（English）はどこから来たのか。ゲルマン民族がブリテン島に持ち込んだ言語はゲルマン語（Germanic）である。しかし、土地が変わればことばも変化するのが自然な成り行きであり、言語の新しい特徴がその土地で培われていく。例に漏れず、ゲルマン語もブリテン島で独自の変化を遂げた。そして、ブリテン島で用いられるようになったゲルマン語は、“English”（ブリテン島中央部のほとんどを自分たちの土地とし、最も勢力の強かった「アングル人のことば」の意）になった。（因に、“England” は「アングル人の土地」を意味する “Angle-land” あるいは “Englaland” から来ている。）こうして英語は誕生し、時代は古英語の時代に入った。ゲルマン民族がブリテン島に侵攻し征服した450年頃が古英語（Old English; OE）期の始まりである。

1.3.2　ローマ人再来――キリスト教とローマ字

ブリテン島がローマ帝国の支配下にあった4世紀末頃には、ブリテン島では、ケルト人の宗教であったドルイド教（Druidism）[15] に取って替わり、キリスト教がかなり普及していた。しかし、ゲルマン民族のブリテン島征服によって、ブリテン島でのキリスト教信仰は薄れていった。ゲルマン民族は、天、地、天の神、地の神、大気の神などを崇め、アングル族、サクソン族は特に地の神（また大気の神）を「氏神」のようにしていた（渡部1983：17-22)。そこで、ブリテン島を再びキリスト教に改宗させるべく、597年、聖アウグスティヌス（St. Augustinus）率いる宣教師が多数ローマからブリテン島にやっ

15）ドルイド教については、「予言と呪術を行なう」（『ジーニアス英和大辞典』）や「死の神が世界の主宰者であると信じた」（『広辞苑』）に見られるように不気味さが強調されるが、渡部（1983）は「語源的に」考えて、「ドルイド教とは何らかの樹木信仰と関係があったと推察される」としている。宗教儀式において「神聖な木を用いる」ことがローマ人にとっては「気味の悪い呪術」としか映らなかったということであろう。渡部（1983：46）参照。

て来た。その結果、7世紀末頃までには、ブリテン島のほぼ全域にキリスト教は広まった。

ことばの面でも、大きな変化があった。6世紀末以降のアングロ・サクソン人のキリスト教への改宗に伴い、キリスト教に関する語彙がラテン語から英語に借用された。例えば、"altar（祭壇)," "angel（天使)," "mass（ミサ)," "minster（(修道院付属の）大寺院)," "monk（修道士)," "offer（(神に）捧げる)," "Pope（ローマ教皇)," "psalm（賛美歌)," "temple（神殿)" などがそうである。また、(多くは修道士の生活を通して吸収された）日常生活に関連する語彙もある。例えば、"box（(ツゲで作った）箱)," "cap（帽子)," "cook（料理する)," "pear（西洋梨)," "school（学校)" などがある。

しかし、ラテン語の影響はそれだけではない。時間が少し遡るが、ゲルマン民族アングロ・サクソン人は、ブリテン島に侵入する以前にヨーロッパ大陸でローマ人と接触していた。その時に、ラテン語から多くの語彙を吸収している。例えば、"mile（マイル)," "pound（ポンド)," "inch（インチ)" といった長さや重さの単位を表す語彙や、"kitchen（台所)," "cheese（チーズ)," "butter（バター)," "pepper（こしょう)," "wine（ワイン)" といった料理や食物に関する語彙、また "street（道)," "wall（壁)" といった軍事・政治的目的での建設物を表す語などが挙げられる。

さらに、紀元43年から410年までローマ軍がブリテン島を支配していた時にケルト人がラテン語から借用していた語を、449年以降ブリテン島に渡来してきたゲルマン民族が今度はケルト人から借用した語もある。つまり、ゲルマン民族がラテン語から直接的に借用したのではなく、ケルト人を介して間接的に英語に吸収した語彙である。"mount（山）"や"port（港）"がそうである。また、"Greenwich"や"Warwick"などに見られる"-wich/-wick"や、"Lancaster," "Leicester," "Winchester"などに見られる"-caster/-cester/-chester"といった、「村」や「町」のような意味を表す要素（接尾辞）が英語に取り入れられた。

そして、もう一つ言及されるべき重要なことは、ラテン語は多くの借用語以外に英語に非常に大きな影響をもたらしたということである。それは、ラテン文字（ローマ字（Latin (or Roman) alphabet））である。古英語は最初、ルーン文字（rune or runic alphabet）を使用していた。しかし、キリスト教の普及によって、ゲルマン民族はルーン文字を棄て、ラテン文字（ローマ字）を用いることにしたのである。[16]

1.3.3 ヴァイキング侵攻

787年、デンマークとノルウェーのヴァイキング（Vikings）（あるいはデーン人（the Danes）またスカンジナヴィア人）によるイングランド侵攻が始まった。9世紀中頃には、ヴァイキ

16）ルーン文字は「縦と斜めの棒線が主体の角ばった文字」で、次の24文字である（宇賀治2000：126）。

ᚠ ᚢ ᚦ ᚨ ᚱ ᚲ ᚷ ᚹ ᚺ ᚾ ᛁ ᛃ ᛈ ᛇ ᛉ ᛊ ᛏ ᛒ ᛖ ᛗ ᛚ ᛜ ᛞ ᛟ
f u þ a r k g w h n i j p ï R s t b e m l ŋ d o
1 2 3 4 5 6 7 8 9 10 11 12 13 14 15 16 17 18 19 20 21 22 23 24

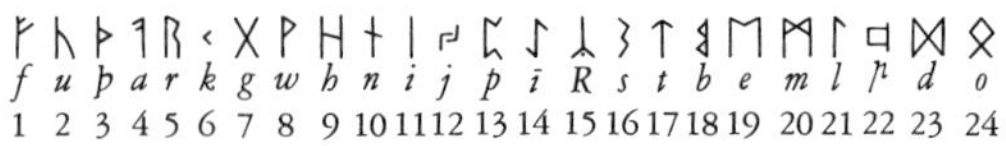

(Hogg (1992, p. 81))

ゲルマン人はこれらのルーン文字よりもラテン文字を選んだが、現在のローマ字26文字がすべて出揃うのは中英語期末期である。詳細は、宇賀治（前掲書：126-127）参照。

ングはカンタベリー（Canterbury）、ロンドン（London）、イースト・アングリア（East Anglia）、ヨーク（York）、とイングランド東部を次々に手中に収めていった。その頃のブリテン島は、マーシアに替わってウェセックスが興隆を誇り始めた頃で、ウェセックスのアルフレッド大王（Alfred the Great; 在位871-899）はヴァイキングと死闘を繰り広げた。アルフレッド大王は878年ヴァイキングに勝利し、ヴァイキングの王グスルム（Guthrum）と平和協定を結んだ。

その協定で定められた重要な内容は次の2点である。まず、地理的境界についてである。アルフレッド大王はロンドンとカンタベリーをデーン人から取り戻した上で、ロンドンとチェスター（Chester）を結ぶ一線――かつてローマ軍が建設したウォトリング街道（Watling Street）とほぼ一致――を地理的境界と定めた。そして、それより北側をデーン人の領土、南側をアングロ・サクソン人の領土とし、デーン領内ではデーン人の法律を施行することを認めた。このデーン領はデーンロー（Danelaw; デーン法地域）と呼ばれる（図1-7参照）。もう一つの重要な点は、ヴァイキングの王グスルムをキリスト教に改宗させたことである。これはデーン人の間にキリスト教が普及するきっかけとなり、後にデーン人とアングロ・サクソン人との融合を容易にするのにも役立った。

この平和協定により、アルフレッド大王が統治していたウェセックスはヴァイキングの脅威を免れることができた。また、アルフレッド大王の命により『アングロ・サクソン年代記』（*The Anglo-Saxon Chronicle*）が編纂され、アルフレッド大王自身によるラテン語の文献の英語への翻訳もなされた。例

図 1-7　デーンロー

宇賀治（2000：36）

えば、『英国民教会史』（*Ecclesiastical History of the English People*）は、ビード（Bede）による*Historia Ecclesiastica Gentis Anglorum*（731）からの翻訳である。これらはもちろんアルフレッド大王の出身地ウェセックスのことば、ウェスト・サクソン方言で書かれた。このように、武と文の両面においてウェセックスは栄え、そのため古英語期後期にはウェスト・サクソン方言が標準語化された。

アルフレッド大王の後も、その子孫たちの活躍によりイングランドは安泰であった。特に、937年、ブルーナンブルフ（Brunanburh）の戦いで、アルフレッドの孫エセルスタン（Æthelstan；在位924-939）率いるイングランド軍が（スコットランド人とアイルランドのデーン人が加わった）デーン連合軍に大勝した。これでイングランドはデーンロー、すなわちかつての自分たちの領土を奪回し、エセルスタンは全国統一を成し遂げた。

しかし、イングランド安泰の時期はそう長くは続かなかった。10世紀末、ヴァイキング（デーン人）の攻撃が再開した。その時のイングランド国王エセルレッド2世（Æthelred II;在位979-1016）に力はなく、1016年にはデーン人カヌート（Canute;在位1016-1035）がイングランド全土の王になった（1.4.1参照）。ただ、カヌートはアングロ・サクソン人とデーン人とを平等に扱った。また、ヴァイキング（デーン人）の出身地が主にデンマークであることと、アングル族の故郷がデンマークとドイツの国境あたりであることを考えると、ヴァイキング（デーン人）と現代のイギリス人の先祖であるアングル族は、過去を辿ればそう遠くはない関係にあったと言え、実際、両者は同じゲルマン民族として言語面で共通する部分を持っていた。さらに宗教面でも、先に述べたとおり、ともにキリスト教を信仰していた。これらのことが要因となり、アングロ・サクソン人とデーン人は互いに容易く融合し同化した。

ヴァイキングの侵攻によることばへの影響を見てみよう。デーン人あるいはスカンジナヴィア人の言語であった古ノルウェー語（古スカンジナヴィア語；Old Norse）から英語への借用語が見られる。現代英語に残っている語彙は一般的に700語から900語程度と推定されているが、英語も古ノルウェー語も同じゲルマン語派の言語であること、デーンロー地域では2言語併用の状態が続いたことを考慮に入れると、実際には古ノルウェー語からの借用語はもっと多いのかもしれない。このような古ノルウェー語からの借用語の多くは英語の基本語となっている。例えば、“husband（夫），” “law（法律）” や、“Derby,” “Rugby” における “-by”（「村」の意）、“Althorp,” “Bishopthorp” における “-thorp”（「新田」の意）である。

しかし、古ノルウェー語の英語へのこの時期の影響はデーンローとイングランド領の境界あたりまでに留まり、アルフレッド大王たちがヴァイキングから守った南部のウェスト・サクソン方言にまでは届かなかった。古ノルウェー語の英語への影響が顕著な形で現れるのは中英語期以降であるので、それらについては後で改めて述べることにする（1.4.7参照）。

1.3.4　古英語の特徴

古英語にはケルト語、ラテン語、古ノルウェー語（古スカンジナヴィア語）から多数の語彙が入ってきたが、それぞれの借用語については該当する箇所を参照してほしい（ケルト語からの借用語については1.2.4、ラテン語からの借用語については1.3.2、古ノルウェー語からの借用語については1.3.3および1.4.7参照）。ここでは、古英語の文法面の特徴について簡単に触れる。

古英語の構造面の特徴は現代英語のそれと比較すると明らかである。現代英語は文法関係や意味を語順などで表す。例えば、現代英語で "The king loved the youth" と "The youth loved the king"[17] とは語順が異なり、この語順の違いが意味の違いを生む。つまり、前者では、動詞 "loved" の前に名詞 "king" が、後に名詞 "youth" があるので、それで "king" が主語、"youth" が目的語だとわかる（「王は若者を愛した」の意）。一方、後者では、"loved" の前に "youth" が、後に "king" があるので、"youth" が主語、"king" が目的語だとわかる（「若者は王を愛した」）。

しかし、古英語は文法関係や意味を名詞、動詞、形容詞、代名詞、冠詞などの語尾を複雑に屈折変化（inflection）させることによって表した。名詞、形容詞、代名詞は性（gender）（男性（masculine）・女性（feminine）・中性（neuter））、数（number）（単数（singular）・複数（plural））、格（case）（主格（nominative）・属格（genitive）・与格（dative）・対格（accusative）（・助格または具格（instrumental case）））に応じて語尾が屈折変化した。[18] そしてそれらは強変化するものと弱変化するもの、またウムラウト変化するものとに分かれた。[19]

17）これらの英文は、西村（1997：303）から引用した。

例えば、強変化男性名詞 “stān”（現代英語の “stone”）の屈折変化は次のようである。

強変化男性名詞stān ‘stone’ の屈折変化

	単数	複数
主格	stān	stānas
属格	stānes	stāna
与格	stāne	stānum
対格	stān	stānas

語尾を “-es,” “-e,” “-as,” “-a,” “-um” と変化させることによって、その語が単数か複数か、また主格（現在の主格）なのか、

18）男性・女性・中性は文法的性（gender）であり、これは「自然界の性別とは別物」（宇賀治2000：165）である。また、「古代人の宇宙観にもとづいて決められた」のであるが、「民族移動やキリスト教への改宗のため、その文法上の性のもとの意味は消えてしまっているのである」（渡部1983：153）。つまり、ある名詞がある性を与えられることに対する理由は、今となっては一般的に説明できないのが現実である。格については、比較級の形容詞や副詞、また指示（代名）詞の男性単数形と中性単数形の場合などに、助格（または具格）が見られた。

19）名詞について言えば、強変化は現代英語の規則変化の原型と考えられ、ウムラウト変化は現代英語の不規則変化に相当する（例えば、*man-men*, *mouse-mice* など）。また、弱変化で現代英語に残っているのは僅かである（*ox-oxen*, *child-children*）。形容詞の強変化と弱変化は、定冠詞や指示詞を伴って用いられるかどうか、補語として用いられるかどうかなどと関わる。また、「強変化」と「弱変化」の名称は、その音を発する時に要する力の大きさが強いか弱いかによって、つまり、それらの音の発し方が強いか弱いかによってつけられた。名付け親はグリム（J. Grimm；ドイツの言語学者でグリムの法則で有名であり、また「グリム童話」を成した）である。渡部（1983：74）も参照。

または属格（所有格）なのか、与格（間接目的語）なのか、あるいは対格（直接目的語）なのかを表した。

動詞は法（mood）（直説法（indicative mood）・接続法（subjunctive mood）・命令法（imperative mood））、人称（person）（1人称（first person）・2人称（second person）・3人称（third person））、数（単数・複数）、時制（tense）（現在（present）・過去（past））に応じて屈折した。動詞にも強変化、弱変化などがあり、それぞれに違う変化の仕方をした。[20]

このように、古英語はあらゆる語がその語尾の形をさまざまに変化させ、その形によって文法関係や意味を表した。それ故に、古英語期はthe period of full inflections（完全語尾屈折の時代）と言われる。そしてそのため、現代英語と異なり、語順については比較的自由であり、機能語も発達していなかった。例えば、“Sē cyning lufode þone cnapan,” “Sē cyning þone cnapan lufode,” “Þone cnapan sē cyning lufode” の3文はいずれも現代英語の “The king loved the youth” を意味する。これは、語順はさまざまであるが、“cyning”（王）につく冠詞 “sē” が主格であること、冠詞 “þone” と “youth” を表す “cnapan”

20）強変化動詞は現代英語の不規則変化動詞にほぼ相当し、語幹の母音交替によって時制を表した。弱変化動詞は現代英語の規則変化動詞にほぼ相当すると言える。中英語期以降、大量の強変化動詞が弱変化動詞に移行した結果、現在では不規則変化する動詞は限られた数である。これらの不規則変化動詞は日常的に用いられる頻度が高い動詞であるため（*eat-ate-eaten, drink-drank-drunk* や *be* 動詞など）、規則変化動詞に移行する機会を失ったと考えられる（渡部1983：97-98参照）。また、これらに加え、現代英語の法助動詞（modal（auxiliary））に相当する過去現在動詞（preterit(e)-present verb）があった。

が対格であることが語の形によって示されるためである。同様に、“Sē cnapa lufode þone cyning,” “Sē cnapa þone cyning lufode,” “Þone cyning sē cnapa lufode” の3文はすべて現代英語の “The youth loved the king” を表すが、それは “sē” と “cnapa” が主格であることと “þone” が対格であることが語の形によって示されるからである。[21] これらの例で示されるように、古英語では語の形で文法関係と意味を表すため語順は自由で構わなかった。

このような、現代英語と異なる古英語がどのようにその姿を変えていくのであろうか。歴史の続きを見ていくことにしよう。

1.4　中英語期（1100-1500）

中英語期はおおよそ1100年頃からとされる。しかし、中英語期の英語に決定的な影響を与えたのは1066年の事件であるし、そしてまた、それを引き起こすきっかけとなった出来事が当然ある。したがって、ここでは時を少し遡って歴史を振り返ることにする。

1.4.1　ノルマン人の英国征服

9世紀、デンマークとノルウェーのヴァイキング（デーン人）はイングランドに侵攻するのとともにフランスにも侵攻した。911年、フランス王シャルル3世（Charles III）はヴァイキングの首領ロロ（Rollo）と平和協定を結んだ。その内容は、フランス北西部の地をヴァイキングに与え、ロロを公爵にするこ

21）以上の古英語の例文は、西村（1997：303）から引用した。

と、ロロがフランス国王に対する臣従を誓うこと、ヴァイキングがキリスト教に改宗することであった。アルフレッド大王が878年にブリテン島に侵攻したヴァイキングとの間に結んだものと酷似する平和協定である（1.3.3参照）。これらのヴァイキングは「北方の人（north+man）」であることからノルマン人（Normans）と、そして彼らが与えられたフランス北西部の地（彼らの国）はノルマンディー公国（Normandy）と呼ばれるようになった。

11世紀初め、アルフレッド大王の子孫であるエセルレッド2世（1.3.3参照）とノルマンディー公リチャード1世（Richard I）の娘エマ（Emma）が結婚した。ノルマン人（元ヴァイキング）がノルマンディー公国からイギリス海峡を渡ってイングランドに侵攻することを怖れたエセルレッド2世は、その危険を避けるため、ノルマンディー公の娘と結婚したのである。しかし、どのような理由があるにせよ、この姻戚関係はイングランドとノルマンディーの関係を緊密にした。エセルレッドは「無策王（Æthelred the Unready）」という名のとおり、策を持たず、イングランドに侵攻したヴァイキング（デーン人）に敗れ、ノルマンディーに逃げていたこともあった。エセルレッドとエマの間の子エドワード（Edward the Confessor（懺悔王））もノルマンディーに住んでいたが、1042年、イングランド王に即位した。[22] 1016年にカヌートがイングランドの王になって以来の

22）デーン人のカヌートはイングランド王エセルレッド2世を倒し、自分がイングランド王位に就いた（1.3.3参照）。そして、ノルマンディーと敵対することを怖れ、エセルレッド2世の妻であったエマと結婚し、ふたりの間に子（ハルデカヌート（Hardecanute）；在位1040-1042）をもうけた。エドワードは異父兄弟ハルデカヌートの招きに応じイングランドに渡り、ハルデカヌートが没した後、イングランド王位に就いた。図1-8参照。

ヴァイキングの王朝（デーン王朝）は、これで途絶えた（1.3.3参照）。（図1-8参照）

1066年1月、イングランドのエドワード王が死去した後、エドワードのいとこの息子にあたるノルマンディー公ウィリアム（William）が王位継承権を主張してイングランドに上陸した（同年9月）。そして、いったん王に即位し（やはり王位を主張したノルウェー王を倒し）ていたハロルド（Harold; エドワード王妃の弟）を、同年10月ヘースティングス（Hastings）の戦いで破り、同年12月25日、ウィリアム1世（William I）として即位した（在位1066-1087）。これがノルマン人の英国征服（The Norman Conquest）であり、ノルマン王朝の始まりである。

その後、ウィリアム1世は約5年の歳月をかけて、（アルフレッド大王の系統に属する）アングロ・サクソン系の貴族や（カヌートの系統に属する）デンマーク系の貴族たちを一掃した。ウィリアムはノルマン人による支配に反抗したイングランド人貴族を滅ぼしたり追放したりし、彼らの土地を没収して、それをノルマン人貴族たちに与えた。このように、貴族はイングランド人からノルマン人に入れ替わった。しかし、ノルマン人に取って替わられたのは貴族だけではなく、国の政治に関わっていた教会の高位聖職者など、イングランドの支配階級はほとんどすべて大陸から来たノルマン人に取って替わられた。さらに、貴族や聖職者などの支配階級を取り巻く人々（家来、お抱え商人・職人など）までもがノルマンディーから移って来た。このようにしてウィリアムはイングランドを完全に支配下に置くことになった。そして、ウィリアムはノルマンディー公であると同時に名実ともにイングランド国王となり、ウィリ

図 1-8

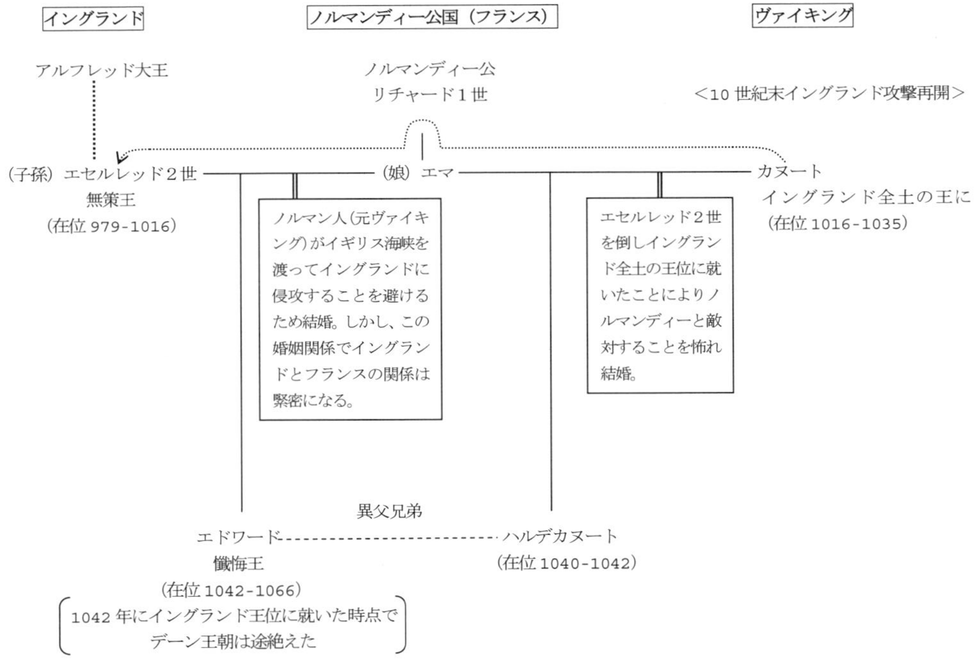
イングランド
ノルマンディー公国（フランス）
ヴァイキング
アルフレッド大王
ノルマンディー公
リチャード１世
＜10 世紀末イングランド攻撃再開＞
（子孫）エセルレッド２世
無策王
（在位 979-1016）
（娘）エマ
カヌート
イングランド全土の王に
（在位 1016-1035）
ノルマン人（元ヴァイキング）がイギリス海峡を渡ってイングランドに侵攻することを避けるため結婚。しかし、この婚姻関係でイングランドとフランスの関係は緊密になる。
エセルレッド２世を倒しイングランド全土の王位に就いたことによりノルマンディーと敵対することを怖れ結婚。
異父兄弟
エドワード
懺悔王
（在位 1042-1066）
ハルデカヌート
（在位 1040-1042）
1042 年にイングランド王位に就いた時点でデーン王朝は途絶えた

アム征服王（William the Conqueror）と呼ばれるようになった。貴族もイングランドとフランスの両国に領土を持ち、両国の王に忠誠を誓った。

これらの大陸から来たノルマン人が話すことばは、もちろん英語ではなく、フランス語（ノルマン・フレンチ（Norman French）；1.4.6参照）であった。また、彼らは英仏兼領とは言えフランスで過ごすことが多く、それだけ英語への関心は薄かった。したがって、イングランドの支配者の言語はフランス語になり、一方、英語は被支配者の言語に落ちぶれてしまった。しかし、ただ、ノルマン人はフランス語を話し、イングランド人は英語を話したという単純な構図ではなく、ノルマン人と接する機会のある上流階級イングランド人はフランス語も使い、逆に、イングランド人と接する必要のあるノルマン人は英語も使用したという状況であった。したがって、この時期のイングランドは、社会的地位の高さを示す言語としてのフランス語と社会的地位の低さを示す言語としての英語の2言語が併用されている状態にあった。この後14世紀後半までの約300年間は、英語はその権威を喪失したまま、綴り字も含めて標準語を持たない状態で各地域で独自に用いられたのである。

1.4.2　ノルマンディー公国喪失

ウィリアムの三男ヘンリー1世（Henry I）の娘マチルダ（Matilda）とその夫アンジュー（Anjou）伯との間に誕生したヘンリー2世（Henry II；在位1154-1189）は、フランス王ルイ7世（Louis VII）と離婚した元王妃エレナ（Eleanor）と結婚した。ヘンリー2世が親から譲り受けたフランスの領土（ノルマンディー、アンジューなど）とエレナが所有していた領地（アキテーヌなど）をあわせると、ふたりの領地はフランス全土の約3分の2を占めることになり、それはフランス王の領地よりも広大なものであった。

ヘンリー2世がイングランドの王位に就いた時点で、ノルマン王朝は終わりを告げ、プランタジネット王朝（アンジュー王朝）に入るが、それとともにフランス中部や南部出身の家臣や貴族の影響力が強まった。言語面でも当然影響は見られ、イングランドにおけるフランス語はノルマン・フレンチに替わり、セントラル・フレンチ（中央フランス語（Central French）；1.4.6参照）が力を持つようになった。

イングランド王ヘンリー2世は在位中の多くをフランスで過ごし、フランス語話者であったが、イングランドでも司法や行政面などで数々の整備を行った。[23]

ヘンリー2世とエレナの子ジョン（John）は、英雄視されている兄リチャード1世（Richard I）と全く異なっていた。ジョン王（在位1199-1216）はある女性と離婚し、既に婚約者のいる別の女性と無理矢理結婚するという問題を起こした。その婚約者はフランス王フィリップ2世（Philip II；在位1180-1223）に仕える貴族であった。さらに、ジョン王は自分の甥でフィリップ2世の娘婿であるアーサー（Arthur；ブリタニー公）を殺害した。これらのことに怒りを覚えたフィリップ2世は、フ

23）ヘンリー2世は教会の首長の地位をめぐってカンタベリー大司教トーマス・ベケット（Thomas Becket）と対立し、家臣にカンタベリー大聖堂内でベケットを殺害させた。ローマ教皇はベケットを聖人に加え、カンタベリーは巡礼の地となった。

ランスに自分よりも広い領土を持つイングランド王に普段から不快感を抱いていたこともあり、これらの事件に介入した。またジョン王はフランス貴族もすべて敵に回すことになった。フランス国王と貴族はフランス内のイングランド領土を没収することを決定し、その結果、ジョン王はノルマンディーをはじめ、父や兄から継承していた（アキテーヌを除く）フランス内の広大な領地を失った。[24] 1204年のことである。そして、これがジョン欠地王（John Lackland）と言われる所以である。（図1-9参照）

1.4.3　英語の地位回復の始まり

ジョン王の所業は多くの問題を含んでいることは事実であるが、しかし、英語の地位向上という点から考えると、ジョン王の取った行動は評価されるべきものであろう。イングランド王がフランス内の広大なイングランド領土をほとんどすべて失ったということが何を意味するかというと、それは、イングランド国王は純粋にイングランドだけの王になり、フランス国王は本当の意味でフランス国王になったということである。そうなると、貴族はもはやそれまでのようにイングランド国王とフランス国王の両方に忠誠を誓うことが難しくなり、いずれか一方に帰属しなければならなくなった。この時フランス領を放棄しイングランドを選んだ貴族はイングランドだけの貴族となり、

24）この事実およびその後にジョン王が取った方策などは、ジョン王に対する貴族の不満を増幅させ、貴族のジョン王への信頼は地に落ちた。これは1215年のマグナ・カルタ（Magna Carta（大憲章））に繋がった。これにより、国王の力は制限され、貴族の権利は再確認された。

図 1-9

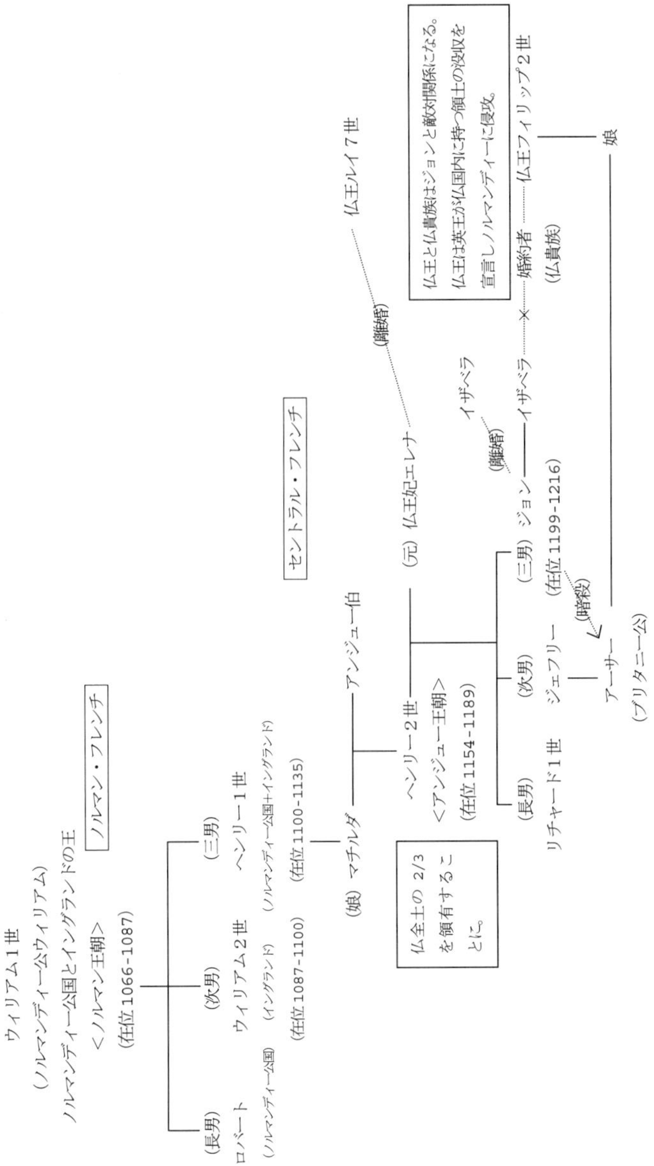

ウィリアム1世
（ノルマンディー公ウィリアム）
ノルマンディー公国とイングランドの王
＜ノルマン王朝＞
（在位 1066-1087）
ノルマン・フレンチ
（長男）ロバート（ノルマンディー公国）
（次男）ウィリアム2世（イングランド）（在位 1087-1100）
（三男）ヘンリー1世（ノルマンディー公国+イングランド）（在位 1100-1135）
（娘）マチルダ
アンジュー伯
セントラル・フレンチ
仏全土の 2/3 を領有すること。
ヘンリー2世
＜アンジュー王朝＞
（在位 1154-1189）
（元）仏王妃エレナ
（離婚）
仏王ルイ7世
（長男）リチャード1世
（次男）ジェフリー
アーサー
（ブリタニー公）
（暗殺）
（三男）ジョン
（在位 1199-1216）
（離婚）
イザベラ
イザベラ
婚約者
（仏貴族）
仏王フィリップ2世
娘
仏王と仏貴族はジョンと敵対関係になる。
仏王は英王が仏国内に持つ領土の没収を宣言しノルマンディーに侵攻。

国王も貴族も名実ともにイングランド人になったのである。

おおよそ1250年頃までには貴族たちはそれぞれの決断をし、イングランドかフランスいずれかの所領を選んでいた。イングランドを選んだ貴族たちには自分たちはイングランド人であるという意識が芽生え始めた。英語の地位向上がはっきりと目に見え始めたのもこの頃である。イングランド国王が代々フランス語話者で、またフランス語話者階級と英語話者階級がほとんど混ざり合うことがなかった1250年頃までは、イングランドではフランス語が圧倒的に有力な言語であった。そのイングランドで、貴族の中にイングランド人としての国民意識が強くなると、自分たちの言語は英語であるという意識も強まる。そして、上流階級の人々が積極的に英語を話し始めた時に、それまで使っていたフランス語の語彙が次々に英語に入っていったのである（1.4.6参照)。

1.4.4　イングランドにおけるフランス語衰退

英語の地位向上をさらに促進する出来事が続いた。その最大の出来事は百年戦争（Hundred Years' War；1337-1453）である。イングランドとフランスはフランス領フランドル地方、またイングランド領アキテーヌをめぐって対立した。[25, 26] フラン

25）イングランドは毛織物工業の盛んなフランドル地方に羊毛を輸出していた。そして、フランドルがフランスから独立しようとするのを助けていたため、この地の領有をめぐって、イングランドとフランスは対立した。

26）当時フランス南西部のアキテーヌはイングランドの領有地であったが、葡萄の生産で栄えるボルドーをフランスは咽から手が出るほど欲しかったため、フランス王はイングランド王エドワード3世にアキテーヌを没収すると宣言した。これが百年戦争を引き起こした決定的原因である。

ス王はイングランド王家がフランス国内に唯一領有していたアキテーヌを没収すると宣言し、これに対しイングランド王エドワード3世（Edward III；在位1327-1377）は、母親がフランス王室の出身であることを理由に、フランス王位継承権を主張してフランスに攻め入った。イングランドとフランスは、途中、婚姻関係で結ばれるなどして何度かの休戦を挟みながら、土地を奪ったり奪われたりを繰返し、実に100年以上に亘って戦った。結果として、イングランドはフランスにおける領地のほとんどすべてを失い、イングランドの敗北ということに終わったが、この長い戦いはイングランド人にイングランド人としての国民意識を確立させる決定的出来事になった。そして、それはすなわち、敵国語フランス語のイングランドにおける衰退を意味した。

百年戦争中に起こった出来事で、やはり英語の地位上昇に影響を与えたのはペストの大流行である。ペストは多数の死者を出したが、それは特に下層階級の貧しい人々の間で猛威を振るった。しかし、それだけに、生き残った農民一人当たりの土地は増え、農民は貴族に重宝がられ、彼らの価値は上がった。彼らはフランス語とは無縁の英語話者であったが、農民の社会的立場が強くなったということは、英語の地位も上がったということである。

社会的立場が強くなったのは農民だけではない。都市や貨幣経済の発達とともに力を蓄えていったのは商工業者である。彼らは自分たちの利益を守り、また都市の自治権獲得においても大きな役割を果たし、富裕層を形成していった。そして次第に国家を支える重要な勢力になるが、彼らも農民同様、本来フランス語とは縁のない英語話者であった。このような商工業者の台頭も英語の地位を高め、重要性を訴える大きな要因となった。ジョン王の所業によるノルマンディー公国喪失に始まって、百年戦争、ペストの大流行や都市の発達による農民や商工業者の社会的立場の向上などにより、英語の地位は着実に高まっていった。

1.4.5　英語の権威復活と標準文語英語の出現

百年戦争の最中である1362年、イングランドの議会の開会宣言が英語で行われた。また、同じ年に、法廷での言語は英語である——但し、文書はラテン語による——旨の法律が議会で制定された。議会と法廷という国を動かす機関での言語が英語になったということは、つまり、英語は話しことばの面では公式言語として認められたということである。ノルマン・コンクエスト（1066年）より実に約300年後のことである。英語が法の面で書きことばとしても認められたのは1488年のことで、書きことばが公的に認められるまでには、話しことばが認められてから、さらに百数十年を要している。この事実は、ノルマン人によるイングランド征服の影響が、またフランス語の影響がいかに大きかったかを示している。

書きことばの英語の復活を促進した要因としてさまざまなことが挙げられる。ロンドンは1066年のノルマン・コンクエスト以来イングランドの首都となっていたが、14世紀後半には人口も増加し、政治、経済、司法、社会、文化のあらゆる面で繁栄していた。

首都ロンドンの重要性が高まると、ロンドンのことばの重要性も増す。一般的傾向として、首都の地域方言がその国の標準語と見なされるようになる。そしてロンドンの近くに既に創立されていたオックスフォード大学とケンブリッジ大学は、学問の中心的存在としてロンドン方言に権威を与えた。また、ロンドンは地理的に北部と南部の中間に位置するため、ことばの面でも言語変化において「進歩的」（渡部1983：154）な北部方言と「保守的」（渡部 前掲書同頁）な南部方言の中間に位置した。このこともロンドン方言を標準と見なすのに貢献した。

中英語期最大の作家チョーサー（Geoffrey Chaucer；1340-1400）は、その標準文語英語として形成されつつあったロンドン方言で作品『カンタベリー物語』（*The Canterbury Tales*）を書いた。この作品が多くの人々に読まれることによって、ロンドン方言は普及し、標準語として位置づけられていく。

さらに、ヘンリー5世（Henry V；在位1413-1422）は英語の積極的使用を押し進め、公文書でも英語を用いる方針を出した。

ここまでを整理してみると次のようになる。ロンドンは、まず首都であり、そしてそれ故に政治や経済、司法の面で中心であったが、それだけではなく、地理的にも学問の面でも中心であった。したがって、その地域のロンドン方言が標準と位置づけられていくのは自然であった。チョーサーはそのロンドン方言で作品を書きロンドン英語の普及に寄与したし、国王は英語を書きことばとして公的に採用することを進めた。

このような標準となりつつあったロンドン方言を標準語として定着させるのに大きく貢献したのは、カクストン（William Caxton；1422-1491）による印刷技術の導入である。彼は大陸で学んだ印刷技術をイングランドに持ち帰り、ロンドンが印刷の中心地になるきっかけを作った。印刷技術によってもたらされたものは大きかった。綴り字の固定化あるいは標準化を促進することになったのである。それまでは写本が普通であったが、写本の場合には、書き手の出身地やその人自身の書き方などに左右されることが多く、綴り字は一定しなかった。書き手特有の癖が綴り字に反映されたのである。しかし、印刷は、写本の場合と異なり、一定の模範となるべき綴り字を一度に多くの人々に示すことになる。そして、カクストンがロンドンに持ち込んだ印刷機は、その技術によって、標準の地位に定着しつつあったロンドン方言とそれを手本とする均一の綴り字をイングランド全土に広めた。こうしてロンドン方言は標準語として確固とした地位を得ることになった。

以上のようなさまざまな要因はすべて、結果として、ロンドン方言をイングランドの標準語へと押し上げていった。中英語期前半のイングランドには、フランス語の大きな影響の下で標準になる英語は存在せず、社会的地位の低い人々によってその地その地の方言が使われている状況であったが、中英語期後期には標準となる書きことばが成立したのである。話しことばだけではなく、書きことばの面でも英語の使用が当たり前になり、英語は完全に復活し、権威を取り戻したのである。

1.4.6　フランス語の影響

ノルマン・コンクエストによって英語にもたらされたフランス語の影響は計り知れない。その影響についてはこれから見ていくが、その前に、ノルマン人が話していたフランス語とパリを中心とするフランス語について触れておこう。

ノルマン人はノルマンディー公国建国以来、母語の古ノルウェー語を棄てフランス語話者となった。しかし、ノルマン人の話すフランス語はパリを中心として話されているフランス語とは異なり、ゲルマン語の要素を残していた。したがって、パリを中心とする生粋のフランス語を中央フランス語（Central French）と呼ぶのに対し、ノルマン人の話すフランス語はノルマン・フランス語（ノルマン・フレンチ（Norman French））[27]と言われた。（1.4.1および1.4.2参照）

中央フランス語とノルマン・フランス語の違いは、しばしば音韻上の対立となって現れる。ノルマン・フランス語で[w-]の音は中央フランス語では[gu-]また[g-]となっているのも一つの例である。したがって、"warden（番人）" [wɔːdn]（Norman French; NF）に対して "guardian（保護者）" [gɑːdiən]（Central French; CF）、"warranty（保証（書））" [wɔrənti]（NF）に対して "guarantee（保証（書））" [gærəntiː]（CF）、"reward（報酬）" [riwɔːd]（NF）に対して "regard（配慮）" [rigɑːd]（CF）となる。"catch（捕える）" [kætʃ]（NF）と "chase（追跡する）" [tʃeis]（CF）の間には2つの音韻上の対立が見られる。ノルマン・フランス語の[k-]は中央フランス語の[tʃ-]と対立し、ノルマン・フランス語の[tʃ]は中央フランス語の[s]と対立している。

ノルマン・コンクエストによりノルマン・フランス語の語彙が英語に流入したのはもちろんであるが、12世紀中頃からの

27）ノルマン・フランス語はアングロ・ノルマン語（Anglo-Norman）、またアングロ・フランス語（アングロ・フレンチ（Anglo-French））とも呼ばれる。

イングランドとフランスの歴史によって、中央フランス語からも多くの語彙が入った。ノルマン・フランス語および中央フランス語から中英語期に英語に流れ込んだ語はさまざまな分野に及び、政治、行政、法律、軍事などの国の統治と関わる分野の語から、服装や料理といった文化・風習と関わるものまで、実に多岐にわたる。以下は、その一部である。

□ 政治・行政：administration（管理、行政）、crown（王冠）、empire（帝国）、government（統治、政府）、liberty（自由）、majesty（(王の) 威厳)、parliament（議会）、state（国家）、tax（税金)、など

□ 法律・裁判：accuse（告発する）、arrest（逮捕する）、case（事件、訴訟）、court（法廷）、crime（犯罪）、evidence（証拠）、fine（罰金）、jail（刑務所）、judge（裁判官）、jury（陪審（員団))、justice（正義）、prison（刑務所）、punish（罰する）、など

□ 軍事：arms（武器）、army（陸軍）、battle（戦い）、defense（防衛）、enemy（敵）、guard（護衛兵）、navy（海軍）、offense（攻撃）、peace（平和）、soldier（兵士）、war（戦争）、など

□ 宗教：abbey（大修道院、大聖堂）、baptism（洗礼）、creator（創造主）、divinity（神性）、faith（信仰）、pray（祈る）、religion（宗教）、saint（聖人）、virtue（美徳）、など

□ 学問・芸術：art（芸術）、beauty（美）、chapter（章）、dance（踊る）、lesson（学課）、logic（論理）、medicine（薬）、music（音楽）、paint（絵を描く）、paper（紙）、pen（ペン）、poet（詩人）、romance（(中世の) 騎士物語）、story（物語）、study（勉学）、volume（巻）、など

□ 服装：apparel（衣服）、button（ボタン）、coat（コート）、dress（服を着せる）、fashion（(服装などの）流行）、fur（毛皮）; coral（珊瑚）、diamond（ダイアモンド）、emerald（エメラルド）、ivory（象牙）、jewel（宝石）、pearl（真珠）、ruby（ルビー）、sapphire（サファイア）、など

□ 料理：beef（牛肉）、mutton（羊肉）、pork（豚肉）、veal（仔牛肉）、venison（鹿肉）; salmon（鮭）、sardine（いわし）; broil（照り焼きにする）、fry（揚げる）、grill（焼き網で焼く）、mince（細かく刻む）、poach（ゆでる）、roast（焼く）、stew（とろ火で煮る）、toast（こんがり焼く）; grape（ぶどう）、peach（桃）、salad（サラダ）; cinnamon（シナモン）、herb（ハーブ）、mustard（からし）、spice（香辛料）、vinegar（酢）; dinner（一日のうち、一番ごちそうのある食事）、fork（フォーク）、table（テーブル）、など

□ その他：choice（選択）、joy（喜び）、marriage（結婚）、money（金）、tennis（テニス）、universal（全世界の）、など

上の料理の箇所で挙げた“beef（牛肉),” “mutton（羊肉),” “pork（豚肉),” “veal（仔牛肉),” “venison（鹿肉)” は食品名であるが、これらはフランス語からの借用語である。一方、それぞれが生きているときの動物名は英語本来語（アングロ・サクソン系の語）の“ox（牛),” “sheep（羊),” “swine（豚),” “calf（子牛),” “deer（鹿)” である。まだ生きている動物を飼い、処理し、食品に変えるまでは被支配者の仕事である故に、その段階のものには英語本来語が使われ、食べ物としてテーブルの上に並べられたものを食するのは支配者であるため、食品として

の状態を表すのはフランス語からの借用語である。このことばの使い分けは征服者と被征服者の置かれた立場をよく表している。

フランス語からの借用語については、地域による音韻上の対立に加えて、その借用の時期によっても音韻上の相違を見ることができる。フランスではおよそ1300年を境として、文字 'j' と 'g' は[dʒ]から[ʒ]へと音が変わり、また綴り字 'ch' の音も[tʃ]から[ʃ]に変化した。したがって、これらの音変化が起こる前にフランス語から英語に入った語の 'j,' 'g,' 'ch' は[dʒ]または[tʃ]と発音されるが、これらの音変化後に英語に入ったものについては[ʒ]または[ʃ]と発音される。故に、"journey" [dʒəːni], "judge" [dʒʌdʒ], "age" [eidʒ], "change" [tʃeindʒ], "chair" [tʃeə] などは1300年以前に借用された語であり、"mirage" [mirɑːʒ], "champagne" [ʃæmpein], "chef" [ʃef], "machine" [məʃiːn] などは1300年以降の借用語であるとわかる。

また、日本語でも日常的に使用されている「ホテル」と「ユースホステル」の「ホステル」は、それぞれ英語の "hotel" と "hostel" から来ている。この2語は同一語源の語であるが、フランス語から英語への借用時期が異なるために、現在でも意味が分化した状態で2語とも英語に残っている。フランス語では12世紀末頃から13世紀末頃までに、子音の前の 's' [s]が脱落する傾向にあった。したがって、フランス語では、元々 "hostel" であった語においても 's' が落ち、それを表す子音[t]の前の[s]も脱落した。's' [s]の残っている "hostel" [hɑstl] はこの変化が起こる以前に英語に入り、's' [s]が脱落した "hotel" [houtel]は変化以降に英語に借用されたと考えられる。(フランス語では、's'

[s]が脱落した “hôtel” [oʊtel]のみが残っている。）同一語源の語であるが借用時期などが異なるために語形も意味も分化した語を二重語（doublet）と言うが、“hostel” と “hotel” はその代表的な例である。

フランス語からの借用は人名についても見られる。例えば、Alice, Emma, Henry, Richard, Robert, William などがそうである。さらに、聖書に出てくる使徒・聖人の名をとって名前をつけるというやり方もフランス人を真似たものである。John（ヨハネ→ジョン）、Luke（ルカ→ルーク）、Mark（マルコ→マーク）、Michael（ミカエル→マイケル）、Paul（パウロ→ポール）、Anne（アンナ→アン）、Mary（マリア→メアリー）などがその例である。

フランス語から英語に入った語の数は膨大なものである。宇賀治は複数のデータに基づいて計算し、「1050-1900年間のフランス語借用語の総数は、およそ2万語と推定される」（宇賀治 2000：96）としている。また、英語の頻出1万語を上位から千語ずつ10段階に分け、それぞれの段階での英語本来語とフランス語起源の語の占める割合を算出したものを掲載している（宇賀治 前掲書：84-85）。それによると、フランス語からの借用語が占める割合は、最初の千語でこそ11％であるが、次の段階からはいずれの段階でも40％台である。一方、英語本来語の方は、最初の千語で80％台、次の千語で30％台を占めるものの、その次の段階からは20％台に留まっている。これはフランス語から英語への借用語がいかに多いか、つまり英語へのフランス語の影響がいかに大きいかを示している。そしてまた、イギリスの歴史におけるノルマン・コンクエストの影響の大きさを物語っている。

1.4.7　中英語の特徴

中英語期には、上述のとおり（1.4.6）、フランス語は英語に計り知れない影響を及ぼした。しかし、この時期の英語に影響を与えたのはフランス語だけではない。古英語期8世紀末頃からのヴァイキングのブリテン島侵攻による古ノルウェー語の英語への影響はこの時期に顕著になった（1.3.3参照）。古英語期にはデーンローとアングロ・サクソン人の領土の境界あたりまでに留まっていた古ノルウェー語の影響は徐々に南下し、イングランド全土に広く浸透していった。デーン人とアングロ・サクソン人は同じゲルマン語派の言語を使用し、また宗教上の理由もあり、容易く融合した（1.3.3参照）。両者の関係が緊密になれば、彼らの使用する言語の関係も同様に緊密になり、古ノルウェー語からは日常生活に密着した語彙が入ってきた。“bank（土手),” “egg（卵),” “sister（姉妹),” “window（窓),” “birth（誕生),” “trust（信頼),” “happy（嬉しい),” “ill（病気の),” “same（同じ),” “weak（弱い),” “call（呼ぶ),” “die（死ぬ),” “raise（起こす),” “take（掴む),” “want（欲する)” など、英語の基本語と言ってもよい語が多く借用された。また、“skirt（スカート)” や “sky（空)” などに見られる ‘sk’ という綴り字は古ノルウェー語からの借用語の特徴である。さらに、借用語は通常、内容語において見られるものであるが、古ノルウェー語からの借用語は内容語だけではなく、一般的に出入りがあまり起こらないと考えられる機能語の類でも借用が見られた（例えば、接続詞 “till（…まで)”）。語頭の ‘th-’ も入り、現代英語の “they,” “their,” “them” に相当する代名詞にも影響を与えた。[28]

さらに、中世におけるラテン語は確固たる地位を維持しており、それを反映して、ラテン語からも借用が見られた。それらは、法律、医学、科学、神学、文学などの分野に多く、"genius（(非凡な）才能)," "individual（個々の)," "legal（法律の)," "rational (理性的な)," "secular（世俗の)" などの語が英語に入った。

中英語は文法面でも古英語から大きく変化した。古英語期はthe period of full inflections（完全語尾屈折の時代）と言われたほど、あらゆる語がその語尾を屈折変化させることにより、文法関係や意味を表していた（1.3.4参照)。しかし、その語尾変化は中英語期には緩やかになり、この時期はthe period of leveled inflections（屈折水平化の時代）と呼ばれるようになった。1.3.4で例示した名詞 "stān"（"stone"）の語尾変化が中英語期にどのような変化をするようになったかを、中英語期前期と後期とに分けて示す。

名詞stān 'stone'

	古英語期		中英語期前期		中英語期後期	
単	主	stān	主・対	stōn	主・与・対	stōn
	属	stānes	属	stōnes	属	stōnes
	与	stāne	与	stōne		
	対	stān				
複	主・対	stānas	主・対	stōnes	主・属・与・対	stōnes
	属	stāna	属	stōne		
	与	stānum	与	stōne		

28）3人称複数の代名詞（現代英語の "they," "their," "them"）の語頭が 'h-' に替わり 'th-' になるのは、古ノルウェー語の影響を最初に受け、言語変化も進歩的と言われる北部から始まり、南部に行くほど 'th-' への移行は遅かった。

古英語でさまざまな母音に屈折変化していた語尾は、中英語期前期には‘e’に水平化され、さらに中英語期後期には屈折上の違いはほぼ消失している。単数では主格・与格・対格が融合し、‘-e’は消失した。複数ではすべての格が同一の形になった。中英語期後期においては、単数属格と複数の語尾のみが‘-es’と変化しているが、これらは現代英語の単数名詞所有格の語尾‘-’s,’複数名詞の語尾‘-(e)s’に繋がっている。

“stān (stone)”は強変化男性名詞であったが、類する変化は強変化女性名詞および中性名詞へと広がった。結果として、中英語期後期には男性・女性・中性による語尾屈折の違いはほとんどなくなり、文法的性は消失した。また、弱変化名詞やウムラウト変化名詞は少数となった。

屈折語尾の単純化は名詞においてだけではなく、形容詞、冠詞、動詞などにおいても同様に生じた。形容詞については文法的性と複雑な語尾変化はどんどん消失し、中英語期末期には形容詞は不変化詞になったし、冠詞などの単純化も大いに進んだ。動詞については、古英語期に語幹の母音交替で時制を表した強変化動詞が、語尾に‘-ed’を付け加えて過去（分詞）形を作る弱変化動詞に大幅に移行した。弱変化動詞に大量に移行したため、弱変化動詞は規則動詞と呼ばれるようになり、移行しなかった強変化動詞は不規則動詞と呼ばれるようになった（本章脚注20参照）。

このように、中英語は古英語と異なり、屈折語尾が単純化したが、そうすると、語尾の形で文法関係や文の意味を表すことはもはや不可能である。したがって、中英語では複雑な屈折語尾に替わって、語順が固定し、前置詞など機能語が発達した。

つまり、中英語期には、現代英語と同じように、語順や機能語で文法関係や文の意味を表すようになり、英語の基本的語順S+V+Xが確立した。

また、中英語期後期1400年頃から大母音推移（Great Vowel Shift）と呼ばれる音声学上の大きな出来事が始まったが、これは初期近代英語期にかけて見られる現象であるため、近代英語期にまとめて述べることにする（1.5.8参照）。

1.5　近代英語期（1500-1900/現在）

1.5.1　ルネサンスと宗教改革

近代英語期初期のイングランドはバラ戦争を経て中世と決別する頃だった。[29] そして、イタリアよりも150年から200年近く遅れてイングランドにルネサンス時代が訪れた。

イタリアで起こったルネサンス（文芸復興）はローマ教皇またローマ・カトリック教会の支持の下、栄えていた。ペトラルカやボッカチオ、またレオナルド・ダ・ヴィンチやミケランジェロ、ラファエロなどが活躍した。しかし、ドイツのルター

29）百年戦争（1.4.4参照）終結から2年後、バラ戦争（the Wars of the Roses；1455-1485）が始まった。この戦争はランカスター家とヨーク家の王位争奪を中心とする貴族間の大内乱である。最終的にランカスター家のヘンリー・チューダー（Henry Tudor）が王位に就いてヘンリー7世（Henry VII；在位1485-1509）となり、バラ戦争は終結した。翌年1486年にヘンリー7世はヨーク家の王女エリザベスと結婚し、このことにより両家は和解した。バラ戦争の結果、多くの封建貴族は滅び、彼らの勢力は衰退した。そして、イングランドの中世は終わりに近づいた。

（Martin Luther）は偶像崇拝を思わせる彫刻、絵画やギリシアやローマの神々が登場する古典を称えるルネサンスに反感を抱き、そして古典語で古典を読み学ぶのではなく、母語に訳された聖書によって神のことばを学ぶことが大切だと主張した。ルターの宗教改革である。

このように、大陸ではまずルネサンスが起こり、それへの反発として宗教改革が起こったのであるが、ルネサンスの始まり自体が遅かったイングランドでは、この2つが時をほぼ同じくして起こった。ヘンリー7世（本章脚注29参照）の子、ヘンリー8世（Henry VIII；在位1509-1547）は、はじめはルネサンスの人文主義とカトリック教会を支持していたが、自身の離婚および再婚問題が引き金となり、ローマ教皇と衝突することになった。ヘンリー8世は、最初の王妃（スペイン王女キャサリン（Catherine））との間に育ったのが女子（後のメアリー1世）一人のみであったため、男子後継者を望めないと考え、カトリックの教義では離婚は禁止されているにもかかわらず、この妻と離婚し宮廷の女官アン・ブーリン（Anne Boleyn）と結婚しようとした。そしてローマ教皇と衝突した。ヘンリー8世は上告禁止法（1533年）[30] と国王至上法（1534年）[31] を議会で制定させ、ローマ・カトリック教会の一部だったイングランド教会をローマ教皇から分離独立させ、国王の自分が教会の首長となった。こうして英国国教会が樹立された。このように、イングランドでは、同じ国王の時にルネサンスと宗教改革の両

30）イングランド国内のいかなる紛争も直接ローマ教皇に上告してはならないとした法。すべての裁判権は国王にあるとした。

31）国王が英国国教会の地上における最高の首長であるとする法。

方が起こったのである。

ただ、ルターの宗教改革がローマ・カトリック教会から分離した真のプロテスタンティズムであったのに対し、イングランドで起こった宗教改革とその結果としての英国国教会は真のプロテスタンティズムとは言い難かった。ヘンリー8世は宗教改革は行ったものの彼の信仰する教義がカトリック的要素を多分に残していたからである。ヘンリー8世の後に王位に就いたエドワード6世（Edward VI；在位1547-1553）がイングランドではじめてのプロテスタントの国王となった。

その後、メアリー1世（Mary I;在位1553-1558）はカトリック強国スペインの皇太子（後の国王フェリペ2世）と結婚し、カトリックを復活させプロテスタントに迫害を加えたが、ヘンリー8世とアン・ブーリンの子エリザベス1世（Elizabeth I；在位1558-1603）は宗教面で中道政策をとった。この時の危険分子は、エリザベス1世の中道政策と国教会に残っていたカトリック的要素に不満を抱き、より改革を進めて清らかな信仰と生活を保とうとしたピューリタン（Puritans;清教徒）と呼ばれる改革派プロテスタント（1.5.4参照）と、その正反対の立場にいるカトリック教徒であった。反体制側に回ったカトリック教徒の後ろ盾となっていたカトリック国スペインのフェリペ2世は1588年、イングランドへの侵攻を図って無敵艦隊を出撃させたが、イングランドは無敵艦隊に勝利し、その結果、プロテスタンティズムは守られた。エリザベス1世治世時代は国力も充実を見せた。この時代にシェイクスピア（William Shakespeare;1564-1616）が登場し、イギリスのルネサンスは絶頂期を迎える。

1.5.2　聖書の英訳とシェイクスピア

宗教改革の結果、途中カトリックの復活など紆余曲折を経て、プロテスタンティズムの国教会が誕生した。カトリック教会がローマ教皇を教会における絶対の権威とするのに対し、プロテスタンティズムは聖書を唯一の信仰の拠り所と考える。したがって、イングランドにプロテスタンティズムが定着するためには、聖書を誰にとっても身近な存在にする必要があった。そしてそのためには、英語で書かれた聖書が必要であった。ヘブライ語やラテン語、ギリシア語で書かれた聖書が一般市民の中に浸透するとは考えにくく、また古典語ではなく母語に訳された聖書に意味があった。そのため原典から英語に訳された聖書が出てきた。

中でも、ティンダル（William Tyndale）訳聖書（1526；1535）と欽定訳聖書（The Authorized Version of the English Bible（King James Versionとも）；1611）は代表的存在である。ティンダル訳聖書は英語本来語を多用したわかりやすく力強い文体で書かれたが、この特徴は欽定訳聖書にも受け継がれた。欽定訳聖書も全体を通して基本的に英語本来語を用い、簡素でわかりやすく力強い文体で書かれている。そしてこの欽定訳聖書の英語は、シェイクスピアの英語とともに、近代英語の確立に大きな役割を果たした。

さて、そのシェイクスピアはイギリスのルネサンスの最盛期を築いた。シェイクスピアはイギリス最大の劇作家であることは言うまでもないが、彼は彼の作品において1万5千語とも2万5千語とも言われる語を使いこなした。その中には、ギリシア語やラテン語からの借用語の他に、表現したい内容を自在に表すために自身で造り出した新造語（neologisms）も多数含まれている。このシェイクスピアの英語は、既に述べたとおり、近代英語を確立させるのに大きく貢献した。

1.5.3　ラテン語か英語か

中世のヨーロッパは封建貴族やローマ・カトリック教会が支配する社会であった。言語面ではラテン語が支配的地位にあった（1.2.2 参照）。ルネサンス時代の人文主義者たちも著述に学術面での共通語であるラテン語を使用することを当然と考え、英語は学問の世界には不適切であるという認識を持っていた。

しかし、宗教改革により、国境を越えて全ヨーロッパを支配していたローマ・カトリック教会に替わり国教を持つ国が出現し、同時に共通語のラテン語よりむしろ自身の国の言語への意識が高まっていった。イングランドでもまず母語に訳された聖書が重要になった。やがて教会においても英訳聖書が使用されるようになり、ラテン語の地位は低下した。そして、聖書だけではなく、学術書も相次いで英語に翻訳された。古典語で書かれた書物を英語に翻訳する際には、元々英語にある語彙だけでは十分にその思想や概念を表し切れないため、ラテン語やギリシア語から多くの語を借用し、それによって英語の語彙を豊かにしようとする人文主義の著述家もいたが、次第にラテン語尊重の強い時代から英語の使用支持の時代へと移行していき、英語は威信を獲得したのである。

シェイクスピアはこのような時代のイギリスに生まれた作家である。ルネサンス時代という古典語を尊重する意識が強い時代でありながら同時に英語への意識の高まりが増してくる時代、古典語と英語のせめぎ合いの中で英語がどんどん力をつけていく時代に、シェイクスピアの作品は誕生した。中世的支配体制から解放されて表現したいという溢れる思いを抱き、古典語も取り入れながら、地位を得た英語で積極的に著述を行ったのである。

1.5.4 ピルグリム・ファーザーズ

メアリー1世の下でプロテスタントへの迫害が続いた後、エリザベス1世は中道政策をとった。エリザベス1世は国王至上法を再発布し（1559年）、イギリス国内の教会統治権を確立したが、中道を行く国教会はカトリック的要素を残していた。改革派プロテスタントであるピューリタンたちはこのような政策や国教会に不満を抱き、清らかな信仰と生活を実現するためより強い改革を押し進めることを望んだ。(1.5.1参照)

国家と国教会の一体化を強化する国教会主義のジェイムズ1世（James I；在位1603-1625（本章脚注33参照））の治世になり、ピューリタンもカトリックも弾圧された。国教会主義の体制に不安を覚えたピューリタンの一部は、1620年、信仰の自由を求めて新大陸に渡った。ピルグリム・ファーザーズ（Pilgrim Fathers; 巡礼始祖）と呼ばれる彼らはメイフラワー（Mayflower）号に乗り、イングランド南西岸の港プリマス（Plymouth）港を出航し、イングランドを脱出した。そして新大陸ニューイングランドに到着し、そこにプリマス植民地を建設した。

1.5.5 イギリスの植民地拡張と産業革命

17世紀から19世紀にかけて、イギリスは植民地拡張と産業革命とでどんどん力を増大させ、また蓄えていった（1.1および2.1-2.3参照）。まず17世紀の初め、イギリスが世界に領土を拡張しようとする動きが盛んになり始めた。15世紀末に始まった西アフリカ諸国との関わりとは別に、エリザベス1世は1600年、インド、東南アジアとの貿易を目的として東インド会社（British East India Company）を設立した。領土の拡張は北アメリカ大陸にも向けられ、まず1607年にジェイムズタウン（ヴァージニア）（Jamestown（Virginia））に北アメリカ最初の植民地を建設した。その後、ピルグリム・ファーザーズによるプリマス植民地（マサチューセッツ（Massachusetts））（1.5.4、また2.2.2参照）も含めて、1732年のジョージア（Georgia）植民地まで北アメリカに13の植民地を建設した。

イギリスと同じようにフランスも東インド会社を設立し（1604年）、北アメリカ大陸にも進出し、植民に着手した。すなわち、イギリスとフランスはヨーロッパで領土をめぐって争いを繰り広げていたが、ヨーロッパ以外の地でも領土の奪い合いを展開したのである。18世紀中頃、フランスはインディアン諸部族と結び、イギリス領植民地に攻め入ったが、この戦いでイギリスは勝利した（フレンチ・インディアン戦争（French-Indian War；1755-1763））。イギリスのこの勝利は北アメリカにおける植民地争奪戦でのイギリスの勝利を決定的にした。イギリスはフランスからカナダを獲得し、フランスの勢力を北アメリカ大陸から一掃し、さらにインドにおいてもイギリスの立場を優位にした。

ちょうど同じ頃、イギリスは産業革命を迎えていた。東インド会社を通じて輸入されるインド産の綿織物がイギリスの伝統的な毛織物に取って替わり、需要が増大した。この需要に対応し、また貨幣が国外に流出するのを避けるため、インドから綿織物を輸入するのではなく、海外の植民地から原料の綿花を買い、織物はイギリス本国で大量生産することが要求されるようになった。これを実現するための生産技術面での発展、それに伴う社会・経済面での変革が産業革命である。それまでの手工業に替わって登場した機械化綿工業から始まって、蒸気機関、石炭産業、交通革命など、19世紀前半までイギリスの産業革命は続いた。イギリスでの産業革命の進展には、植民地の拡大によってイギリスが世界貿易の中で優位な地位にあったことも大きく作用している。

また、イギリスの産業革命を模範とし、フランス、ベルギー、ドイツなどでも産業革命が起こったが、イギリスに学び、必要な知識を得、自らも利益を得るためには、英語をきちんと学ぶことが必要であった。このような好機を得て、英語が第一級の言語として世界に広まっていったことも見逃せない。(1.1参照)

1.5.6　アメリカ合衆国独立、そしてイギリスからアメリカへ

イギリスは北アメリカに建設した13の植民地に対して、次第に課税を強化していった。イギリス軍の駐屯費など植民地の管理に要する費用に充てるためである。これに対して植民地では不満が増大し反対運動が起こり、イギリスは政策を見直すことになった。しかし、1773年に起きたボストン茶会事件[32]がきっ

32）イギリス本国は北アメリカ植民地に対する茶の輸出独占権を東インド会社に与えていた。1773年、これに反対するボストン市民の一団がインディアンに扮装してボストンに入港した東インド会社の茶船を襲撃し、茶を海に捨てた。

かけとなり、イギリス本国と植民地側は互いに態度を硬化させた。1775年、ボストン近郊のレキシントン（Lexington）で両軍が衝突し、戦争が始まった。1776年、植民地側は独立を宣言し（Declaration of Independence）、アメリカ合衆国が誕生した。

さらに、19世紀に入り、イギリスの植民地であった国々の中に自治要求の兆しが見え始めた。これらの国々はイギリス本国の主要産業を支えるために原料を輸出し製品を輸入するなどして、それまで大英帝国の発展に寄与してきた。19世紀から第2次世界大戦後までに、オーストラリア、カナダ、南アフリカ共和国、インド、セイロン（現スリランカ）などが次々にイギリスから自治権を獲得、あるいは独立した。

こうして20世紀の初頭までにイギリスの繁栄に翳りが出始め、大英帝国の発展にも分裂・崩壊の影が見え始めた。世界の中心はイギリスからアメリカへと移っていくことになったのである。

1.5.7　アカデミー設立運動と辞書・文法書

17世紀のイギリス社会はピューリタン革命、王政復古、名誉革命で大きく揺れ動いていた。[33] 人々は社会に安定を求める

33）17世紀のイギリスでは、ジェントリと呼ばれる封建貴族から中小の地主になった社会層が力を持つようになっていた。ジェイムズ1世（1.5.4参照）はジェントリを中心とする議会と対立することが多く、これに対してジェントリとピューリタンは抵抗した。次の国王チャールズ1世(Charles I; 在位1625-1649)の時、国教徒主体の国王軍とクロムウェル(Oliver Cromwell; 1599-1658)率いる議会軍が衝突し、最終的に議会軍が勝利した。チャールズはロンドン市民が見守る中で処刑され、イギリスは国王不在の時期を経験したが、約10年後には王政復古が実現する。しかし、その後の国王はカトリック教徒であったため、議会は国王を追放し、

ようになり、理性、秩序、規制といったものを重んじる時代になった。これはことばに対する見方にも反映され、アカデミーを設立し、そこで一定不変の文法を持つラテン語に基づき英語を整理し、英語にも規準を設定しようとする人々が出てきた。スウィフト（Jonathan Swift;『ガリバー旅行記』の作者。1667-1745）やデフォー（Daniel Defoe;『ロビンソン・クルーソー』の作者。1660-1731）らがそうである。

しかし、ジョンソン（Samuel Johnson；1709-1784）らの、言語が永久に一定不変であるはずがないという反対勢力が強く、アカデミー設立は実現しなかった。それでも、このアカデミー設立運動は当時の英語が有していた問題点を人々に気づかせるきっかけとなった。そして、それは結果として、アカデミーに代わって辞書・文法書の形で現れることとなった。

ジョンソンは全2巻から成る*A Dictionary of the English Language*を1755年に出した。日常的な語彙を記録し、発音を統一した。また綴り字の固定にも影響を与えた。文法書の取る立場も秩序、規制を重んじ、理性を拠り所とする規範主義的（prescriptive）立場であった。分離不定詞を避けるなど、実際の言語運用と異なる規則の設定も見られたが、18世紀後半には、英語の文法、発音、綴り字に秩序と統一が見られるようになった。

プロテスタントのメアリー（追放されたジェイムズ２世（James II;在位1685-1688）の娘）とその夫を共同統治者として王位に就かせた（メアリー２世（Mary II;在位1689-1694）とウィリアム３世(William III;在位1689-1702))。そして、王位の継承者はプロテスタントでなければならないことを含む権利章典が制定された。

1.5.8　近代英語の特徴

近代英語の特徴としてまず挙げられるのは、大母音推移（Great Vowel Shift）と呼ばれる音声面での変化であろう。これは強勢のある音節の長母音の音質の変化で、図1-10に示されるとおり、組織的変化である。

大母音推移は、厳密に言えば、中英語期終わり頃（15世紀初め）に始まり近代英語期初期（17世紀後半）までにほぼ終わったと見られるが、それが実際にどのようなものであったか、次にいくつか例を挙げる。現代英語の語彙のそれぞれの発音の下線部が大母音推移によって中英語期から17世紀までどのように変遷したのかがわかる。

図1-10　大母音推移

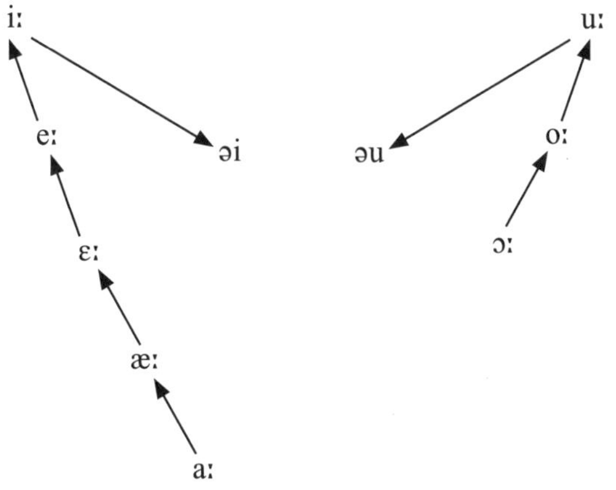

現代英語		中英語期	15世紀	16世紀	17世紀
“mate”	[meit]	aː	æː	ɛː	ɛː>eː
“meat”	[miːt]	ɛː>eː	iː	iː	iː
“meet”	[miːt]	eː	iː	iː	iː
“mine”	[main]	iː	Ii	əi	əi
“stone”	[stoun]	ɔː	ɔː	ɔː>oː	oː
“moon”	[muːn]	oː	uː	uː	uː
“house”	[haus]	uː	ʊu	əu	ʌu

（西村 1997：331参照）

このような推移が生じた理由、また何故この時期に生じたのかについてはいくつかの説があるが、[34] いずれも現在の時点では確定的とは言えない。

子音の面でも変化はあり、黙字と称される現象が生じた。これは綴り字には含まれているのだが発音はされないという文字で、語頭にも語末にも生じた。例えば、語 “knee,” “wrong” において、語頭に文字 ‘k’ あるいは ‘w’ が含まれているが、それぞれの音[k]と[w]は発音されない。これらは語頭に生じている黙字の例であるが、17世紀末期頃に起こったと見られる。語末の例としては、[m]音の後に来る[b]音の脱落が挙げられる。例えば、“climb,” “lamb” の綴り字において、語末の ‘m’ の後に ‘b’ があるが、発音では[m]の後の[b]は脱落している。このような音の消失は16世紀から17世紀にかけて起こったと考

34）これらについては、渡部(1983：227-229)、宇賀治(2000：149-151)、西村(1997：330-331)を参照。

えられる。

近代英語は語の形態面でも大きく変化した。既に見たとおり、古英語期はthe period of full inflections（完全語尾屈折の時代）(1.3.4参照)、中英語期はthe period of leveled inflections（屈折水平化の時代）（1.4.7参照）と言われたが、近代英語期はthe period of lost inflections（屈折消失の時代）と言われる。複雑な屈折語尾は姿を消し、名詞や動詞などの形態は現代英語のそれらとほぼ同じ形を示すようになったと言ってよいだろう。

近代英語期にも他言語からの借用は多く見られたが、実にさまざまな国の言語から多数の語が取り入れられたのが特徴である。それはルネサンスや宗教改革、植民地拡大の影響である（1.5.1、1.5.2、1.5.3、および1.5.5参照)。まず、ルネサンス時代が訪れたイギリスでは古典文化やさまざまな分野の学問が興隆した。学問世界の共通語はラテン語であり、古典文化も学問もラテン語を通して得られた。しかし、宗教改革によって聖書が英語に訳され母語の重要性が主張されるようになった。そしてギリシア・ラテンの古典も母語の英語で読めるようにしたいと考える人文主義者の登場もあり、英語への翻訳が行われるようになった。その時に問題になったのは語彙である。古典やさまざまな学術書に述べられている思想や概念を表すには、元々英語にあった語彙だけでは十分ではなかった。そこでラテン語やギリシア語をそのまま、あるいは英語化するなどして英語に取り入れた。つまり、多くのラテン語やギリシア語が学術書などの英語への翻訳を通して英語に入ったということである。例えば、“basis（基礎),” “cosmos（(秩序ある体系としての）宇宙),” “dilemma（ジレンマ),” “energy（活力),”

“genius（才能),” “idea（理念),” “ode（オード（特定の人や物に呼びかける、あるいは特定の出来事を祝う形式の叙情詩)),” “prism（プリズム),” “radius（輻射線),” “species（種),” “theory（理論),” “topic（話題)” など多数に及ぶ。イギリスにおけるルネサンスの絶頂期を築いたシェイクスピアも自身の作品に多くの古典語を使用した。また、英語で著述を行う人文主義者の中には、自身の学識を自慢するかのように極端に古典語から借用を行い難解な語を多用する者もいた。このような著述家が用いた難解な語彙をインク壷用語（inkhorn terms）と言い、例えば、“exaggerate（誇張する),” “expect（予期する),” “industrial（産業の),” “scheme（計画)” などが挙げられる。さらに、ルネサンス発祥の地のイタリア語からも借用が見られた。例えば、“sonnet（ソネット),” “madrigal（叙情短詩),” “fresco（フレスコ画法)” などである。

イギリスの領土拡張主義による植民地拡大も英語に多大な影響を与えた。領土の拡大は航路の拡大も意味する。つまり、領土（植民地）拡大の時代は同時に航路拡大の時代でもあった。結果として、スペイン語やヨーロッパの言語以外の諸言語からさまざまな語が入ってきた。“guerrilla（ゲリラ兵),” “cargo（積み荷),” “cigar（葉巻),” “potato（じゃがいも)” など（以上、スペイン語から)、“alcohol（アルコール),” “coffee（コーヒー),” “sofa（ソファー),” “zero（ゼロ)” など（以上、アラビア語から)、“cashmere（カシミヤ毛（織物)),” “bandanna（バンダナ),” “khaki（カーキ色の),” “bungalow（平屋の小さな家),” “pajama（パジャマ),” “shampoo（シャンプー（で洗髪する))” など（以上、ヒンディー語から)、“curry（カレー料理),” “mango（マンゴー)” など（以上、タミル語から)、“ketchup（ケチャップ),” “tea（茶)” など（以上、中国語から)、“boomerang（ブーメラン),” “kangaroo（カンガルー)” など（以上、オーストラリア原地語から）がそうである。“kimono（着物)” や “soy（醤油)” など、日本語から英語に入った語もある。イギリスは世界に英語を広めもしたが、逆に世界各地の言語から英語にさまざまな語彙を取り入れたということである。

もう一つ、産業革命が英語に新しい語彙をもたらしたことも忘れてはならない。産業革命によって、それまでになかったものの発明や新しい技術、科学面での進歩がもたらされ、同時にそれらを表す新しい語彙も誕生した。蒸気機関の発明で産業革命に多大な貢献をしたJames Wattの名に因む “watt（ワット)” もそうである。

植民地拡張や産業革命によって力を増大させていったイギリスの発展にもやがて翳りが見え始め、世界の中心はアメリカに移っていった。アメリカの言語は、国の成り立ちの過程から考えて、英語であるが、何度も言うように、土地が変わればことばも自ずと変化する。したがって、英語が北アメリカ大陸に渡った時点でイギリスの英語と異なる新しい英語が生まれ、そしてその英語は新しい土地でその土地に相応しく独自の変化を遂げていった。アメリカ英語の誕生と変化である。今では世界の中心的存在であるアメリカの英語はイギリス英語とどのような点で異なり、どのような特徴を持つのであろうか。次の1.6で見ていこう。

1.6　イギリス英語とアメリカ英語

アメリカ合衆国は人種のるつぼともサラダ・ボールとも言われる。それだけに、人種や出身地はもちろん社会的階層についても、実に多種多様な人々が住む国である。そして、この事実はこの国にさまざまな地域方言や社会方言が存在することを意味する。しかしながら、ここでは、標準イギリス英語と一般アメリカ英語とを比較するに留める。

1.6.1　発音の違い

1774年にアメリカは独立宣言をし、アメリカ合衆国が誕生した。現在、アメリカ英語は大きく分けて北部方言、中部方言、南部方言の3つの方言に区分されているが、これらの方言には入植した人々の出身地の英語の特徴が反映されていると考えられる。アメリカ英語の主要3大方言の発音面における特徴を見るために、北部、中部、南部に入植したイギリス人の出身地の英語を見てみよう。

イギリスによる北アメリカへの植民は17世紀初めに始まり、[35] それから120年あまりに亘り、合計13の植民地が建設された。まず、1607年、最初の恒久的植民地がアメリカ南部のヴァージニアに建設された（1.5.5参照）。この植民地は当時のイギリス国王ジェイムズ1世に因んでジェイムズタウンと名付けられた。さらに、エリザベス1世が処女王（the Virgin Queen）と呼ばれたことから、入植者はその名に因んで地域全

35）アメリカへの最初の探検は1584年に企てられたが、これは失敗に終わった。恒久的な植民地は17世紀に入ってからのものである。

体をヴァージニアと名付けた。この地に入植したのはイングランド南西部の出身者であった。その地の人々の話し方の特徴として、's' の特有の――出身地の一つSomersetをZummerzetと言うような――発音と、母音の後の[r]音を響かせることが挙げられる。これらの特徴のなごりは、他の地域から孤立した大西洋沿岸の谷や島では今でも聞かれる。1620年にはアメリカ北部、現在のマサチューセッツ州にピルグリム・ファーザーズによってプリマス植民地が建設された（1.5.4、1.5.5参照）。プリマスに入植した人の多くはロンドンを含むイングランド（南）東部の出身者であった。したがって、基本的に当時の標準イギリス英語に近い形がアメリカ北部に持ち込まれた。アメリカ中部への入植は北部、南部へのそれに比べて遅く、1682年にペンシルベニア植民地が建設された。この地に入植したイギリス人はイングランド中部および北部地方の出身者であった。（Crystal 2003：31-33）

一方、17世紀のイギリスでは、[r]の発音に変化が起こっていた。母音の後の[r]音の脱落がイングランド南東部で始まっていた。例えば、"car" や "park" における母音の後の[r]は発音されなくなった。イングランド南東部からアメリカに渡った人たちはこの特徴をアメリカ北部の英語に持ち込んだ。故に、アメリカのニューイングランド地方では、今でも[r]音を発音しないという特徴を残している。しかし、イギリスでの[r]音の脱落がほぼ完了したのは19世紀のことで、17世紀のイングランド中部や北部などでは、この位置の[r]音の脱落はまだ完了していなかった。そのため、この地域出身のイギリス人は[r]音を残したままの英語をアメリカ中部に持ち込んだ。

アメリカ大陸には既に、スペイン、フランス、オランダ、ドイツなどのヨーロッパの他の国々からの入植者も居住していたし、18世紀以降になると、アイルランド人やユダヤ人も流入した。これらの人々はそれぞれの言語的背景を持って、特にニューヨークと中部大西洋地域に移って来た。彼らが持ち込んださまざまなことばも混ざり合って、中部方言は独自の発展をしていった。人々はアパラチア山脈を越えて西部開拓を進めるが、西に進むほど中部方言が広がっていく。主要3大方言の区分は西に行くにしたがって徐々に不明瞭になり、中部方言が一般アメリカ英語（General American）として認識されるようになった。（図1-11参照）

[r]音に話を戻して、現在、イギリスの容認発音（Received Pronunciation; RP）では母音の後の[r]は発音されないが、一般アメリカ英語では発音されるという特徴はこのようにして生まれたのである。

[r]音以外の音の違いにも触れておこう。アメリカ英語では[æ]と発音される音がイギリス英語では[ɑː]となる場合がある。これは次のように説明される。イギリスで[æ]と発音されていた音に17世紀後半以降変化が生じ始め、それまでどおり[æ]と発音される場合と、新しく[ɑː]と発音される環境とが出てきた。子音[f], [s], [θ]の前、また[m]あるいは[n]の後に子音が来る場合にその[m], [n]の前では[ɑː]と、それ以外の環境では従来どおり[æ]と発音されるようになった。しかし、アメリカには変化する前の[æ]音が持ち込まれた。したがって、例えば、現在イギリスで[ɑː]と発音される "and" や "ask," "bath" などの下線部分は、アメリカではすべて[æ]と発音され、"hat" や "cap"

図 1-11　アメリカ英語の３大方言区分

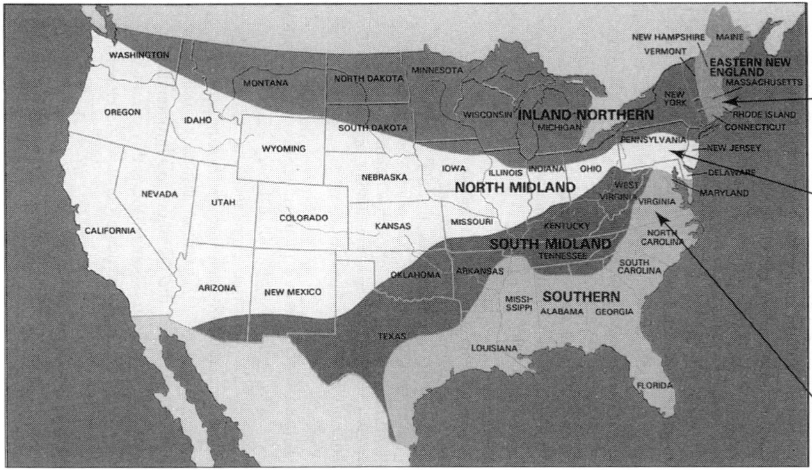

1620 プリマス
イングランド（南）東部出身

1682 ペンシルベニア
イングランド中部／北部出身
母音の後の[r]を発音する
という特徴を持ち込む

1607 ジェイムズタウン
イングランド南西部出身

Booth（1988:90）参照（地図のみ）

上記地図の INLAND NORTHERN が北部方言地域
NORTH MIDLAND と SOUTH MIDLAND が中部方言地域
SOUTHERN が南部方言地域

などの下線部分はイギリスでもアメリカでも[æ]と発音される。さらに、アメリカ英語では、母音に挟まれた[t]音が[d]のように有声化される傾向があるといった特徴もある（例えば、"better," "pretty" の下線部分など）。

1.6.2 語彙の違い

イギリス英語とアメリカ英語は語彙の面でもかなりの違いを見せてくれる。新大陸に渡った人たちは、それまでとは全く異なる環境の中で新たな生活を始めなければならなかった。社会環境も自然環境も異なる世界で西に開拓を進め、移民たちは新しく自分たちの社会を作り上げていった。また、アメリカ大陸での生活で、そこに生息する初めて見る動植物や土地や山や川に名前をつけることも必要になった。その際に取った一つの方法は、アメリカ先住民のことばから借用することであった。例えば次のような借用語がある。"coyote（コヨーテ）," "moccasin（モカシン）," "moose（ヘラジカ）," "raccoon（アライグマ）," "sequoia（セコイア）," "squash（瓜、かぼちゃ）," "teepee（テント小屋）," "tomahawk（トマホーク）," "totem（トーテム）" などの動植物を表す語彙や日常生活に密着した物を表す語彙である。また、"Connecticut（コネティカット）," "Kentucky（ケンタッキー）," "Massachusetts（マサチューセッツ）," "Missouri（ミズーリ）," "Mississippi（ミシシッピ）," "Tennessee（テネシー）," "Wyoming（ワイオミング）" などの地名や川の名前も借用した。

スペイン人はイギリス人より早くアメリカ大陸に植民していたため、アメリカ英語は大陸のスペイン語からも借用した。西インド諸島の諸言語からスペイン語を経由して英語に入った語もある。“avocado（アボカド),” “barbecue（バーベキュー),” “cafeteria（カフェテリア),” “canoe（カヌー),” “chocolate（チョコレート),” “cocoa（ココア),” “hurricane（ハリケーン),” “marijuana（マリファナ),” “patio（パティオ),” “poncho（ポンチョ),” “sombrero（ソンブレロ),” “tequila（テキーラ),” “tobacco（たばこ),” “tortilla（トルティーヤ)” などである。

さらに、16世紀に本格化し19世紀末期まで続いた奴隷貿易によって、アフリカ諸国（特に、奴隷海岸と呼ばれるアフリカ大陸西部沿岸の国々）から多くの黒人がアメリカ大陸に連れて来られた。その黒人たちの母語からの借用語もある。例えば、“banjo（バンジョー),” “jazz（ジャズ),” “jumbo（ずば抜けて大きな物・動物・人),” “okra（オクラ),” “tote（持ち運び)” などがそうである。

最後に、同じものを指し示すのにイギリス英語とアメリカ英語とで異なる語を用いることも非常に多いので、その中から代表的な例を以下に挙げる。「アメリカ英語／イギリス英語（意味)」という形で列挙していく。また、日常生活に密着した語彙が多いので、まず衣・食・住でまとめて挙げる。衣に関するもの：“vest/waistcoat（ベスト、チョッキ),” “pants/trousers（ズボン),” “suspenders/braces（サスペンダー；suspendersはイギリス英語では「ガーター（靴下留め)」の意),” “tuxedo/dinner jacket（タキシード)” など。食に関するもの：“potato chips/crisps（ポテトチップス),” “French fries/potato chips（フライドポテト),” “cookie/biscuit（クッキー),” “candy/sweet(s)（キャンディー),” “dessert/sweet(s)（デザート；dessertはイギリス英語では果物や木の実を指す)," "corn/Indian corn(とうもろこし;cornはイギリス英語では「小麦」の意)," "takeout/takeaway(お持ち帰り(の店))" など。住に関するもの:"apartment/flat(アパート)," "elevator/lift(エレベーター)," "the first floor/the ground floor(1階)," "the second floor/the first floor(2階)" など。

さらに、車や交通に関する語彙でも多々違いが見られる。"gasoline/petrol(ガソリン)," "driver's license/driving license(運転免許証)," "rotary/roundabout(ロータリー)," "railroad/railway(鉄道)," "subway/underground(地下鉄;subwayはイギリス英語では「地下道」の意)," "truck/lorry(トラック)," "hood/bonnet(ボンネット)," "trunk/boot(トランク)," "muffler/silencer(消音器、マフラー)" などが挙げられる。

その他、日常生活のさまざまな場面で見られる語彙の違いをいくつか挙げる。"call/ring(電話をかける)," "movie theater/cinema(映画館)," "fall/autumn(秋)," "sick/ill(病気の)," "vacation/holidays(休暇)," "check/bill(勘定書)" などである。

1.6.3 綴り字の違い

綴り字においてもイギリス英語とアメリカ英語とでは異なる点がある。ベンジャミン・フランクリン(Benjamin Franklin; 独立宣言や合衆国憲法の制定に貢献した。1706-1790)は綴り字に特別な関心を示し、1768年、*A Scheme for a New Alphabet and a Reformed Mode of Spelling*を成し、綴り字の改良を提案した。これはウェブスター(Noah Webster; 辞書編纂者。1758-1843)に影響を与え、ウェブスターはアメリカ英語の発音と綴り字の統一に貢献した。アメリカ英語の綴り字のパタンは彼らに負うところが大きいのである。その特徴をいくつか見てみよう。

一般的傾向として、アメリカ英語では、不要と思われる文字を省こうとするところが見られる。イギリス英語の "colour," "favour," "honour" に対して、アメリカ英語はそれぞれ "color," "favor," "honor" と綴り、また、"travelled/travelling/traveller," "counselled/counselling/counsellor" に対する綴り字はそれぞれ "traveled/traveling/traveler," "counseled/counseling/counselor" である（下線部に注意。以下同様）。他にも、イギリス英語の "catalogue," "dialogue," "programme" に対して、アメリカ英語ではそれぞれ "catalog," "dialog," "program" となる。アメリカ英語は、これらの語彙の強勢のない音節の文字はほとんど発音されないという語の特徴に忠実に、その音節の文字の一部を省いてしまったと考えられる。

また、アメリカ英語では、他に見られる綴り字のパタンに合わせるなどして、綴り字に統一性あるいは規則性を持たせようとしているところも見られる。英語には、動詞の語尾に "-er" を付加し、その動詞で表される行為をする人などに言及する名詞を形成するパタンがある。例えば、"send（発送する）" から "sender（発送人）" を、"play（競技する）" から "player（競技者）" を作るという具合である。そのパタンを他の場合にも当てはめて、語を "-er" で終わらせるという規則性を英語に持たせようとした。その結果、イギリス英語の "centre," "theatre" に対して、アメリカ英語ではそれぞれ "center," "theater" と綴られる。また、イギリス英語が "generalize" と "generalise," "organize" と "organise" などのように2つの形の語尾を持つのに対して、アメリカ英語は語尾の形を "-ize" に統一して規則性を持たせるようにしたことも特徴として挙げられる。

1.6.4　文法面での違い

日本語の中でも地域や社会的要因によって発音や語彙にさまざまな相違があることを考えると、イギリス英語とアメリカ英語の間にこれらの違いがあるのは当然であるように思われる。では、日本語に関して文法面での違いが地域によってあるだろうかと考えると、それには否という答えが適切であるだろう。ところが、イギリス英語とアメリカ英語の間には文法面でも違いが見られるのである。ここでは2点取り上げる。

まず、動詞が "already," "just," "yet" の時に関する副詞を伴う場合、その動詞の形はイギリス英語では現在完了形であるが、アメリカ英語では、現在完了形と同時に、過去形も文の意味を変えることなく用いられる。つまり、イギリス英語では、例えば、"I have already finished the work" と言うところを、アメリカ英語では "I already finished the work" と言うことも可能である（下線部に注意。以下同様）。いずれも「私はもう仕事を終えた」を意味する。同様に、イギリス英語の "He has just left the office" とアメリカ英語の "He just left the office" は、「彼はたった今オフィスを出たばかりだ」という同じ意味で使われる。また、イギリス英語の "Has he come yet?" とアメリカ英語の "Did he come yet?" は、いずれも「彼はもう来ましたか」という同じ意味を表す文である。

もう一点の文法面での相違は、主節の動詞が要求、願望、主張、提案などを表す場合、*that*節の動詞は、イギリス英語では「should＋原形」の形であるのに対し、アメリカ英語では仮定法現在形を使うことができるという用法の違いである。したがって、イギリス英語とアメリカ英語の間に、"I demanded that he should tell the truth" と "I demanded that he tell the truth" の表現の違いが出る（「私は彼に本当のことを言うように要求した」の意）。"They suggested to him that he should meet her" と "They suggested to him that he meet her" についても同様である（「彼らは彼に彼女と会うべきだと提案した」の意）。さらに、最近では、"tell" を "tells" や "told" に（前者の例の場合）、"meet" を "meets" や "met" に（後者の例の場合）している文を見かけるようになった。

ただ、これらの文法面での相違は、現在ではそれほど明瞭ではなくなってきている部分もある。今、世界の中心がアメリカであるという現実はアメリカ英語に絶対の力を与えている。その結果、アメリカ英語の用法がイギリスでもごく普通に用いられるようになってきているのも事実である。

これまでの部分は、英語のどちらかと言えば輝かしい生い立ちのストーリーであった。時に苦難を強いられながらも、その都度その都度力強くたくましく勢力を盛り返し、困難を「征服する英語」の姿であった。今ではその英語は地球規模で展開しており、言語のチャンピオンと言ってもよいかもしれない。しかし、同じ出来事を別の視点から見ると異なったものが見えてくる。それはどういったものなのか。それが第2章のテーマである。

第2章

征服する英語――植民地化、奴隷貿易と英語

英語の世界への拡大の陰で数え切れないほどの犠牲が生み出されている。人が死に、文化が死に、ことばが死んでいった。他の国や地域を、そこに暮らす人々やことばを「征服する英語」の姿が見える。ここでは、英語の歴史の裏側を問題の焦点とし、英語の負の歴史、悲惨な侵略の歴史を見ていきたい。そして、日本はこれまで植民地になった歴史もなければ英語を強要された経験もないのであるが、そのような日本人が今後英語とどう関わっていけばよいのかを考える際の手掛かりとして、他国あるいは地域での悲惨な歴史を通して英語が持つ「征服」の2つ目の意味を考えたい。

英語は何世紀にも亘り、世界の至る所で起きた侵略、植民地支配、奴隷貿易といった悲惨な行為と関わってきた。侵略また支配される側の人々は、自分たちの固有の文化を奪われ、支配者側の文化を押し付けられるのが常である。イギリス人やアメリカ人たちはさまざまな国や地域を侵略し、そこに住む人々の生活や行動の仕方が自分たちのそれらと違うから、また自分たちには理解できないからといった理由で介入し、自分たちのやり方を押し付けた。長い年月をかけてその地その地で培われてきたものを全く理解しようともせず、自分たちの文化だけが優れていて正しいと思い、一方的に押し付け、自分たちの思うま

まに動かそうとしたのである。支配された人たちは生活のすべてを奪われ、彼らの母語も奪われた。

アフリカ大陸の黒人たち、あるいはアメリカ合衆国に連れて来られた黒人たちは、またアメリカ大陸の先住民やオーストラリア大陸の先住民は、自分たちのことばを無視され奪われ、英語を学ばなければならない状況下に置かれた。このことについて、彼らはどのような思いを抱き感じてきたのか。アフリカの言語の多くは音調言語（tone languages）である。それらの言語では音調が意味を持ち、音の高さがことばの意味を伝える。白人の指導の下での教会や学校で、賛美歌など西洋の旋律にアフリカのことばが乗せられた時、そのことばの意味は曲げられ全く意味をなさない歌になる（Brown 1963：10)。また、アメリカ大陸先住民のナバホ族から彼らの名前を取り上げ、代わりに自分たちが発音しやすく書き留めやすい西洋の名前を与えた時、白人はナバホの人々にとって彼らの名前が何を意味するかに、言い方を変えれば、ナバホの人たちにとって西洋の名前が何の意味もなさないということに、全く気づいていなかった（Brown前掲書：99)。いや、むしろ、気づこうとしなかったと言った方が正確であろう。さらに、「ケニアの作家Ngũgĩ wa Thiong'o（グギ・ワ・ジオンゴ）が彼の母語ギクユ語（Gĩkũyũ）で物を書こうと決心した結果、彼は投獄され、そして国外追放の身となった」(Nettle and Romaine 2000：6、筆者訳）という例もある。このような事実に考えが及ぶ時、英語は常に征服者の足音とともにやって来た“killer language（殺し屋の言語)”（Nettle and Romaine前掲書：5）と言わざるを得ない。

以下、この章では、イギリス人やアメリカ人と先住民の人々との歴史の中で、まずアフリカの黒人たちを対象とした奴隷貿易と植民地化について、また北アメリカ大陸およびオーストラリア大陸での先住民に対する非道な所業について述べる。そして、そこにどのように英語が関わってきたかを見る。さらに、英語や西洋文化の拡大が他文化・他言語に与えてきた影響がいかに大きいかを、またそれは人類の生存に関わる甚大な影響であることを示す。

2.1　黒人の場合

2.1.1　奴隷貿易

黒人英（俗）語（Black English（Vernacular）；以下、黒人英語）[1]と呼ばれる英語は、奴隷貿易という過去の歴史にその源がある。現在、黒人英語の話し手はアフリカ、アメリカ、カリブ海沿岸諸国、イギリスなどに居住しているが、彼らの先祖はアフリカに住み、数千語に及ぶとも言われる異なった言語を話していた。

アフリカとヨーロッパ人との関わりは15世紀にポルトガル

1）「黒人英語」という表現は間違った解釈を与える可能性があるため、言語学者の間では「黒人英俗語」という言い方が好まれる。実際、言語と肌の色との間に単純な相関関係はなく、各人の言語の特徴を決めるのは、その人の育った地域、受けた教育などさまざまな要因である。つまり、黒人でも白人のように話す人もいるし、その逆もまたある。すべての黒人が同じことばを使っているというわけではない故に、そのような印象を与える「黒人英語」という言い方は、少なくとも言語学者の間では避けられるが、ここでは一般的な表現であるという理由で、以下、「黒人英語」とする。

人がアフリカ西海岸を訪れたことに始まる。はじめは、「象牙海岸」や「黄金海岸」という名に残されているとおり、象牙や金などの貿易であったが、[2] 16世紀になり、ヨーロッパの他の国々も加わり、貿易の中心は奴隷へと変わっていった。奴隷を「交易品」とする「奴隷海岸」が誕生した。15世紀末に西アフリカを訪れるようになったイギリスも、16世紀に入って奴隷貿易に着手し始めた。イギリスは安価な綿製品や小間物、また聖書[3]を積んだ船をブリストルやリバプールなどの港から出航させ、西アフリカ沿岸地域（奴隷海岸）に向かった。そこで、これらの品と引き換えにアフリカの黒人たちを獲得した。白人たちは黒人の現地支配者に託して、近隣の黒人国家または部族を戦わせ、その捕虜を奴隷として購入した。（交易品としての奴隷を獲得するための戦争は絶えず行われる状態になり、これで利を得る国家もあった。西アフリカ沿岸地域での奴隷貿易が始まる以前は、内陸部の国家も鉄によって文化的に栄え、西アフリカの社会的発展を支えていたが、沿岸部での交易が盛んになるにつれて、内陸部の王国の発展は影をひそめ、政治・経済の中心は沿岸部に移っていった。（竹沢2008：248））白人は奴

2）アフリカはヨーロッパ勢力との接触時には「すでに鉄器を持ち、広い範囲で発達した社会制度をつくりあげ」（竹沢2008：247）、いくつもの王国を築き上げていた。さらに、アフリカには特有の風土病がいくつも存在する。これらのことが理由となって、ヨーロッパ人は、アメリカ大陸やオーストラリア大陸の場合（それぞれ2.2, 2.3を参照）と異なり、アフリカ大陸への侵入や移住は行わず、沿岸部での交易で利を得ることを考えた。竹沢（前掲書同頁）参照。

3）聖書、またキリスト教は侵略や植民地支配に必ず関係する。先住民にキリスト教を広め、改宗させることは、結果がどうであれ、常に行われたと言ってよい。2.2.3も参照。

隷となった黒人たちを船に乗せ——「残酷なやり方で荷物として積み」と言う方が適切であるが[4]——、カリブ海諸島やアメリカ南部に向かった。[5] そして、プランテーションで黒人を奴隷として働かせて得られた砂糖やラム酒、たばこ、綿花を乗せた船がイギリスに戻り、それらがイギリスで販売され、莫大な利益が上げられる。こうして、奴隷貿易の一回の行程は成立する。船の航路が三角形を描くことから、奴隷貿易は三角貿易とも言われる。

この奴隷貿易は、19世紀初めに奴隷貿易が禁止されたのにもかかわらず、実際には南北戦争が終結する19世紀末期まで続き、その間400万人を超える黒人をアフリカからアメリカへと送り込んだ。[6] アフリカでは元々、地域や部族によって異な

4）一例を挙げよう。黒人たちは船底で棚状の板の上に鎖に繋がれたまま横たわり、排泄もそのままの状態で行わなければならなかったことが多い。しばしば強制的に甲板に連れ出され、歌い踊るように命じられることもあったようだが、不衛生さや言語道断の状況から、アメリカに到着する前に亡くなった黒人は多い。

5）カリブ海では、1492年のコロンブス来航以来スペイン人の支配が続き、先住民はほぼ絶滅した。その後、イギリス、オランダ、フランスなどヨーロッパ勢がカリブ海に進出し、そこでヨーロッパ勢同士の戦争が始まった。無敵艦隊の敗北（1588年；1.5.1参照）もあり、スペインの勢力は衰え、替わってイギリス、フランス、オランダなどが勢力を持ち始めた。これらの国はカリブ海に黒人奴隷を導入し、さとうきびのプランテーションなどで働かせた。ここでは、アメリカに重点を置きたいため、カリブ海でのことには特には触れないが、アメリカと同様のことが言える場合も多い。

6）400万という数字は、アメリカに連れて行かれた黒人のみの数字である。イギリス以外のヨーロッパ諸国も奴隷貿易を盛んに行っていたため、奴隷としてアフリカから奪われた黒人は、ヨーロッパ全体で見ると、5000万人を超えるとも言われている。また、その多くが働き盛りの成人男性であったことが意味するものは大きい。

る言語が用いられ、その数は数百数千に上るような状況であったのだが、奴隷商人たちは黒人を船に乗せる際、互いにことばの通じない異なる出身の黒人たちを少人数ずつ乗せた。黒人たちが結託して反乱を起こすのを避けるための方策である。しかし、これでは意思疎通が図れない。結果として、この状況は、船の中で、またアメリカに到着後も、黒人奴隷たちの間に、また奴隷と白人の奴隷監督や主人などとの間に、新しい伝達手段を誕生させることに繋がった。それは英語を基盤とするピジン英語である。これはあらゆる人にとって第2言語であるため、簡略化された文法、少ない語彙、簡素な発音といった特徴を持つことばである。しかし、何年か経てば、最初にアメリカに連れて来られた黒人たちに子どもが誕生する。その子どもたちにとってはピジン英語は母語となるため、その時点でピジン英語はクリオール英語となった。[7, 8]

奴隷貿易は300年に亘って続いた。南北戦争が1865年に終結した後、黒人奴隷は自由の身になったとは言え、それは本当の意味の解放ではなかった。1890年代になって、連邦最高裁判所は公民権法を違憲とし、白人と黒人を分離して教育することを認めた。差別は消えていなかった。

7）黒人英語の特徴はどこから来ているかという疑問に対して、白人の南部方言説など他の説を退けて、クリオール英語から来ているという説を支持する言語学者は多い。しかしながら、他の説を完全に否定するだけの強い根拠は未だ見出されず、この疑問への定説はない。ここには、肌の色に対する偏見という感情的問題が絡み、この疑問に関して客観的な議論が阻まれているという現実がある。

8）現在、アメリカのサウス・カロライナ州沿岸、あるいは近海の島々に住む黒人の英語——ガラ英語（Gullah）——がプランテーションで使われていたクリオール英語に最も近いと言われている。

2.1.2　アフリカ大陸の植民地化

同じ頃、アフリカ大陸では、イギリス、フランス、ドイツ、イタリア、ポルトガル、スペインなど、ヨーロッパの国々の間での植民地争奪戦が繰り広げられていた。ヨーロッパ諸国はそれまでアフリカ諸国を訪れてはいたが、アフリカ特有の風土病が多く存在することなどが原因で植民地化までは進まず、沿岸地域での交易で利益を上げるに留まっていた（本章脚注2参照)。その後、産業革命の進展で、イギリスでは綿織物への需要はますます増大し、したがってアメリカ南部では綿花がますます重要な産業となっていった。上述のとおり、その労働力を安定させるためアメリカ南部などのプランテーションへ黒人を奴隷として送り込んだ。そして、奴隷貿易のおかげもあり産業革命に成功したイギリスはもう奴隷貿易を必要としなくなり、今度は天然資源を求めて植民地獲得に乗り出したのである。このような状況もあり、この時期、一気に植民地化が進んだ。

植民地争奪戦は激しさを増したが、ベルリンで1884年から1885年にかけて100日余りに亘り開かれた国際会議において、アフリカ諸国・諸地域がヨーロッパ諸国にどのように分割されるかが決められた。このアフリカ大陸の線引きは白人によってのみ行われた。これによってアフリカ大陸は全面的に植民地化され、イギリスはアフリカ東部・西部・南部に広大な植民地を建設した。イギリスはある地では銅やダイアモンドを求め、また別の地では綿花、コーヒー、カカオを目的として黒人を働かせ、それまでの彼らの安定した生活を奪った。

ことばも奪われた。土着の言語は「悪魔の創造物」（クリスタル2004：117-118）であり、それを話す人は「愚か者」また「野蛮人」（クリスタル前掲書：117）であると白人は考えた。アフリカの各地でイギリス人の管理の下での英語の、また英語による教育が始まった。「ケニアでは英語は他のすべての言語がその前にひれ伏さなければならない唯一の言語となった」（Ngũgĩ wa Thiong'o 1986：11、筆者訳）。Ngũgĩ wa Thiong'o（前掲書：11-20）を参考に、ケニアでの状況を見てみる。学校では、土着語のギクユ語を使用した者にはいろいろな罰が待っており、ギクユ語を話しているところを見つかった生徒は、体罰を受けたり、「私は馬鹿です」などと書かれた金属製のプレートを首に掛けられたり、払えるはずもない額の罰金を科されたりした。そして、このような「罪人」を見つける手段として使われた方法は、生徒を互いに見張らせ、魔女狩りをさせ、自分が属する共同体の裏切り者になることによって得られる利を学ばせることであった。逆に、英語の上達に対して与えられる評価は高かった。上の学校に進学するためには選抜試験に合格しなければならなかったが、その選抜試験は6科目にわたってすべて英語で行われた。その際、他のすべての科目がどれだけ優れていても英語ができなければすべての科目が不合格になり、逆に、他の科目において不合格であっても英語さえ合格であればすべての科目が合格になった。これは高校への進学であっても大学への進学であっても同じことであった。英語は、より高等の教育への切符であり、子どもが教育の階段を上っていく唯一の決定要素であり、あらゆる学問分野において知性と才能を測る物差しであった。

このようにして、土着の言語を押え付けて英語を押し付け、英語ができなければどうしようもないと思う心理状態にアフリカの人々を追い込み、英語は人々を精神的に征服する手段となった。また、英語はアフリカの人々を自分自身から他の自己へと、自分の世界から他の世界へと、遠くへ、さらに遠くへ連れて行く手段になった。母語を奪われた結果として、人々はそれまで受け継がれてきた文化の継承手段を失い、そして、それ故に、アイデンティティーを失った。言語は先祖が過去に経験してきたことのあらゆる記憶の貯蔵庫である。その言語に取って替わった英語と、ヨーロッパが常に世界の中心であるという観点からの教育は、それまでアフリカの人々の間に存在していた調和を崩し、学校での教育言語と家庭や地域での日常言語との間に繋がりを見つけられず、疎外感に苦しみアイデンティティーを見失う子どもたちを生み出した。

2.1.3　アメリカでの公民権運動

20世紀に入っても黒人差別は相変わらずの状況であったが、やがてアメリカでは公民権獲得の運動が徐々に進展していった。アラバマ州モントゴメリーで、仕事帰りの黒人女性ローザ・パークス（Rosa Louise Parks；1913-2005）がバスの黒人用座席に座っていたところ、白人男性に席を譲るように言われた。しかしパークスはこれを拒否し、よって逮捕され、有罪となった。この事件がきっかけとなり、黒人によるバス・ボイコット運動が起こった。この運動は1年以上に亘って続き、黒人は勝利を得た。

この時の運動の中心的指導者が、アラバマ州モントゴメリーの教会の牧師マーティン・ルーサー・キングJr.（Martin Luther King Jr.；1929-1968）であった。彼は黒人差別撤廃のため大学で法律家を目指して学んでいた時に、アメリカ合衆国憲法の中に民主主義の矛盾を見た。憲法に謳われている「正義（justice）」と「自由（liberty）」は、現実には白人だけのものであり、黒人には与えられていないことを認識したキングは、黒人たちが自分たちが受けている不当な差別に気づき、それに疑問を持ち、団結して差別と闘うことが必要だと考えた。それを可能にするためには大衆の中に自らが入り込まなければならないと感じたキングは、教会の牧師になった。当時、黒人が自由に集まることを許された唯一の場所が教会だったのである。牧師となったキングは教会で、「正義」と「自由」について、またアメリカ合衆国独立宣言の中に謳われている「すべての人間は平等であり（all men are created equal）」、「生命、自由、幸福の追求（Life, Liberty and the pursuit of Happiness）を含む」「誰にも譲渡されない権利（certain unalienable Rights）を与えられていること」について、「すべての人間」の中には、白人だけではなく、黒人も含まれなければならないことについて話した（2.2.2参照）。黒人たちに沈黙をやめ、正義と自由を、当然の権利を求めて、団結して立ち上がることの大切さを説いた。黒人たちはそれに応えた。

キング牧師は常に非暴力主義を貫き、白人にとって都合のよい民主主義の矛盾を質し続けた。公民権運動は1963年のワシントン大行進へと繋がっていった。この時、20万人以上の大群衆の前で行われた演説「私には夢がある（I have a dream）」は有名である。これらの運動は成功を収め、1964年、公民権法が制定され、公共施設や教育の場における人種差別、人種分離は禁止された。

2.1.4　アイデンティティーはどこに
――アメリカ人として、アフリカ人として

アフリカからアメリカに連れて来られた人々の子孫たちは、こうして公民権も得ることができ、法の上では自由を獲得した。しかし、アフリカ系アメリカ人の抱える悩みは未だ消えることはない。自己のアイデンティティーを確立できずに悩み、というより自己のアイデンティティーを失い、自分は何者なのかを見出せずに苦しんでいるアメリカ黒人は多い。自分の先祖が奴隷としてアフリカから連れて来られたことはわかっているとしても、彼らの出身国また部族はどこなのか、どのような言語を話し、どのような文化を持っていたのか何もわからず、結局、自分のルーツがわからず、アイデンティティーを確立できずにいる。アメリカ人であると同時にアフリカ黒人である、しかしアメリカ人にもなれなければアフリカ人でもない。2つの異なるものを一人一人が自分自身の中に抱え悩み苦しむ姿をアメリカ黒人の中に見ることができる。

2.1.5　黒人の音楽とことば

黒人の一部の人々にとって、音楽が成功への扉を開いたのは事実である。スピリチュアル（黒人霊歌）、ゴスペル、ブルース、ラグタイム、ジャズ、ブギウギ、スイング、リズム・アンド・ブルース、ソウル・ミュージックなどと、黒人の文化に起源がある音楽を誕生させていった。これらの音楽にはプランテーションや宗教的集会での歌から引き継がれている伝統的なものがあり、それは歌詞が暗号化されたメッセージを含んでいる（例えば、キリスト教の重要な概念「最後の審判の日」を意

味する “Judgement Day” は「(奴隷が) 反乱を起こす日であること」を暗に意味するなど)、つまり、ことばに二重の意味を持たせるということである。この伝統は音楽だけでなく話しことばにも見られるようになった。例えば、“ugly (醜い),” “bad (悪い)” に、それぞれ “beautiful (美しい),” “very good (大変すばらしい)” という反対の意味を持たせる。白人のジャズマンが “hot (熱狂的な、興奮させる)” を使うところに、黒人ジャズマンは反意語の “cool (洗練されている、落ち着いた)” を用いた。黒人の音楽とことばの影響はイギリスの音楽界にもあり、ビートルズも大きな影響を受けた。アメリカに “cool” を再び持ち込んだのは彼らであったが、彼らが奴隷船の港のあったリバプール出身であったことは、歴史の皮肉、運命のいたずらとしか言いようがない。

2.1.6 黒人英語と標準英語

黒人英語の影響は意外と大きいのであるが、それでも標準英語が成功への、より広い世界への手段であると考える人は、黒人を含めて、多い。仕事を求めるにしても、それは標準英語でなされなければならないことが多いのである。したがって、上昇志向を持つ人々の中には標準英語を武器として自在に使いこなせるようにと、また黒人英語の痕跡を消し去ろうと努力する人もいる。似たような状況はアフリカでも見られる。例えば、南アフリカでは、複雑な言語状況とは言え、「黒人の間での英語熱は高まる一方で、例えば1993年の一連の政府による調査によれば、黒人の保護者の間では子どもたちの教育言語として英語を選択するとした人が圧倒的に多い。また、1994年の南アフリカ議会では、議事進行は圧倒的に英語で行われ、演説も87パーセントが英語で行われた」（Crystal 2003：46、筆者訳）のである。これはイギリスの旧植民地全体に大なり小なり当てはまるであろう（2.1.2参照）。これらの国々では英語が公用語（の一つ）であったり、外国語であっても強い勢力を持ち続けているからである。

しかし、成功のために、自分たちの黒人英語を捨て、あるいは母語ではなく、標準英語を学ばなければならないということについて彼らがどういう思いを抱いているのか、その複雑な思いはいかばかりか。自己のアイデンティティーを失うことに拍車をかけることにもなりかねないのである。

英語に対する嫌悪感と必要性という矛盾した思い、英語に対する人々の葛藤は重い。ただ、これだけ英語が世界のリングア・フランカとなっている現在、英語の使用に闇雲に反対し異を唱えることが現実的でないことは、火を見るよりも明らかである。上昇志向云々だけではなく、黒人にとっては、さまざまな母語の違いを乗り越え、他の黒人社会と一つに繋がる手だてにも、また、分割統治された人々が結び付き、国際社会を相手にともに声を上げるための手段にもなる。黒人を統治するためにイギリス人が押し付けた英語が、今度は黒人を一つにする手段になるのである。

2.1.7　一つの手掛かりとして

私たちはこの現実を他人事として見過ごしてはいけない。それはあまりにも愚かな行為である。世界には自分たちの文化を奪われ、生活を奪われ、ことばを奪われ、未だに帝国主義的態度を持ち続ける旧宗主国の言語を使用することへの複雑な思いを抱きながら、その気持ちを押し殺して英語と対峙する、そのような人々が多く存在することを、私たちは知らなければならない。そして、それを日本人は英語とどう向き合っていくべきかを考える際の手掛かりにするべきであろう。[9]

9）これまで述べてきたアフリカにおける英語の位置づけは、アジアにおけるイギリスまたアメリカの旧植民地においても同様に見られる。ここで簡単に触れておく。1600年に貿易の拠点とするために東インド会社を設立したのが、イギリスのアジア地域への進出の始まりであった（1.5.5参照）。18世紀中旬、次第にイギリスのインドでの勢力が拡大するにつれて、領土支配の要素が強まった。インド亜大陸ではその頃から英語が行政と教育の言語となっていった。19世紀中頃にはインドにイギリスの教育制度までもが導入されることが決定され、教育は英語で行われることになった。地域によって使用されている言語が多種に及ぶインドでは、英語は独立（1947年）後の現在でも国を統一させるためのリングア・フランカとして役目を果たし、政治、行政、司法、教育、軍事、ビジネスなど、あらゆる分野で使用されている。19世紀初めにやはりイギリスの植民地となり、その首都はイギリス軍の極東における根拠地でもあったシンガポールにおいても、独立後の現在でも英語は統合用の言語として位置づけられている。政治、行政、司法、教育の言語としても使用され続けている。独立後のマレーシアでは、英語の位置づけは外国語であるが、それでも英語は威勢を放ち続けている。香港でも英語は公用語の一つであり、1997年の中国への返還後も、この言語使用状況にあまり変化は見られないようである。16世紀以来スペイン領であったフィリピンは、19世紀末にアメリカ領になった。1946年に独立を果たしたが、それ以降も英語は公用語である。このように、イギリスあるいはアメリカの植民地であったアジアのさまざまな国は現在は独立を果たしているが、それでもこれらの国々での英語の影響力は依然として強く、公用語として日常的に使用されていたり、また外国語であっても威信を持ち続けている。（Crystal 2003：46-49, 54-59）特に、経済やビジネス面で英語の力が大きくものを言う現在、上昇志向の人々にとって英語は欠かすことのできない武器の一つである。

2.2　アメリカ先住民の場合

2.2.1　アメリカ先住民の生活形態

北アメリカ大陸には、黒人以外にも、植民地支配や英語の犠牲になった人たちがいる。アメリカ先住民、すなわち、アメリカ・インディアンあるいはネイティブ・アメリカンと呼ばれる人たちである。[10] 彼らの祖先については今でもさまざまな議論があり、何万年も前に異なる地域から異なる民族がさまざまな方法でアメリカ大陸に到達したと考えられている。しかし、そのほとんどがアジア出自であることに違いはないようである。[11]

アメリカ先住民は大陸の土地を部族全体の共有の財産として慈しんできた。インディアンの人口は白人がアメリカ大陸に入植し始めるまでは500万人から1000万人いたと考えられるが、彼らは多くの部族を形成し、アメリカ大陸に広く分布してそれぞれの住む自然環境に応じた暮らしを営んでいた。例えば、大陸東部のイロコイ族などは農耕、狩猟、採集、漁労を、大陸南

10）アメリカ先住民の呼称について定まった言い方はない。現実には、アメリカ・インディアンという言い方もネイティブ・アメリカンという言い方も使用されている。例えばアフリカン・アメリカンの公民権運動（2.1.3参照）やアジア系のアメリカ人が自らをエイジアン・アメリカンと呼ぶなど、アメリカのマイノリティー民族集団が自己主張を始め、自らの文化的背景を明確にするようになり、このような時代背景の中でネイティブ・アメリカンという呼称が使われ始めた。ところが、昨今、先住民社会で、アメリカ・インディアンの呼称の方が主流になってきている。それには、「ネイティブ・アメリカン」がアメリカ先住民を指す以外に「アメリカ生まれのアメリカ人／白人」を指すことや、「インディアン」博物館が存在することなどが大きな理由としてある。詳細については、例えば、阿部（2005：130-137）を参照。

11）例えば、阿部（2005：12-16）を参照。

西部のナバホ族、アパッチ族、ホピ族などは農耕と牧畜を生業としていた。大陸中部に暮らしていたラコタ・スー族やシャイアン族などはバッファローの狩猟を中心としていた。ナバホ族など定住農耕型の部族の人々は必要なものを必要な分だけ自分たちで栽培して食すというスタイルを取り、とうもろこしが主食であった。スー族など平原インディアンと呼ばれる狩猟移動型の人々はバッファローを主食としたが、彼らにとってバッファローは食の対象というだけではなく、生活のあらゆる部分を支えてくれる感謝すべき対象であった。

2.2.2　ヨーロッパ人の入植

1492年、コロンブスの「新大陸発見」により、ヨーロッパから白人がアメリカ大陸に続々とやって来るようになった。太古の昔からその「新大陸」に住まう人々がいたのであるから、「発見」であろうはずもないし、そこに先住者の許可なく新しい人が入り込んできてよいはずもない、というのが一般的に考えられることである。しかし、ヨーロッパ人は「ヨーロッパ社会の土地領有概念」である「発見者の権利」を「履行」したのである（阿部2005：25)。イギリス、フランス、スペイン、オランダ間の植民地争奪戦はアメリカ大陸でも繰り広げられた。最終的にイギリスが覇権を握り、そしてイギリスからアメリカ合衆国が独立した。(1.5.5、1.5.6参照)

白人の入植また領土拡張の犠牲になったのは、アメリカ先住民である。まず、白人が天然痘や麻疹などの病原菌をアメリカ大陸に持ち込んだため、東海岸のインディアン部族は壊滅状態に陥った。大陸東部のプリマスで植民地建設を進めていたピューリタン（ピルグリム・ファーザーズ）（1.5.4、1.5.5参照）たちは、自分たちが持ち込んだ病原菌が原因で住む主を失ってしまった先住民の集落にとうもろこしが実っているのを見つけ、「神は『病原菌』を遣わし、彼らが自らの手を汚すことなく、土地を空けて（クリアして）くれたのだと」「『神の恩寵（おんちょう）』に感謝した」（阿部 前掲書：17）。ピューリタンたちは自分たちを神から選ばれし者だと信じていたため、先住民の土地を奪うために何をしても許されると、自分たちの行為を正当化した。ヨーロッパ人の「発見者の権利」に対して、1537年、ローマ法王パウロ3世は先住民の土地所有権を主張したが、それでもピューリタンの考え、また態度は、先住民は「『悪魔の子』であるから一掃されるべきであり、残った土地は、優越者の所有に帰する」（阿部 前掲書：26）というものであった。

アメリカ大陸への移民は増え続け、よって人口は増加した。また「アメリカ国民の自由な発展のために」（阿部 前掲書：18）、移民たちは西へ西へと開拓を進め、「インディアン撲滅政策は」「『マニフェスト・デスティニ（明白な運命）』の美名のもとに全土で展開された」（綾部(監修) 2005a：26）。その時、アメリカ人は自分たちの西部開拓を邪魔する者を徹底的に弾圧し、排除した。アメリカ合衆国独立宣言の中でも謳われている、「すべての人間は平等である」こと、「生命、自由、幸福の追求などの誰にも譲渡されない権利を与えられている」ことは、黒人の場合と同様、先住民には当てはまらなかった（2.1.3参照）。「すべての人間」が意味したのは、実際には「先住民（と黒人）を除くすべての人間」であり、白人が目指した平等や正義、自由の実現は、先住民たちの受けた差別、不当な扱い、犠牲のもとに存在したのである。

2.2.3 2つの同化政策

アメリカ合衆国が進めた領土拡張は、先住民が長年暮らしてきた土地を彼らから奪うことを意味した。アメリカ合衆国は先住民を騙し、また武力を用いて彼らの土地を奪い取った。そして、先住民を保留地に押し込めた。19世紀終わり頃までに、ほとんどの部族が保留地で暮らすようになり、そこでの部族の伝統や儀式、部族語などは禁止された。さらに、部族への帰属意識が強いインディアンをばらばらにし、白人社会に同化させる目的で、部族共有の土地をインディアン個人個人に割り当てる方法が取られた。個人が土地を領有するというヨーロッパ人の考え方は、自分たちが土地に属しているというインディアンの土地に対する概念と正反対である。また、これにより狩猟移動型の部族は狩猟場である広い土地を奪われ、定住型の生活を強いられることになり、故に元来定住農耕型の部族の人々よりも大きな打撃を受けたかもしれない。スー族やシャイアン族などの人々は、そのすべてをくれたバッファローを殺され、バッファローは一時、絶滅の危機に晒された。彼らにとってバッファローは主食であるというだけではなく、皮や骨や毛、また胃袋や舌や腱などあらゆる部位が住居や衣服、また道具になった。バッファローは彼らの生活、生命を支えるすべてであった。彼らはバッファローのすべてを使うことによって、自分たちの感謝の気持ちを表した。しかし、白人はバッファローを絶滅の危機に追いやることによってインディアンの生活を根こそぎ取り上げた。白人はバッファローの代わりに牛肉を配給し、小麦やチーズ、マーガリンなど自分たちの持ち込んだ食べ物を先住民にも与えた。そして、この食生活の変化が彼らを肥満、糖尿病などで悩ますことになった。

アメリカ人が先住民から奪い取ったものは土地やバッファロー、それによって立つ生活だけではなかった。19世紀後半から、アメリカ合衆国はもう一つのインディアン同化政策を始めた。それは先住民の子どもに教育を施し、彼らを白人の文明に同化させることであった。1870年以降、グラント大統領（Grant, Ulysses Simpson；第18代大統領（1869-1877））、さらにヘイズ大統領（Hayes, Rutherford Birchard；第19代大統領（1877-1881））の政策により、キリスト教団が保留地の管理などに携わり、教会や学校がいくつも建てられた。[12] 保留地の中には、アメリカ行きの船の中で黒人たちに対して取られたのと同じ手法で（2.1.1参照）、つまり、言語背景の異なる部族のインディアン同士を一つの保留地に入れ、英語を使わざるを得ないようにした例もあるようだ。また、インディアンの子どもたちに「蛮習」を捨てさせ、彼らを白人の文化に同化させ「文明化」する目的で、親から隔離し、保留地の外に建てた寄宿学校に入れた。

寄宿学校で子どもたちは部族語を禁じられ、それまでの生活習慣を捨てさせられた。そして、英語と白人の生活習慣、キリスト教を強制された。また、知能の面からインディアンに高等教育は不要と考えられ、農民や労働者にするための教育、職業訓練のみが施された。その内容、やり方がいかに残忍で悲劇的

12）本章脚注3参照。

であったかを、阿部（2007）に見てみよう。

インディアン社会では「家族の紐帯」は強く、子が親から離れて寄宿学校に入るなど考えられないことであった。しかし、合衆国のやり方に従わなかった場合、食料の配給が止められるなどし、それは「保留地に入れられ、生活手段を喪失していた」インディアンにとっては生きるか死ぬかの問題であったため、子どもを寄宿学校に送るしか術がなかった。「寄宿学校のモデル」とされたカーライル実業学校（ペンシルベニア）のモットーが「インディアンを殺し、人間を救え」であったことが示すとおり、寄宿学校では、「子どもたちからインディアンであることの『標（しるし）』を消しさることが、徹底的になされた。」それは「長い髪」であったし、「ことば」であった。白人にとっての単なる髪、「野蛮」を象徴する「長髪」は、インディアンにとっては「命の力の宿る大切な場所」であり、故に「戦いで倒した敵の頭髪の一部を」「自分の衣服に縫い付ける」平原部族の慣行は、敵の持っていた「力にあやかる」という発想である。したがって、「大切な人以外には触らせない」髪が白人によって切られることは、「勇者になるべく育てられた男の子にとって」屈辱であり、インディアンの尊厳が著しく傷つけられることであった。

また、インディアンであることの「内側のしるし」であることばも奪い取られた。それは「名づけ」によって始まった。インディアンの名前は、男性も女性も、個人の内面的また外面的な特徴、個人の経験といった、その人その人に深く関わるものに基づいて与えられた。その名前を取り上げられ、代わりに子どもたちはジョンやメアリーといった西洋の名前を付けられたが、これらの名前は、当然、子どもたちの個性を表すものでもなければ、彼らにとって何かの意味を持つものでもなかった。ただ、白人にとって管理しやすかっただけであるし、白人社会への同化の最初のステップを示すだけであった。

子どもたちが彼らの「部族語を話すたび、輪ゴムを唇に挟ませて引き延ばして放ったり」という「体罰」が行われた。体罰の中には「アルカリ度の強い石鹸で歯を磨かせ、口腔内がただれた例もある。」体罰はことばについてだけではなく、脱走しようとした子どもには「隔離監禁」や「広大な芝生を『裁縫はさみ』で刈り取」るといった体罰が待っていた。女の子の脱走者には、「上半身を裸にされ、お互いを鞭うつという」あまりにも残忍な体罰も科されたようである。「寄宿学校の目的は『インディアンを殺す』ことであった」のだが、このような「教育」の結果、白人の望みどおり、「『魂』を抜かれて廃人同然になった」インディアンも多かったのである。このような同化教育は、1934年のインディアン再組織法成立まで続いた。

2.2.4　先住民と白人の価値観

白人とアメリカ先住民とは、土地に対して、環境について、また自然観、世界観や、女性の位置づけに関して、名前に関して、体罰というものに関してなどなど、あらゆる面において、元来全く異なった考え方や価値観を持っている。少なくとも過去には持っていた。つまり、例えば、白人が土地に対して売買する対象としての価値しか与えていないのに対し、インディアンは土地を子孫から借りていると考え、「その土地に生き続ける祖先の魂と、土地にまつわる氏族の始祖の物語を引き継」（阿部2005：187）いでいかなければならないと考えている。そして、それを引き継ぐのは過去から未来へ命を繋いでいく女性の重要な役割であった。

子孫に借りている大地を彼らのために守り抜こうとする意思が見事に表されている詩がある。1854年、インディアンとの3年間に亘る戦いの末、当時のアメリカ合衆国大統領フランクリン・ピアスはインディアンに土地を買収し保留地を与えると申し出た。それに対し、先住民のシアトル首長（Chief SeattleまたはSealth）が行ったスピーチがそれである。[13] 少し長いが、ここに引用する。

＜前略＞
ワシントンの大首長が
土地を買いたいといってきた。

どうしたら
空が買えるというのだろう？
そして　大地を。
わたしには　わからない。

13）阿部（2005：156-158）は、シアトル首長とワシントン州知事の土地割譲交渉の場に同席していた白人医師が首長のスピーチを書き留めたのであるが、それは部族語で行われたこと、内容面で事実に即さない箇所が見られることなどを含め、「シアトルからピアス大統領への手紙」と題されるこのメッセージが出来上がるまでに、さまざまな紆余曲折を経ているようであることを指摘している。寮（1995）も、シアトル首長のことばが「人々の手から手へと伝えられ」たこと、「オリジナル・テキストとはかなり違う部分があることがわかっている」ことなどに触れている。しかし、この「手紙」は、自然とともに生きてきたインディアンの精神性を見事に受け継いでおり、「シアトル首長の言葉を汚すものではない」（寮 前掲書）。そして、また、先住民に対する「環境保護活動の先駆者」（阿部 前掲書：158）のイメージを確立させていくことになった。

風の匂いや　水のきらめきを
あなたはいったい
どうやって買おうというのだろう？

すべて　この地上にあるものは
わたしたちにとって　神聖なもの。
松の葉の　いっぽん　いっぽん
岸辺の砂の　ひとつぶ　ひとつぶ

＜中略＞

空気は　すばらしいもの。
それは　すべての生き物の命を支え
その命に　魂を吹きこむ。
生まれたばかりのわたしに
はじめての息を
あたえてくれた風は
死んでゆくわたしの
最後の吐息を　うけいれる風。

だから　白い人よ
どうか　この大地と空気を
神聖なままに　しておいてほしい。
草原の花々が甘く染めた
風の香りを　かぐ場所として。

死んで　星々の間を歩くころになると
白い人は
自分が生まれた土地のことを
忘れてしまう。
けれど　わたしたちは　死んだ後でも
この美しい土地のことを

決して忘れはしない。
わたしたちを生んでくれた　母なる大地を。

わたしが立っている　この大地は
わたしの祖父や祖母たちの灰から
できている。　大地は
わたしたちの命によって　豊かなのだ。

それなのに　白い人は
母なる大地を　父なる空を
まるで　羊か　光るビーズ玉のように
売り買いしようとする。
大地を　むさぼりつくし
後には　砂漠しか残さない。

白い人の町の景色は
わたしたちの目に痛い。
白い人の町の音は　わたしたちの耳に痛い。

＜中略＞

わたしには　わからない。
白い人には　なぜ
煙を吐いて走る　鉄の馬のほうが
バッファローよりも　大切なのか。
わたしたちの　命をつなぐために
その命をくれる　バッファローよりも。

わたしには　あなたがたの望むものが
わからない。

バッファローが

殺しつくされてしまったら　野生の馬が
すべて飼いならされてしまったら
いったい　どうなってしまうのだろう？

　　<中略>

獣たちが　いなかったら
人間は　いったい何なのだろう？
獣たちが　すべて消えてしまったら
深い魂のさみしさから
人間も死んでしまうだろう。

大地は　わたしたちに
属しているのではない。
わたしたちが　大地に属しているのだ。

　　<中略>

最後の赤き勇者が
荒野とともに消え去り
その記憶をとどめるものが
平原のうえを流れる
雲の影だけになったとき
岸辺は　残っているだろうか。
森は　繁っているだろうか。
わたしたちの魂の　ひとかけらでも
まだ　この土地に残っているだろうか。

　　<中略>

だから白い人よ。　わたしたちが
子どもたちに　伝えてきたように

あなたの子どもたちにも
伝えてほしい。
大地は　わたしたちの母。
大地にふりかかることは　すべて
わたしたち　大地の息子と娘たちにも
ふりかかるのだと。

＜中略＞

もし　わたしたちが　どうしても
ここを立ち去らなければ
ならないのだとしたら
どうか　白い人よ
わたしたちが　大切にしたように
この大地を　大切にしてほしい。
美しい大地の思い出を
受けとったときのままの姿で
心に　刻みつけておいてほしい。
そして　あなたの子どもの
そのまた　子どもたちのために
この大地を守りつづけ
わたしたちが愛したように
愛してほしい。　いつまでも。

どうか　いつまでも。

（寮 1995）

自然界の一部として人間を位置づけ、自然のあらゆるもの――それが動物や植物のような生命のあるものであろうと、水や風のような無生物であろうと――に霊を認めたインディアンに対し、白人は、キリスト教の教えに基づいて、人間至上主義また白人至上主義であり、自然を思うままに支配できると考えた。子孫のために今を残し伝えていくという文化ではなく、自分たちのためにあるものはすべて、環境を破壊してでも、人から奪い取ってでも、消費し尽くすという文化である。

ところで、アメリカ大陸への初期の入植者たちがとうもろこしやかぼちゃなどの栽培方法を先住民から学び、それらが入植者たちの命を繋いだことについて、先住民にたばこの栽培を学び、黒人奴隷を働かせて、自分たちが富を得たことについて、白人たちは何と思っているのだろうか。

2.2.5　伝統文化への回帰と課題

白人による「文明化」教育によって生活習慣や価値観などをすっかり変えられてしまったインディアン社会には、今、家庭内の問題、健康上の問題など白人社会が抱えているのと同種の問題が多々存在する。しかしながら、同時に、伝統への回帰も既に始まっている。1934年にインディアン再組織法が成立してからも、部族の自治と伝統文化の回復に向けての大きな動きはなかなか起こらなかったが、しかし、1960年代に入ってからの公民権運動（2.1.3参照）の影響もあって、アメリカ先住民の文化再興に向けての運動は進み始めた。

その一つに、絶滅の危機にあったバッファローを再生し、伝統的食生活に戻ろうという動きがあった。低年齢化する肥満や糖尿病など健康面での課題について、回復の兆しも見られる。ことばについて見ると、同化教育で英語が強制された結果、300語以上あった部族語は150語程度にまで減り、さらなる減少が懸念されている。しかし、これらの部族語を復興させ、さらに、そのことにより、インディアン文化の根底にある神話、伝承、儀式（言語）を回復させようという動きが盛んになっている。1960年代以降、部族語教育や2言語教育が積極的に導入されているのもその表れである。このようにして、身体面においても精神面においても失われた過去を取り戻し、太古の昔からの伝統に回帰しようという動きは確実に進んでいる。また、アメリカ合衆国は1990年および1992年、アメリカ先住民族言語法を承認した。それによって、「アメリカ先住民がアメリカ先住民言語を使用し、学習し、発展させる自由を保障する権利を保持し、保護し、促進する」こと、また「アメリカ先住民の言語の存続とその持続的な活用を助ける」ことが可能となった（クリスタル2004：186）。

しかしながら、インディアン社会は未だにアメリカ合衆国の国内従属国という立場に置かれている。その立場の中でインディアン部族が合衆国に対して声を上げ、自分たちの尊厳や誇りを守っていくのは、そう簡単ではない。アメリカ合衆国の国民であるが、しかしインディアンとして部族社会の権利の回復、伝統文化の継承、部族アイデンティティーの確立のために、アメリカ社会全体に向かって発言力を持たなければならない。部族語を守るために英語によって訴えなければならないのは皮肉であるが、今、先住民の若者たちは、白人の入植以来長らく置かれていた状態、すなわち、ただ生き延びるためだけに闘うのではなく、「インディアンがインディアンであるため」（綾部（監修）2005a：29）に闘っている。

2.3　オーストラリア先住民の場合

オーストラリア大陸で起こった出来事も北アメリカ大陸での出来事と基本的には類似していると言ってよいだろう。白人はオーストラリア大陸でも先住民から土地を奪い、文化を奪い、ことばを奪い、キリスト教を広め、白人の文化を押し付け、英語を押し付けた。ここで、これらの歴史を確認していきたい。

2.3.1　イギリス人による侵略

オーストラリア大陸には5万年前から定住し始めたと言われる先住民が暮らしていた。彼ら先住民はアボリジニと呼ばれる狩猟採集民族であった。1770年、イギリス人キャプテン・クック（ジェイムズ・クック）がオーストラリア大陸東海岸に到達し、そしてイギリス人によるオーストラリア侵略が始まった。やがて、彼はオーストラリア大陸のイギリス領有を宣言することになる。

イギリス人は先住民を虐殺し、土地を奪い始めた。「白人の法は、人の土地に出かけていって、そこの住民を殺害し、土地を盗み取るという、完全に不道徳な行為を正当化するのである」（保苅2004：112）。しかし、オーストラリアの先住民アボリジニの人々にとっては、北アメリカ大陸の先住民と同様、「大地こそが、この世界の起源であり、存続の証拠でもある」（保苅 前掲書同頁）。ここに、一人のアボリジニがキャプテン・クックについて語った独白を挙げよう。

　　＜前略＞

　キャプテン・クックが大イングランドからやってきて

シドニー湾へと
向かっていった。
そこには、多くの――アボリジニの人々が、どのくらいいたのかは知らないが、
とにかく、人々が、シドニー湾に暮らしていた
アボリジニの人々だよ。

<中略>

奴は許可を求めるべきだった。
シドニーに暮らす人々のボスである、アボリジニの人々に。
そこにいた人々は
アボリジニの人々だ。
奴はやってきて「こんにちは」というべきだった。そうだろう、「こんにちは」と、言えばよかったんだ。
そのとき、
そこに自分たちの土地がほしいのなら
アボリジニの人々に頼むべきだった。
なぜなら、そこはアボリジニの土地だから。

キャプテン・クックはアボリジニの人々に対してフェア（fair go）じゃなかった。
人々に、「元気かい」と言わなかったし
「こんにちは」とも言わなかった。
なぁ、わかるだろう
みんなが、フェアじゃなきゃいけない。
私たちはみな、人間なんだから。
キャプテン・クックには自分の土地があった。
それは大イングランドだ。
そして、アボリジニの人々にはノーザン・テリトリーがあったんだ。

<中略>

だが、キャプテン・クックはこう思ったんだ――「あぁ、
こいつらは野蛮人だ」
奴はそう思った。
ここの人々は野蛮人じゃない。
かれらはこの土地のボスだったのに。

＜中略＞

人々は、キャプテン・クックに、もときた道を引き返すように言えばよかったんだ。
なぜなら、ノーザン・テリトリーは、キャプテン・クックにとってふさわしい土地ではなかったから。
そこはただ、アボリジニのためだけの土地だったんだ。
ところが、キャプテン・クックは
ジドニーで私の人々を撃ち（殺し）はじめた。
つまり、私の人々を一掃（殲滅）しようとしたんだ。
なぜなら、キャプテン・クックは
とても危険な奴だったから。
そう。
キャプテン・クックは、人々に頼みもしないし、確かめもしない。
穏やかにものごとを進めたりもしない。
そう。
ものごとを正しく進めようとしなかった。
そして
キャプテン・クックはシドニーから出発して、アボリジニの人々を撃ち殺しはじめた
そして、たちまちのうちに
ダーウィン湾へ向かい。
結局はオーストラリア中に広がったんだ。
わかるだろう？
これは間違っている。

キャプテン・クックは間違ったことをしたんだ。

＜中略＞

もし、キャプテン・クックが
なぁ
アボリジニの人々から
土地をもらえるかどうか許可を求め、確かめようとしたなら。
そうだったら、よかったのに。
そうあるべきだったのに。
わかるだろう。

＜中略＞

あぁ、たくさんの儀式、たくさんの神秘、たくさんの重要なものごと。
アボリジニの人々は、こうした多くを失った。
白人がたくさん入ってきたんだ。

＜中略＞

いまなら、私たちは友達になれる。
ともに生きる友達だ。

＜中略＞

私たちひとりひとりが
白人であろうと黒人であろうと。
私たちは、一緒に集まって、そして仲間になる。
そうすればいい。
そう、お互いに自分の領分をわきまえて
お互いに、愛しあうんだ。

＜中略＞

それでいいじゃないか。
その方がずっとうまくいく。

＜後略＞

（保苅2004：92-104）

イギリス人は、白人は、オーストラリア大陸を、その大陸が他の人の土地であるという意識を全く持たずに、自分たちの所有物にした。先にそこに暮らす人々の許可を得るなど考えることもなく、その人たちの土地に侵入し始めた。こうして、オーストラリア大陸侵略の歴史は始まった。

現在、アボリジニの人口は40万人を超える。しかし、イギリス人の入植時に約70万から100万人いたとされるアボリジニは、白人による大量虐殺やまた彼らが持ち込んだ伝染病などが原因で、百数十年後には約5万人に激減したのである。

2.3.2　アボリジニ独特の死生観

アボリジニの人々は、ずっと長い間、白人とは異なる価値観に基づき生活を営んできた。土地に対する価値観については既に述べたが、移動生活で狩猟採集を基本とするアボリジニにとって、土地は所有の対象ではなく、彼らの生活のすべてを支える源であった。

このような彼らであるからこそ持つに至ったとも考えられる独特の慣習があった。Brown（1963）によると、アボリジニの社会では、親が子どもの生存権を決定できるという慣習があった。アボリジニの女性は食料や水を探し求めて、場所から場所へ何マイルもの距離を歩き回らなければならなかった。このような状況では子どもは一人しか抱けないので、上の子どもが一人で何マイルもの長距離を歩けるようになる前に生まれた2番目の子どもは魂の世界に送り戻され、再び生まれてくるべきより適した時期を待つと考えられた。(Brown 1963：105-106)

アボリジニの人々の生活はお金での生活ではなく、すべて自給自足の生活であった。自分たちの食べるものは自分たちで備える、自分たちの食べる分だけの動物を狩るという生活であった。気温は朝晩は摂氏2–3度、日中は40度になる土地で、移動しながら生活しなければならなかった。このような状況で子どもが一人増えるとどうなるのか。この子どもの命を生きさせるチャンスはないに等しい。命を奪わなければならない、どうしようもない状況がここにはある。

アボリジニのような厳しい環境では、子どもの命を絶つことがどれだけ意味のある行為であるか。家族の共倒れを防ぎ、次の命に繋げる行為は、命に敬意を払っているからこその行為であり、アボリジニの人々は命のありがたさを知っている人々であると言える。そして、生も死もその時そうあるべき姿なのだと受け入れているだけである。

ある場合に限り人が人の命を奪う習慣を持つ人々は、皆命は尊いと思っている。人の人生、命を尊く大切に思うからこそ、ある場合にのみ命を奪うことが許されているのではないか。これは、領土拡張、宗教上の理由、平和維持など、さまざまな理由を持ち出して命の奪い合いを行っている社会に住む人々の価値観とは全く異なるものである。白人の介入によりこの習慣も消えてしまったが、自分の欲望や歪んだ感情のために人の命を奪っている人々の価値観とは大きく異なるのである。[14]

14）ある大学の授業で、このアボリジニの死生観をトピックに取り上げて議論したことがある。その際に得られた学生のコメントがある。これらは、アボリジニの慣習を「殺人」であるとか「人間の命に対する敬意の念を著しく欠いている」(Brown1963：105-106）という西洋人の価値観に対して、アボリジニの精神性や価値観を鋭くついているコメントであるので、ここにいくつか紹介したい。
－アボリジニのやり方に対して、避妊すれば…という考えも起こるが、避妊という人工的な方法は、アボリジニの自然と一体化した生き方を壊すものであろう。どちらが自然で人道的なことなのか、という尺度の違いを感じる。
－アボリジニの人々は自然と調和して暮らす分、自然の恩恵も、また自然の厳しさも、私たちよりずっとずっと骨身にしみて感じている人々であろう。そのような人々に対して「それは殺人だ」などととやかく言うことなど、どうしてできるだろうか。生活環境から成り立つ文化を知らずして「殺人」を定義づけることなどできない。命を尊く思う気持ちは共通しているのである。
－アボリジニの社会は、生と死が常に生活の中で意識された社会、生きていくことに精一杯な社会であろう。今の日本では、人は生きるということが保証され過ぎて、生死は健康にどれだけ注意を払っているかとか、交通事故に遭わないように気をつける、というようなことと関係しているように思われる。今日を、明日を生きなければならない人たちは他の人の命を奪うことをも必要とする。そしてそこには必ず感謝の気持ちが伴っている。それぞれの人がどのような任務を持って生まれてくるのかはわからないが、生まれ育つ社会のルールにしたがって命を全うすることこそ、人の命のあり方である。
－世界の文化には生と死に関するさまざまな考え方が存在する。今の日本という社会は命に対する危機感は薄い。誰かの命を犠牲にしないと自分の命が危ぶまれるという事態に陥ることはほとんどない。「命は大切」といくら言ってはみても、ことばだけが浮いてしまう。命というものの本質について真剣に考える機会の少ない日本で生活する私たちには、アボリジニの文化を批判したり否定したりする権利はない。まして、アボリジニの人

2.3.3　先住民同化政策

異なる生活環境では異なる価値観が生まれるのは当然のことで、その土地その土地に適した文化が培われていくものである。しかし、全く異なる文化を持つ人々の地を一方的に侵略したイギリス人は、自分たちと異なるその地の価値観を排除また無視し、そこでも自分たちのやり方が法であるという姿勢を取り続けた。

1860年代になり、イギリス人はオーストラリアの先住民に対して、保護という名の下で隔離政策、同化政策を始めた。アボリジニ用の保留地を設置し、彼らを白人社会から排除した。そして、キリスト教団によって運営される施設では、アボリジニにキリスト教を広め、改宗させることが企てられた（ただし、キリスト教への改宗は不成功に終わっている場合も多い）。

植民地化の過程において、白人との「人種交配が3代も続くと、原住民の特徴は消滅」し、「白人の血が代々濃くなることで、肌の黒さは消える」（P.ノイス監督『裸足の1500マイル』）という考えの下に、混血化も進んだが、これらの混血児や先住民の子どもたちは親から引き裂かれ、強制収容所に入れられた。特に女の子たちは、そこでキリスト教教育を受け、白人家庭でメイドとして働けるように仕立てられた。また、白人の家庭に里子に出すなどした。白人たちは肌の色が白い方が頭がよいと信じ、自分たちが無知な先住民の子どもたちを野蛮な生活や風

たちに命の大切さを述べることは空しい。子どもの命を自らの手で奪わねばならない彼らの方が、どれだけ命の重みを知っているかしれない。彼らが奪う命とは次へと繋ぐ命に他ならないのであるから。失われる命は意味のある命。私利私欲のためだけに捧げられるものが命であってはならない。大切な何かを守るために使われるのが命でなければならない。

習から守り助けてあげていると本気で考えていた。したがって、子どもたちはそれまでの伝統的習慣や部族語、儀礼を捨てさせられ、英語以外は禁止された。脱走を試みた子どもには、体罰が与えられた。

子どもたちを親元から隔離し、白人社会に同化させる大きな目的は、親と子を引き裂き、その関係を絶ち、文化が次の世代に受け継がれていくことを阻止すること、つまり、先祖の文化について何の知識も持たない子どもを造り出すことであった。このような政策は1970年まで続いたのであるが、特に1910年代以降にこのような経験をし、家族を奪われ、文化を奪われ、アイデンティティーを喪失した人々は「盗まれた世代（the Stolen Generations）」と呼ばれる。

2.3.4　市民権獲得とその後

既に述べたとおり、先住民に対する白人社会への同化政策は、第2次世界大戦後まで続いたが、まさにこの大戦がアボリジニの人々を変えるきっかけになった。つまり、第2次世界大戦での従軍は、アボリジニの人々に「それまで経験したことのなかった白人の生活を垣間見る機会」（綾部(監修) 2005b：21）を与えることになり、彼らの間には1950年代以降、土地の権利を求める動きが出始めた。また、1967年に先住民は市民権を獲得した。キャプテン・クックのオーストラリア大陸渡来以来、やがて200年が過ぎようとしていた。

1970年代に入り、労働党政権の下、オーストラリア連邦は、連邦が成立した1901年以来取ってきた白豪主義を捨て、多文化主義政策を導入するようになった。それによってアボリジニの言語や宗教など、彼らの文化を復興し守ることができる可能性と権利が出てきた。そして、確かに、先住民に対するこのような対応は進んだ。

次第に、「多民族社会オーストラリアの固有性を表象するものとして先住民の文化要素」(鈴木(清)2005:103)が認識されるようになった。オーストラリアの歴史の中で排除され続けてきたアボリジニと彼らの文化は、多文化主義政策の下で「国民的遺産」また「固有の文化」として注目されるようになった(鈴木(清)前掲書:102)。

しかし、多文化主義と関わるのはマイノリティーの移民者だけであって、そこに先住民は含まれないとする見方もある。つまり、多文化主義はマイノリティーの移民者のためのものであって、多文化主義と先住民との関係は、マイノリティー移民者との関係とは違うということである。現実には、先住民の「奪われた土地、崩壊させられた家族や親族関係、そして強制的に放棄させられた文化とそれに基づく民族的帰属意識の返還あるいは補償」という「要求」(鈴木(清)前掲書:106)に未だ答えは出ていないと言える。

それでも、アボリジニの間では、先住民の伝統的な文化を学習し、身につけようとする現象が広まっている。また、英語の介入により、先住民の言語の90%が消滅しかかっていると言われているが、しかし、一世紀前に消滅していた先住民の1言語が再生されたという事例がある(クリスタル2004:223-224)。再生された言語は、もちろん、昔のままの姿ではないが、しかし、「人々がそれを自らの民族的独自性の真のしるしとして大切にし、使い続ける覚悟をしているかぎり、それをまさに有効な意思伝達手段そのものだと見なさない理由はない」(クリスタル 前掲書：224)。このような事例は、やがて、アボリジニの人々の自己のアイデンティティー確立に繋がる。同化政策で失ったアイデンティティーを取り戻し、アボリジニがアボリジニとして団結し、対外的に発言力を増していくことが必要であろう。

アボリジニの土地を一方的に奪い、そこを自分たちの土地にした白人たちは、自分たちの土地にアジア系またアフリカ系移民が入ってくるのを認めないという、白人以外の者に対する排他主義を取り続けた。もちろん、先住民の人々に対する排除も続いた。しかし、オーストラリアは多文化社会、多民族社会へと変化を遂げた。

ただ、この多文化主義をどのように解釈するか、多文化主義と先住民との関わりはどうであるか、アボリジニは今後、白人の主流文化とどう折り合いをつけていけばよいのかなどを考える時、多くの困難な問題が前方に立ちはだかっていることに気づく。先住民問題解決への道のりは、もし解決することがあるとすればであるが、まだ遠い。

2.4　ことばの死が招くもの

黒人、アメリカ先住民、オーストラリア先住民の場合を考えただけでも、支配者の言語——今の場合は、英語——による被支配者側の言語の殺戮が繰返し行われてきたことがわかる。言語の死を引き起こす原因は非常にさまざまで、これまで見た植民地支配などだけに原因があるのではないが、ここではその原因には特には触れない。[15]

一般に、あることばがこの地球上から消え去るということは何を意味するのか。それはどのような事態を招き、それ故に、なぜ言語の死は阻止されなければならないのか。いつ、どの位の数の言語が絶滅するのかに関する正確な数字や割合を算出するのは、基準にするデータが異なれば数値も異なってくるため、非常に難しいのであるが、クリスタル（2004）によれば、世界の「人口のたった4％の人たちが世界の言語の96％を話していることにな」り、「言語の死というものは、この観点から議論しなければならない」（クリスタル2004：22）。この計算に従えば、世界人口の96％の人々が、現在6000語を超えると考えられている世界中の言語のわずか4％の言語を話していることになる。96％の言語を話している人々の数を考えた時、そう遠くない将来に、世界の言語の大半が死を迎える危険性があると言われることに納得せざるを得ない。このような今、私たちはことばの死について真剣に考えなければならないだろう。

2.4.1　多様性の重要さ

世界に唯一つの言語しかなく世界中のすべての人々が同じ言語を話せば、それは人々の相互理解と世界の平和という理想的世界の実現に繋がるという、バベルの塔の神話などに基づく考え方がある。もちろん、ことばが壁になって、人間関係に亀裂が入ったり、成立する話も台無しになったりという場合も現実にはあるだろう。しかし、本当にこの世界が単一言語の世界で

15）言語の死を引き起こす原因については、例えば、Nettle and Romaine（2000）やクリスタル（2004）を参照。

あってよいのであろうか。

Brown（1963）は次のように言う。「私たちは自分のやり方が（もし唯一のやり方だと思わないとしたら）正しいやり方だと思って生活しているが、その方法では解決に繋がらない多くの問題にぶつかる。その時、他の文化の人々が類する問題にどのように対処しているかについての知識を持っていれば、それは人間の行為への新しい見方を提供してくれる」（Brown 1963：3、筆者訳）。これは文化の多様性を重要視する主張であるが、ことばはその文化の中心であり、それぞれの文化が持つ価値観や考え方を同時代の人々また次世代の人々に伝える大切な手段である。また、ある文化を異文化の人に適切に、そして完全な形で伝えることは、その文化の言語でしかできないのである。このようなことを考えた時、世界の言語が単一であってよいはずがない。

地球上の命あるあらゆるもの、それが動物であれ植物であれ、菌や細菌であれ、これらの生物はそれぞれの環境にある種々の要素と相互に作用し合い、相互の関係の中ではじめて生きていける。進化論における主張のとおり、それぞれの生物はそれぞれの環境の中で生存が可能になるように、その環境に適応した形態と機能を持つようになる。その環境はまさに多様であり、種の遺伝子が多様に変化し適応しなければ、その種の進化は存在し得なかった。つまり、多様性が種の進化を支えてきたのである。

人類も然りである。「ヒト（ホモ・サピエンス）」という動物も、たとえそれがどのような環境であっても、それぞれの置かれた環境に合わせて多様に変化し適応してきた結果、この地球上で生活することが可能になった。「多様性は」「人類が進化する上で獲得してきた力」（クリスタル2004：74）なのである。

人間はさまざまな社会を構成するが、その社会に属する人々の振る舞い方や行動の仕方また考え方がその社会の文化となることを考えると、人間が自分の属する社会の文化を築くと言える。「世界を見渡してみると、生物学的多様性と言語的また文化的多様性の領域の間には著しい重なりがある」（Nettle and Romaine 2000：27、筆者訳）とは、多くの研究者によって言われることであるが、生物の一部である人間と、その人間が築く文化との間に、および人間また文化の不可欠な要素である言語との間に、「著しい重なり」があるのは当然である。したがって、生物学的多様性の必要性が主張されるのであれば、人間の文化また言語も同様に多様でなければならない。また、生物学的多様性に関する知識は、同時に言語の多様性についての知識でもあり、地球上の生物の多様性が脅かされる時は、言語の多様性も危機的状況にあることになる。人類がこの地球上で生存し続けていくために多様性が不可欠というのならば、人間の言語も同様に多様性を維持しなければ生き残っていけないということになる。多くの言語が死に、その多様性が失われることになれば、言語によって受け継がれてきた多様な文化は消滅する。さまざまな環境に適応すべく形成され、長い年月をかけて培われてきた多様な文化が失われると、人間は他の文化から学び問題に対処することもできなくなり、よって人間の環境への適応力は衰える。世界の生態系を保存していくための有益な知識が失われ、過去から未来への繋がりが途切れ、結局、人間の生存も危ぶまれることになる。

今見てきたように、多様性は生物学的にも文化また言語の面でも必要不可欠である。生物が生きる環境はさまざまで、その環境を構成する種々の要素は相互に作用し合っているため、これらの要素のうちいずれか一つでも変化すれば、それは生態系全体に影響を与えることになる。同じことは文化にも同様に当てはまる。文化は個々の要素から成り立っているというだけではなく、それらの要素の相互関係や有機的統合から成り立っている。つまり、文化もその間に緊密な統一を有するさまざまな要素から作り上げられているため、その要素のいずれか一つにでも変化が生じれば、それは文化全体に影響を及ぼすことになる（Brown 1963：5）。中でも、人間の文化の中心にある言語に変化が生じれば、それはその文化全体に極めて大きな影響を与えることになる。

2.4.2　言語の多様性の重要さ

人間はさまざまな知恵や知識を獲得し、それを蓄積また保存し、同時代に生きる他の人々に伝え、次の世代へと受け継いでいく。これらはすべて、話しことばであっても書きことばであっても、ことばで行われる。人間や社会の過去の出来事を学び、解釈し、現在また未来への教訓として生かそうとするにも、人生について死についてなどを考え、人々の心に響く答えを見出すのにも、口承文学も含めて文学を著すのにも味わうのにも、必ずことばが伴う。

また、「原住民族との出会いによって、動物相や植物相、岩石や土壌、気候の周期とその土地への影響、地形の解釈、そして自然諸力のバランスの全体的な問題」、つまり「生態環境

（エコロジー）」「に関する深い理解が可能になっている」（クリスタル2004：65）のであるが、これは言語によって可能になる。「環境との付き合い」が「生存活動の一部を成している」「原住民族に比べると幼児同然である」「西洋人の多くは、環境に関する知識や環境と付き合っていく上での知恵」（クリスタル 前掲書：65-66）を得たいと思えば、それは彼らの言語を通してしか得られないのである。世界の方々に暮らしている原住民の人々は、それぞれの環境に応じて文化を形成し、その環境の中で生きてきたのであるが、彼らのそれぞれの環境で培われた多様な文化は多様な言語で表される。

さらに、化学や物理学分野での発見を人類の発展に貢献しようとする時にも、人間はやはり言語に頼らなければならない。このように、歴史、哲学、宗教、文学、生態学、化学、物理学などあらゆる分野において、人間の活動はすべて言語に依存しているのである。言語は文化の一つの要素であるが、この要素によって文化の他の面が成立しているということである。

上記のような学問、またそれに類するものが特別なわけではなく、人間の日々の会話の中でのことばそのものが文化である。次に、いくつかの例を挙げ、人類が生存し続けることが可能であるためには文化の多様性が必須であることを、また、そのためにはことばの多様性を守ることがいかに重要であるかを示したい。

2.4.3　言語と思考の関係

「アメリカ・インディアン諸言語の80％は子どもたちに学ばれていない」（Nettle and Romaine 2000：8、筆者訳）、「アボリジニ諸言語の90％はほぼ絶滅の状態にある」（Nettle and Romaine 前掲書：9、筆者訳）、「多くのアフリカの言語は速いスピードで死に向かっている」（Nettle and Romaine 前掲書：11、筆者訳）というデータがある。何度も言うが、言語の死は言語また文化の多様性の消失を意味する。私たちは決してこれらの事実の傍観者であってはならず、言語が多様であることの重要性を認識し、多様性を守ることに真剣に取り組まなければならない。

ことばが多様であることは、言語のあらゆる面に見ることができる。つまり、言語によって、音、形態、語彙、文法構造など、非常にさまざまである。その中で、ここでは、さまざまな環境に住む人々の文化また思考と言語が深く関わることを最も的確に示してくれる例をいくつか取り上げる。

2.4.3.1　明証性

同じ事象を表すのに、英語とも日本語とも異なる表し方をする言語はいくらでもある。ブラジルやコロンビアで話されているトゥユカ語（Tuyuca）から例を挙げよう（Nettle and Romaine 2000：60-61およびクリスタル2004：82-83参照)。この言語では、例えば、単に“He played soccer（彼はサッカーをした)”に相当する言い方はできず、この基本的意味に、その情報が何に基づいているのかを示す要素を付加しなければ文にならない。次の5文は、

1. *díiga apé-wi*　（I saw him play soccer）：visual
   díiga apé-ti　（I heard the game and him but didn’t see it）：

	nonvisual
díiga apé-yi	(I have seen evidence that he played, e.g., the shoe print on the playing field, but did not see him play): apparent
díiga apé-yigɨ	(I got the information from someone else): secondhand
díiga apé-híyi	(it is reasonable to assume that he played soccer)

(Nettle and Romaine 2000：60)

誰がその主張をしているのか、その情報は話し手自身の知覚によるのか、あるいは他者からの間接的情報によるのかなどを明示している。この言語の特徴は明証性（evidentiality）と呼ばれるが、オーストラリアのアボリジニの言語であるンギヤンバー語や北アメリカ大陸先住民言語のナバホ語やホピ語にも明証性が見られ、発話内容が話し手自身の知識また知覚によるものなのか、あるいは人から聞いたことなのかの区別が言語に組み込まれている（クリスタル 前掲書：82、またNettle and Romaine前掲書：61）。

このような例から言える大切なことは、言語によっては、話し手は自分の発話が何に基づいてなされている発言なのかを明確にしないまま文を作ることはできないということである。このような言語の話し手は常にそのことを考えながら話さなければならないし、また、聞き手もそれを理解していなければその言語の聞き手としては適切ではないということである。

2.4.3.2　方角の認識

人間は自分のまわりの世界を見、認識したものを自分の言語を通して表す。しかし、目に映る情報が同じものだからと言って、その捉え方、表し方も、すべての人々の間で同じであるとは限らない。むしろ、それは文化によって非常にさまざまで、その違いは言語によって示される。

これは空間の認知の仕方、表し方にも当てはまる。現在の日本語も英語もまわりの空間を切り分ける際、「上」/ “up,”「下」/ “down” や「前」/ “front,”「後」/ “back,”「左」/ “left,”「右」/ “right” といった語を用いる。「上」と「下」は絶対的に（absolutely）定められた方角であって、天や空の方角が上、地面の方が下と決まっている。これは、逆立ちをしたところで変わらない。しかし、空間を水平に捉えようとする時、事は大きく異なる。話し手は自分自身の身体を基盤として空間を捉え、自分の顔のある方向、通常足を踏み出す時の方角を「前」、背中のある方を「後」と考える。そして、それに基づいて「右」と「左」が決まる。つまり、日本語も英語も、空間を垂直に捉える際の「上」、「下」を除いては、空間を相対的に（relatively）捉える言語である。人々は固定された方角を用いず、自己を中心として空間を捉えているのである。（日本語については、4.5も参照）

さらに、この相対的指示枠を用いる空間表現は物体にも適用される。建物や車など、それ自体に方向が認められる場合、人間の身体を基盤にして、見方が投影される。建物の場合は、玄関が建物の「顔」と見なされるため玄関のある方が「前」、また、人が普通進む方向を「前」と考えるので、車の場合は通常の進行方向が「前」というように、物体を人間の身体と同様に見なして表す。木や岩など物体自体に方角が認められない場合には、話し手の視点などから方角が決められる。したがって、次のような文が成立する。

2. a. 次の角を左に曲りなさい。
   b. 彼は銀行の前に立っていた。
   c. ランプはソファの右に置いてある。

しかし、世界の言語を見てみると、このような空間の捉え方、表し方をする言語ばかりではない。空間を垂直に見る際には言語間でそれほど大きな差異は認められないかもしれないが、問題は空間を水平に認識する場合である。方角を表すことばは言語によってさまざまで、例えば、「左」と「右」に相当する語彙はなく、すべてを「東」、「西」、「南」、「北」で表す言語もある。オーストラリア先住民言語のほとんどがこのような絶対的指示枠で空間を捉える。

グウグ・イミディール語（Guugu Yimithirr）もその一つである。したがって、次のような表現の仕方をする。[16]

3. a. 次の角を北に行きなさい。
   b. 彼は銀行の南側に立っていた。
   c. あなたの部屋の西側のテーブルの東の端に本を置き忘れてきた。

16）例文はLevinson（1997）を参考にしている。

d.（本のページを飛ばして先に進みなさいと言う時に）
ページを東から西にめくって、もっと東に行きなさい。

これらの例文が示していることは、この言語の話し手は常に自分が経験した（また、する）出来事の一つ一つについて、その方角を記憶しておかなければいけないということである。聞き手もまた、方角を把握しておかなければ、話し手の言う内容の正確な理解は不可能である。グウグ・イミディール語では、10語に1語の割合で方角を表す語彙が使われるというデータがある。そうだとすると、出来事を構成する一つ一つの部分について、その方角をすべて記憶しておかないと一言も話すことができないということになる。さらに、経験した出来事のどの部分を後で話すことになるかは経験しているその時にはわからないのであるから、どの部分を話すことになっても困らないように、常に気を配っておかなければならないということになる。

絶対的指示枠の言語の話し手と相対的指示枠の言語の話し手の空間の捉え方がどのように異なるのかは、例えば、「一列並びの動物たち（Animals in a Row）ゲーム」による実験結果が明らかにしてくれるだろう（井上1998：55-64 および Levinson 1997参照）。一台のテーブル上におもちゃの動物たちが一列に並べられている。被験者にその状況を覚えてもらった後、少し間を置き、180度回転してもらうと、最初のテーブルと平行に別のテーブルが置いてある。そのテーブル上に覚えた状況を再現するようにおもちゃの動物を並べてもらう。結果として言えることは、絶対的指示枠の言語の話し手と相対的指示枠の言語の話し手とでは、並べ方に違いが見られるということである。日本人のような相対的指示枠の言語話者は、自分の身体を基盤にして「～の右に」、「～の左に」といった基準でおもちゃを置く。最初のテーブルの状況を記憶する時に、既に相対的指示枠が作用しており、動物の位置関係を「左右」でインプットしていると考えられる。故に、ゲームで話し手が自分の身体を180度回転させた時、動物の並び方も同時に180度回転しているのである。一方、絶対的指示枠の言語話者の場合、既にその指示枠で空間を捉えているため、動物の位置関係を「東西南北」で記憶している。したがって、ゲームで話し手が180度回転しても、動物たちの並びは回転せず、最初のテーブルから別テーブルに平行移動した状態になる。（図2-1参照）

図2-1

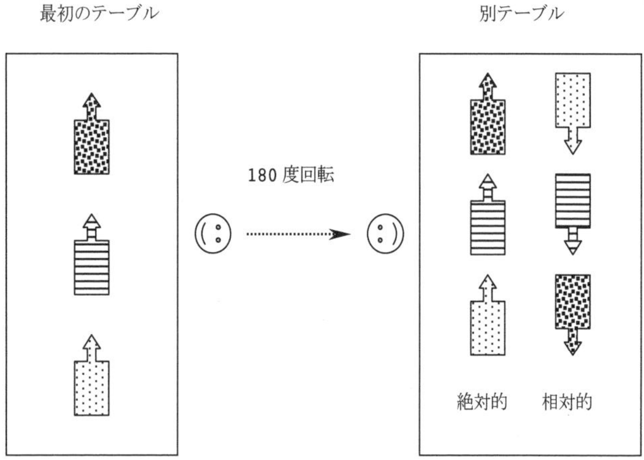

井上（1998：60）を参考に作成

絶対的指示枠の言語話者は相対的指示枠の言語話者とは異なり、「東西南北」で空間を認識し、また記憶していることが示されたが、方角の認識の正確さという点でも特筆に値するであろう。これはまた別の実験によって示される。35歳から70歳以上のグウグ・イミディール語を話すアボリジニの男性10人を対象に、次のような実験が行われた。彼らに、数キロメートルから数百キロメートル離れた、そこからは見えない場所を指差してもらった。これは、木々に囲まれ視界が遮られているような場所も含めて、さまざまな地点から行われ、指差してもらった場所は、仮に訪れたことはなくてもどこにあるかは聞いて知っている場所である。被験者が場所を移動する手段が徒歩であるのか（特にスピードの出ている）車であるのかや、次の場所までの移動がどれだけ複雑であるかなど、さまざまな要因が方角を割り出す計算に影響を及ぼすのであるが、それでも、合計で120回指差しをしてもらった結果、誤差の平均値が13.9度であったということ、また、場所を聞いてから指差しの反応までほとんど時間がかかっていない（即座の反応から2〜3秒以内）ことを考えると、彼らの方向感覚がいかに正確であるかがわかる。（詳細については、Levinson 1997：105-109および井上1998：32-36参照）

さらに、一度記憶した方角についての情報は、長期間に亘って記憶されているようである。それはある出来事をグウグ・イミディール語を話す同一人物に2度話してもらうことによって証明された（Haviland 1993および井上 前掲書：82-89参照）。ふたりのアボリジニの男性が船で荷物を運ぶ途中、船が転覆し、ふたりは船を捨て岸まで泳ぎ、そこから歩いて戻った。この出来事を語った2本のビデオテープが存在するが、それは同一人物によって2年の間をあけて語られたものである。その2回の語りで異なる設定は、出来事の語り手と聞き手が座っている方角の向きだけである。この状況での2回の語りを比較してわかることは、ボートが転覆した時の様子を表すジェスチャー、海に飛び込んだ時や岸まで泳ぐ時のふたりの位置関係を表すことば（*e.g.,* “You jump in this way along the east side.”）とそれに伴うジェスチャーのすべてにおいて、両者の方角が一致しているということである。話し手は「東」、「西」などのことばを用い、それに伴うジェスチャーとともに、出来事の方角を決定づけている。話し手は2本のビデオそれぞれで自分の座っている方角に応じてジェスチャーの向きを変えているが、それらが示す出来事の方角は2本のビデオ間で見事に一致している。つまり、グウグ・イミディール語の話し手は方向感覚において正確であるというだけではなく、一度インプットされた方角についての情報は記憶し続けるということである。

保苅（2004）も、アボリジニの男性が西から東への道跡についてある説明をする時に必ず一本の線を引くのであるが、コンパスを用いて確認したところ、その男性が「どの方角に向いて座っていても、必ず」「常に正確に、例外なく」その線は西から東に引かれていたと述べている。（保苅2004：116）

以上のように、絶対的指示枠の言語話者の思考方法は相対的指示枠の言語話者のそれと異なる。前者の人々は自分がどの方角を向いているのかを常に認識していなければ、自分の目に映るものに絶え間なく注意を払い記憶しておかなければ、ただの一言も話すことも聞くこともできないのである。

2.4.3.3　親族用語

世界中のどの文化の人も、父、母やおじ、おばなどの親族を持つことに変わりはない。しかしながら、同じ関係にあるそのような人とどのような経験を持ち、その人たちをどう呼ぶかは、言語間で大きく異なる。[17] ここでは、英語と北アメリカ大陸やオーストラリア大陸の先住民の言語を例に親族用語（kinship terms）を考えてみよう。

英語の "uncle（おじ）" に相当する語は、オーストラリア先住民の言語の一つであるジルバル語（Dyirbal）には "muqu," "qaya," "bimu," "nquma" の4語ある。これらは父あるいは母とどのような関係にある「おじ」かによって使い分けられ、"muqu," "qaya," "bimu," "nquma" はそれぞれ「母の兄」、「母の弟」、「父の兄」、「父の弟」を意味する。しかし、ジルバル語の若い話し手はすべての「おじ」を表すのに "qaya" か "bimu" を使うようになっている。つまり、語の意味を拡大して使用するようになってしまっており、伝統的な語の使い方は失われてきているのが現状である。また、アラスカの先住民諸語においても同様の事態が見られ、英語の話し手となってしまった若い世代の間では、伝統的な氏族名も英語の語彙に取って替わられており、部族語での氏族名はもはや発音することも理解することもできなくなっている。（Nettle and Romaine 2000：54）

17）日本語の場合は、「おじ」、「おば」は、話しことばの場合には特にことばを足さないと自分の親とどのような関係にあるか区別して表せないが、書きことばにおいては異なる漢字を使用し、自分の親との年齢の上下関係を示すことができる。「お父さん」や「お母さん」、「お兄さん」や「お姉さん」などは、意味が拡大されて使用されることも多々ある。4.2も参照。

英語がさまざまな親族関係を表すのに一語では対応できず回りくどい言い方をしなければならないことが多いのに対し、北アメリカ大陸やオーストラリア大陸の先住民の言語の多くは「何百語もの語彙をもって」おり、「用語を一度覚えてしまえば、そのような関係に簡単に対応できる」（クリスタル2004：86)。一般的に、ある文化が何かについての語彙を豊富に持っているということは、その文化においてその何かは重要であることを示すマーカーと考えてよい。エスキモー語（Eskimo）に「雪」に関する語彙が多いことが彼らの生活における雪の重要性を物語っているとよく言われるのは典型的な例である（2.4.3.5参照)。

しかし、逆のパタンも見られる。アメリカ先住民言語の一つであるフォックス語（Fox）では、一つの語が「叔父」、「大叔父」、「甥」を表す（ロメイン1997：32)。また他にも「父」を表す語が「父の兄弟」や「父のいとこ」たちまでをも表し、さらには「父の兄弟の子ども」はすべて「兄弟」あるいは「姉妹」になる可能性がある文化もある（クリスタル2004：87)。これらの文化の考え方は、親族関係が重要ではないということではなく、ある人に対して社会的に同じ地位にあり、また同じ責任を持つ人たちは同じ一語で表されるということである。[18]

18）これは、婚姻形態の一つである兄弟型一妻多夫制や叔父甥型一妻多夫制を想起させる。前者は一人の女性がある男性と結婚すると、その男性の兄弟全員が女性の夫となるという形態である。子どもが誕生すると、兄弟のうちの一人が社会的に父親として公認されるが、他の兄弟たちもその子どもの父親の役割を果たすことになる。後者の場合は、叔父と甥が共同で一人の妻を娶る形態である。これらは、いずれの場合も、親族の血筋を絶やさないことを意識した結果の婚姻形態であり、親族関係を重要視する文化故の方法であると考えられる。そして、厳しい社会背景の中で女性また子どもを守る方策と言える。

非常に多様な親族用語を持つ場合も、逆に、同じ社会的地位や責任を持つ人々を同一語彙で表す場合も、その部族の親族体系や社会構造を示しているのである。例えば、親を失った子どもにとって親と同等の社会的立場にあるのは誰か、その子どもを育てる責任は誰にあるのか、あるいは誰が近い親戚で誰が遠い親戚であるかなどは、すべてこれらの親族用語で示される。これらの用語は、生物学的事実よりも、親族をどのように捉えるかという文化的要因が優先された結果の、あるいは生物学的事実を考える時にその解釈に文化的要因が介入した結果の語彙である。[19] つまり、親族をどのように呼ぶかを決定しているのは、生物学的事実ではなく、文化的要因である。

また、オーストラリア先住民語の一つであるアドニャマダナ語（Adnyamadhanha）では、親族関係を表すのに代名詞の形が取られ、例えば、「あなたとわたし」（つまり、「われわれ」）を表すのに、相手と自分のそれぞれがどの氏族に属しているか、互いの親族関係はどうであるか、両者の世代差はどうであるかなどに応じて、10の異なる形の代名詞の中から適切なものを選択する（ロメイン1997：34）。すなわち、この言語の話し手は自

19）「黒人」を定義づける際にも、生物学的事実よりも文化的要因が優先されるようである。人種について人々が考えること、自分自身の人種および他の人種に関して人々がどのように感じるか、人種をどのように定義づけるかは、人々がそれぞれの社会の中で学び取っていくことであり、すなわち文化であるが、その定義づけは文化によって非常に異なっている。例えば、アメリカ合衆国では、生物学的には白人である人でも、次の範疇に入る人たちは黒人と見なされる：黒人に見える人、先祖に黒人がいると知られている人、先祖に黒人がいると自分で認めている人。しかし、ラテン・アメリカ諸国では、人々は別の基準で人種を分けている。ブラジルには、裕福な黒人は白人で、貧乏な白人は黒人であるという諺が存在する。Brown（1963：12-13）参照。

分自身が、また他の人が社会の中でどのような位置づけにあるのかを常に考えていなければ話すことができないということである。

しかし、既に述べたとおり、白人の侵入により、これらの文化的状況が変化し、その結果、部族で使われてきた伝統的な親族用語に変化が生じて、その一部の語の意味が拡大されて他の語が表した意味まで表すようになったり、あるいは伝統的な親族用語が失われ侵入者の言語の語彙に取って替わられることになった。この事態は、その部族社会の構造の崩壊やその社会機能の変化を意味する。部族の若い世代では過去との繋がりが弱まり、また他の人々との関係のあり方や築き方が変わるという事態に発展してきている。

2.4.3.4　忌避ことば

親族関係に関する表現で、さらに見ておくべき現象がある。ここで関係するのは、親族をどう呼ぶかではなく、人との関係が言語表現にどのように表れるかに関して特徴を持つ言語である。やはり、北アメリカやオーストラリアの先住民諸語がこの特徴を持つ。

移動生活で狩猟採集を基本としたアボリジニは、その生活の中で複雑な人間関係、親族関係を発達させた。彼らがどのように振る舞うかという行動の規範を親族関係が決定することが多かった。例えば、妻を持つ男性の場合を見てみよう。男性にとって近い関係にある人は彼の母方のおじであり、冗談を言い合うことも可能である。一方、彼にとって避けなければいけない一番の存在は、妻の母（つまり、姑）である。男性と姑はお互いに近づくこともことばを交わすことも避けなければならない。そして、男性が姑や「タブーと考えられているほかの女性の親族に話しかけるときに」（ロメイン1997：25）は、日常語と異なる「しゅうとめ語（mother-in-law language）」と呼ばれる忌避ことばを使わなければならない。例えば、ジルバル語の話し手である男性は、日常はグワル（Guwal）と呼ばれることばを用いるが、義理の母や避けるべき親族が話し声の聞こえる範囲内にいる場合には、他の人と話す時にもディアルングイ（Dyalnguy）と呼ばれるしゅうとめ語を使用しなくてはならない（クリスタル2004：88）。

北アメリカ大陸先住民のホピ族にも同様の形態が見られ、男性にとって母方の氏族の女性はすべて「非冗談関係」であり、「母方のオジは躾の権利を持つもっとも怖い存在」であった（北沢2005：197）。他方、父方の氏族は「冗談関係」であり、氏族の男性は父親といえども友人であり、父方の女性たちは「もっとも親密な異性」であった（北沢 前掲書：197-198）。また、Brown（1963）はアメリカ先住民クロー族の例を挙げて、次のように言う。「クロー・インディアンの間では、男性とその妻の母の間の関係は非常に形式張ったもので、お互いにことばをかけることも見ることもできない。男性は義理の母の名前を言うこともできないし、義母の名前の一部を構成している一般的な語も避けなければならない」（Brown 1963：99、筆者訳）。

忌避ことばはまた、人の死とも関わる。人が死ぬと、その人の名前自体、またその名と音が似ている語彙は避けられるべきことばとなり、その語に替わる新しい語を作るなどしなければならない文化もある。

2.4.3.5　科学的知識

上でも述べたように（2.4.2参照）、白人は原住民と出会ったことによって、自然について、生態環境について、さまざまな知識を獲得し、理解を可能とした。そして、それは言語によって可能になった。何千年、何万年もの間、まわりの自然環境と密接な関係を築きながら生きてきた原住民の人々が話す言語には、自然とどう付き合っていけばよいのかについての知恵や知識が組み込まれているからである。彼らの言語には、すべての人間が依存している自然が与えてくれる資源をどのように扱っていけばよいのかについてのヒントが隠されているからである。原住民の人々が何世紀も以前から持っていた科学的知識においても、西洋人たちは彼らの足下にも及ばない。したがって、西洋人たちにとっては、彼らの言語から学ぶことは多く、また貴重である。

言語は、その言語の話し手が彼らの経験をどのように捉え、体系づけ、分類するかを教えてくれる。さまざまな言語を見れば、それらの言語の話し手がそれぞれに特有のものの見方、世界の捉え方をしていると気づく。それらの観点は、まさに多様である。

極寒の地に生活するイヌイット（Inuit）の人々は、どのような種類の氷また雪が人間の重さに耐えられるか、あるいは犬の重さに、あるいはカヤックの重さに耐えられるかを区別していた。このような知識は、彼らが自分たちの置かれた環境で生存していくことにとって決定的に重要な知識であるため、彼らはそれぞれの氷や雪を別々の語で呼んだ。（Nettle and Romaine 2000：16）彼らはこれらの知識に、またこれらの語彙に、自分たちの命を預けていたのである。

アメリカ先住民の言語の一つであるミクマク語（Micmac）では、木々の名前は、風が秋のある一定の時刻に木々の間を吹き抜ける時に作る音によって決まった。その時間は日没から約1時間後と定められており、それは、その時に風がいつも決まった方向から吹いてくるからであった。また、それらの木々の名前は固定しているわけではなく、風の音が変化すれば木々の名前も変わった。この名前の変化は酸性雨の影響があったことを示す科学的指標となるのである。（Nettle and Romaine前掲書同頁）人々はその人生の何十年という間、いつも決まった時に自然の音に耳を傾け、そこから自然環境は守られているか、あるいは変化しているのかを知った。ここに、自然とともに生きてきた彼らの姿を見ることができる。

また、パプア・ニューギニアの伝統的漁師は300種以上の魚を識別し、それぞれの名前を認識していた。さらに、月の公転に基づいた魚の産卵の周期を把握しており、それはこれまでに科学的文献に掲載された種の魚の数倍についての知識に匹敵する。（Nettle and Romaine前掲書同頁）太平洋諸島の人々は魚の分類を科学的方法で行ったが、数百種の魚の一つ一つがどのような行動を取るかについての知識は百科事典的なものであった。その生活が海との関わりが深い人々の言語は、海洋生物に関する語彙や格言、比喩表現が豊富であり、例えば、なかなか見つけられない人は岩の下に隠れる習性のある魚の名で呼ばれた（Nettle and Romaine前掲書：56）。

彼らは動物学や植物学、海洋生物学などの知識を持つ人々である。これらの知識は、何千年にも亘り、彼らの言語で伝えられ受け継がれてきた。しかし、今や若者は、例えばさまざまな種の魚を識別できず、したがって、それらを表すことばは加速度的に失われてきている。かつてジルバル語ではさまざまなうなぎは別々の名前を持っていたが、その内の一語がすべてのうなぎを指すようになった。同様に、さまざまな種の木々が同じ一語で言及されるようにもなった。(Nettle and Romaine前掲書：54）また、Brown（1963）は、「報告によると、ナバホの人々は千以上の記録された植物の名前を持っている」(Brown 1963：9、筆者訳）と述べているが、それだけ多種の植物を認識できていたナバホの人々の子孫も、今では識別できる植物の数を減らしている。熱帯雨林に育つ植物や木々は人間のさまざまな病の治療薬や医薬品となり得るのであるが、熱帯雨林の破壊が進んでいる今、それらについて学ぶことも難しくなってきている（Nettle and Romaine前掲書：15)。天候や地理的なことなどに関する文化に特有の知識についても、若い世代は持っていない。これらの文化や言語が絶滅したら、その後には何が待っているのだろうか。

文化や言語が死ねば、同時に、はるか昔から受け継がれてきた自然に関する貴重な知識は失われる。そして、例えば、自然が与えてくれる海の資源をどのように扱っていけばよいのかについてもはや学ぶことはできず、魚の乱獲や海の環境悪化、生態系への悪影響に繋がっていくのである。言語の死が招くもの、それは、何千年も前から蓄積され伝えられてきた貴重な知識の死である。

植民地化、奴隷貿易とともに始まった英語による他言語の征服を、また、それが引き金となって生じ（てい）る問題を見てきた。これらの問題は我々人間に多くの難題を投げかけ、挑戦状を突き付けている。私たちはこれらの問題や現実から目を逸らすことなく、真摯な態度で立ち向かわなければならないだろう。

さて、輝かしい歴史と負の歴史の両面を持つ英語であるが、この英語という言語は日本と、また日本人とどのように関わってきたのであろうか。第3章で見ていくことにしよう。

第3章

日本人と英語の関わりの歴史

国際社会時代、グローバル化の進む世界と言われる中、英語の重要性が認識されるようになってきた。それに伴い、日本の英語教育、日本人の英語力に関する議論も活発に行われている。「早期英語教育」、「使える英語」、「英語によるコミュニケーション能力」というようなことばをあちらこちらでよく見聞きするようになり、英語教育への注目の高さがわかる。こう述べると、いかにも最近になって英語教育にスポットライトが当てられるようになった印象を受ける。しかし、日本人と英語の関わりは思ったよりも長い。英語ブーム現象や英語教育に関する議論はもっと前からあり、しかも同じようなことが時代を変えて繰返されてきているのが、日本人と英語の関わりの歴史を見ていくとわかる。明治、大正、昭和、そして平成の時代、どのような社会背景の下で、どのような英語教育が行われてきたのか、英語教育に関してどのような考え方がされてきたのか見ていくことにしよう。

3.1　明治時代

日本人が英語とかかわり始めたのは黒船来航より少し前であるが、実際の関わりが本格的になったのは、開国後、明治維新後である。それまではオランダ語が外国との接点として役割を担っていたが、明治新政府が主にイギリス、アメリカを手本として日本の近代化を目指したことから、英語がその役割を担うことになり、英語学習が取り入れられるようになった。

この頃の教育制度は、現在の制度とは少し異なり、下等小学(4年)、上等小学(4年)、下等中学(14歳～16歳)、上等中学(17歳～19歳)という構成になっていた。明治5年(1872)、明治政府は日本の学校教育課程にはじめて外国語を入れた。その後、何度か教育制度の変更があり、名称や学年の構成が変わるが、明治5年から明治44年に至るまで、外国語が小学校では選択科目として、中学校では学科(科目)として取り入れられていた(表3-1参照)。特に中学校では、英語が外国語教育の中心であった。明治34年(1901)に一旦外国語を「英語・独語・又は仏語」としたが、明治44年(1911)には再び英語中心の外国語教育に戻った。そして、英語学者である岡倉由三郎を中心に、発音教育重視、英語による授業の奨励といった教授項目が規定された「改正中学校教授要目」が作成され、日本の英語教育政策は一応出来上がった。小学校においては、明治44年(1911)にそれまで1科目としてあった英語が「商業」という科目の中で扱われるようになり、独立した科目ではなくなってからは、公立小学校ではほとんど実施されなくなった。ただ、それまでも高等小学校で英語は選択科目であり、明治30年代から40年代にかけての英語教育実施率は平均6%台であったということからも、公立小学校において英語教育が実施されていたとは言い難い。[1]

---

1) JACET(大学英語教育学会)教育問題研究会(2005:第1章)参照。

表 3-1　明治時代における小・中学校の教育制度と外国語の位置づけ

年　　月	教育制度	主な内容
明治 5 年 8 月	下等小学（4 年）・上等小学（4 年） 下等中学（14～16 歳） 上等中学（17～19 歳）	上等小学に選択科目として外国語が入る 下等・上等中学に学科として外国語が入る
明治 14 年 5 月		小学校課程から外国語削除
明治 19 年 4 月	尋常小学校（4 年）（義務教育） 高等小学校（2 年もしくは 4 年） 尋常中学校（5 年） 高等中学校（2 年）	高等小学校に選択科目として英語が入る 尋常中学校で第 1 外国語として英語を導入 第 2 外国語（ドイツ語もしくはフランス語）を選択科目として導入
明治 23 年 10 月		高等小学校の「英語」が「外国語」に改められる
明治 27 年	高等中学校が旧制の高等学校となる	中学校において第 2 外国語は削られる
明治 33 年 8 月		4 年制の高等小学校に随意科目として英語が入る
明治 34 年		中学校における「外国語」を「英語・ドイツ語又はフランス語」とし、多種の外国語教育が志向される
明治 40 年	尋常小学校が 6 年に延長（義務教育）	
明治 44 年 7 月		小学校において英語が独立した科目から「商業」の授業の中に含まれる 中学校において外国語教育は英語中心になる

ここまで明治の教育課程における英語教育の移り変わりについて見てきたが、実際、英語を取り巻く社会状況や人々の様子はどのようなものであったのだろうか。明治初期からの英語教育の移り変わりを見ていくと、日本の教育の中で、特に中学校においては英語が科目として位置づけされ、国民が学校で英語を学ぶようになったような印象を受けるかもしれない。しかし、はじめから一般庶民がそうであったわけではない。確かに、国の欧化主義とともに、一般庶民も西洋の文化、文明へ強い憧れを抱き、「文明語」である英語を学ぶことが一時的に大流行したが、学校教育という視点から見ると、明治6年の尋常小学の就学率でさえ、男子で39.90%、女子では15.13%と低く、小学校の就学率が男女ともに80%を超えたのは明治34年ということから、さらに上の教育機関、つまり中学校において、多くの一般庶民が明治初期から英語教育を受けていたとは言えないだろう。英語教育が大幅に広がったのは、中学校への進学率が急激に高まった明治後期から大正時代である。[2]

明治時代の大学をはじめとする高等教育の段階においては、英語を学んでいたのはごく一部の人たちに限られる。また、明治初期から中期の高等教育における学習状況や内容は現在のものとは大きく異なっていた。というのは、高等教育を受けるエリートを教えていたのは外国人教師で、英語で授業が行われたために生徒は英語を学習しなければならなかったのである。日本の近代化を進めるために、西洋から知識を得て、西洋の「優

2）就学率については、文部科学省「学制百年史　資料編」を参考。
http://www.mext.go.jp/b_menu/hakusho/html/hpbz198102/hpbz198102_2_187.html

れた」文化、文明を取り入れるには、英語を勉強することが不可欠であった。これは現在の日本の英語学習の状況と随分異なり、まさに「『英語で学ぶ』ことと『英語を学ぶ』ことが渾然一体であった時代」（斎藤 2007：12）と言える。

また、当時の高等教育では英語に加えてドイツ語、フランス語も外国語教育として取り入れられた。鈴木(孝)（1999）は、この外国語教育を「トロイカ方式」と呼び、「それまでの日本人にとって唯一の知的源泉であった漢学に代わるものとして、数ある西洋言語の中から、英仏独の三言語を選んだ」（鈴木(孝) 1999：84）当時の指導者たちの洞察力とその戦略を高く評価している。鈴木(孝)は当時の指導者たちが日本の近代化には英語だけでは不十分であり、分野によってはドイツ語、フランス語が有益であったことを知っていたと賛美しているが、彼らの「トロイカ方式」に基づき行った外国語教育が、計画的に進められた戦略であったかに関しては、むしろ歴史の必然であったという別の見方もある。[3] 山田（2005b）は国力の変化は言語間の力関係を変化させると述べ（また第1章および第2章参照）、明治の指導者たちが言語を選んだというよりは、選ばざるを得なかったと考えている。18世紀末からフランス語、ドイツ語、英語がヨーロッパの中心言語となり、19世紀後半から20世紀にかけてはイギリスが大きく世界を支配するようになり、それに加えアメリカがさまざまな分野で発展してきた（1.1および1.5.5参照）。必然の結果として英語の影響力は増し、その重要性は無視できないほどになり、次第に英語へ傾斜して

3）山田（2005b：第1章、第2章）参照。

いったことからも、日本が教育言語を選択したというよりは、選択の余地がなかったのではないかということである。いずれにせよ、明治維新後から、英語が西洋からの文化、技術、知識を導入するために大きな役割を担うようになったということは間違いない。

しかし、明治中期に差し掛かると、だんだんと欧化主義から国粋主義の風潮が強まり、明治18年には教育における「国語主義化」が打ち出される。それまで高等教育機関で外国人教師が行っていた教育は次第に日本人教師が行うようになった。したがって、英語で行われてきた授業は日本語で行われるようになった。教師が外国人であったため、彼らから技術や知識を獲得するために必要であった英語学習に対し、次第に英語自体を学ぶための英語学習へと変化していった。その後の英語教育は、明治30年代に至るまで訳読中心の英語教育が主流となり、発音は無視されるようになる。この頃から学生の英語力は明治初期と比べると低下していった。

再び英語学習の重要性に関心が高まったのは日露戦争後（明治38年）である。ただし、明治初期の英語学習のようにイギリス、アメリカからさまざまな分野において知識を得るという実用的な要素はなくなり、英語は学習、研究の対象と見なされ、あくまでも学問の中での英語学習であった。再び訪れた英語ブームに乗って、明治40年前後には、それまでに創刊された英字新聞や英語雑誌（例えば『青年』（現在の『英語青年』にあたる）は明治31年創刊された）に加え、『英文新誌』（The student　明治36年6月創刊）や『英語之日本』（正則英語学校準機関誌　明治41年創刊）、『英学生』（大正2年創刊）など英語関連雑誌が次々と出版された。この頃既に、入試問題解説などの「受験英語」関連の記事が掲載されている。先程述べたように、実学的な英語学習はなくなり、受験対応型の英語学習が大衆に広まり始めたことを示すものである。ちなみに明治末期に作られた英語の試験問題とは、英文和訳、和文英訳、文法問題という現在の試験方法の原型と言えるものであった。[4]

3.2　大正時代

日露戦争後、英語学習に大きな関心が寄せられたが、この英語ブームも大正前期のナショナリズムとともに翳りを見せ始める。国民教育の制度面では明治の延長上であったが、明治初期、中期と比べると、教育の状況は著しく変化した。学校数、生徒数が大幅に増加し、高等学校、専門学校への進学率も高まった。それとともに英語教育が大衆化し、また、激しい受験競争も生み出した。一方、学生の英語力は明治中期以降から低下し続け、それに対して改善が見られないことから、大正13年（1924）には英語追放論（英語廃止論）が起こった。当時、日本が戦争に向かっている状況であったことや、アメリカの排日移民法が成立したことによる対米感情が英語追放論に一層の拍車をかけた。代表的な英語追放論者として、大岡育造（文部大臣歴任者）、福永恭助（国語学者）、杉村楚人冠（新聞記者）、渋川玄耳（新聞記者）などが挙げられるが、彼らの主張は、いくらやっても

4）詳しくは、斎藤（2007：第一章）、JACET（大学英語教育学会）教育問題研究会（2005：第１章）参照。

英語ができるようにはならないのだから英語よりも国語に力を注ぐべきである、大衆英語教育は効果がないし、時間と労力の無駄である、必要な者だけが英語学習をすればよい、というようなものであった。[5] これは明治初期の英語教育のように、一部のエリートに絞って英語教育を行えばよいとする発想である。同じような発想は、のちにも繰返し起こり、それは今日においても聞かれる。

英語関係教育者は、低下していく学生の英語力を改善しようと、この頃外国からもたらされた理論からその方法を探した。その結果、それまでの文法・読解中心主義から音声中心主義へと教育方法を転換していった。その代表として挙げられるのが、大正後半に広まった教授法で、イギリスの音声学者であるハロルド・E・パーマー（Harold E. Palmer）による「オーラル・メソッド（Oral Method）」である。これは日本人のために開発された教授法で、主な特徴は、聞く練習と正確な発音の反復練習による習慣形成を目標としているところである。学習の入門期6週間は文字を提示せず、最初から学習者に正しい発音、正確な文型を多く与え、それを正確に繰返し口頭練習させることを原則としている。パーマーは昭和初期まで音声実践指導の中心的役割を担い、パーマーの音声中心の英語教授法や彼の教育理念に基づいて考え出された教授法は大ブームとなった。しかし、これらは授業や学習が単調になってしまうという理由でやがて消えていった。[6]

5）山田（2005b：第2章）、斎藤（2007：第二章）参照。
6）斎藤（2007：第二章）参照。

3.3　昭和時代（戦前・戦中）

大正前期から翳りを見せ始めた英語ブームは、大正後期には英語追放の声が上がるまでになり、昭和に入ってからは、日本全体が戦争へと向かい、軍国主義の勢いに押され、英語追放の風潮がさらに強まった。やがて、日本は戦争へ突入し、英語は「敵国語」となる。すべてのラジオ英語講座は中止になり、外国の都市名も漢字で表記され、カタカナ英語も禁止された。例えば、「ワシントン」は「華府」に、野球の「ストライク」は「よし一本」、コスモスは「秋桜」という具合である。[7] また、学校における英語教育もますます縮小していき、高等女学校や中等学校、職業系諸学校の英語科においては、英語が随意科目となったり、授業時間を削減したりしなければならなくなった。

英語廃止論の勢いが増す中、英語教育関係者はどのように英語教育の必要性を訴え、英語教育を擁護したのか。その代表として、山田（2005b）は東京高等師範学校英語部の意見書（昭和2年）を紹介している。まず、外国語を学習する理由として①「他国の思想知識の吸収」、②「実用上の便益」、③「知能訓練上の教育的価値」、④「自国語の洗練発達」を挙げている。そして、数ある外国語の中でなぜ英語を選択するのかという理由については、英語話者の数とその使用地域の広さを挙げている。その後、戦争中に主張された英語教育擁護論では、英語が単にイギリスやアメリカだけで使われる言語ではなく、「大東亜共栄圏」が確立した際にはアジア圏においても英語が活用さ

7）ただし、このような書き換えや英語・カタカナ英語の使用禁止が、徹底していたかどうかは疑問の余地があると斎藤（2007：三章）は述べている。

れる機会が増し、世界的な進出のためにも共通語としての英語が重要であることが強調された。英語学習、英文学作品を通して教養が高まり、外国文化を取り入れることができるというこれまでの英語教育の目的や価値に、アジア圏をはじめ世界における共通語として活用される英語という認識が加わったのである。アジア圏の支配を前提に英語の必要性を述べているという点では、現在言われているような英語の必要性と異なるが、英米だけでなくアジア圏の国々をはじめ、さまざまな国の人々と交流するための言語として英語を捉える動きは、最近になって登場したわけではなく、半世紀以上も前からあったのである。[8]

東京高等師範学校英語部の意見書は、英語追放論者の英語教育の成果に関する不満に対しても反論をしている。意見書は、いくら勉強しても労力ばかりがいるだけで使い物にならないと言われた英語教育の原因は教授方法にあると主張した。旧来の難しすぎる訳読・文法中心の英語教授法こそが改められるべきであり、口頭練習や実地練習の不足を問題とした。

新しい英語教育の形が模索され続ける中、音声中心の二つの教授法が昭和初期に全国的に有名になった。どちらも大正後半から広まったオーラル・メソッドを生んだハロルド・E・パーマーの教育理念に基づいて考え出された教授法で、のちに「福島プラン」、「湘南メソッド」と呼ばれるようになった。これらの教授法は、昭和8年と昭和10年の英語教授研究所主催英語教授研究大会で行われた公開授業によって、一大センセーショ

8）共通語としての英語を学ぶという論点を強調する論考の詳細については斎藤（2007：第三章）を参照。

ンとなったと言われるほど全国的に有名になった。しかしながら、前述した通り、全国的に広まった教授法でさえ、いくらブームになっても定着することなく消えていった。[9]

3.4　昭和時代（戦後）

日本は戦争による混乱状態に陥り、終戦を迎える。日本各地に進駐軍が現れて、戦争中に英語追放が叫ばれたそれまでの状況は一転した。昭和21年にはNHKで「英語会話」のラジオ講座が開始され、再び英語ブームが起こった。テキストの会話文にはカタカナで読み方が記され、訳が載せられていた。内容には日本に関するものが題材として使われており、最近注目を集めるようになった、日本のことを国外に発信していく「発信型」の英語教材であった。それがのちに、英米文化を色濃く出した教材へと変わっていった。[10]

昭和22年（1947）の教育基本法の公布により、それまでの教育制度[11]から6・3・3・4制の新学制になった。中学校において英語は選択教科となり、英語教育の体制が整えられていった。それと同時に、英語教育に関して活発に議論されるように

9）詳しくは斎藤（2007：第三章）参照。

10）斎藤（2007：第四章）に、ラジオ講座テキストの内容が詳しく紹介されている。

11）それまでも小学校（6年間義務教育）・中学校・高等学校・大学という教育制度はあったが、小学校以降では中学校以外にも高等女学校や実業学校、さらに師範学校などさまざまな学校が存在し複雑であった。また、戦中は小学校は国民学校へと再編され、その他の教育機関においてもさまざまな戦時教育体制がとられた。詳しくは柿沼（1990：第二章、第三章、終章）を参照。

なった。この頃から注目されるようになったことが、英語教育の早期開始についてであった。英語教育の早期開始というと、現在議論されている小学校における英語教育のことなどを思い浮かべるかもしれないが、当時議論された英語教育の開始時期とは中学校からのことである。中学校から英語教育を充実させ、その成果を測るために高校入試科目に英語を加えるべきであるという主張がなされた。当時、中学校において選択科目であった英語が高校入試科目に入るとなると、実質、必修科目にならざるを得ず、その結果、他の科目の授業時間数が減少してしまうということから、主に小・中学校の教員から反対の声が上がった。斎藤（2007：162）が、評論家である加藤周一が雑誌『世界』に寄せた高校入試への英語導入に反対する論考（昭和30年）を紹介しているが、今日、小学校への英語導入に関しても同じような意見が聞かれるのではないだろうか。

> 一年に百人や二百人の長野県人が何かの理由で英語の知識を必要とするために、県下の全部、ほとんど全部の児童に英語教育を事実上強制するということは、私には正気の沙汰とは思えない。他に教えなければならないことはいくらでもある。殊に義務教育を終った生徒は、もっと自由に日本語でよみ、日本語で表現できなければならない。

加藤のように生活の中での英語の不必要性や他の学習への影響を挙げて反対する声、また高等学校入試へ英語を加えることに反対する声が上がったが、結局は入試科目として導入されるようになっていった。

高等学校の入試への英語導入について議論が活発になった昭和30年頃の日本は、高度経済成長の始まりの中にあり、実業界・経済界から「役に立つ英語」をという要求が高まり、英語教育の早急な改善が求められた。昭和30年代後半から50年代前半までの教育現場では、フリーズ（C.C. Fries）によって提唱された教授法が大きな影響を与えた。この教授法は「オーラル・アプローチ（Oral Approach）」もしくは「オーディオ・リンガル・メソッド（Audio-Lingual Method）」と呼ばれ、大正後期に紹介されたパーマーの「オーラル・メソッド（Oral Method）」と同様、口頭練習や習慣形成を重視している。ただ、「オーラル・メソッド」が学習入門期を除いては「聞く・話す・読む・書く」の4技能の指導バランスに注意を払っているのに対し、「オーラル・アプローチ」は「聞く・話す」に集中しており、完全に話しことばに焦点を絞っている。「オーラル・アプローチ」では、まず学習対象の言語と学習者の言語（例えば英語と日本語）の言語構造のちがいを分析し、英文のパターン（型）がわかるまでモデルの音声を模倣し、反復練習を重ねる。そして、文型の一部を少しずつ変化させながら、意識しなくても英語が使えるように音読練習を繰返して定着させていくという手順をとる。この指導法の例を以下で見てみよう。[12]

（教師）There’s a cup on the table…repeat.

（生徒）There’s a cup on the table.

（教師）Spoon.

12）Harmer（2002：134）オーディオ・リンガルの例を参考。

（生徒）There’s a spoon on the table.

（教師）Book.

（生徒）There’s a book on the table.

（教師）On the chair.

（生徒）There’s a book on the chair.

この教授法は大きな影響を与えたものの、それまでの教授法と同様、その後教育現場から消えていった。その原因として、多くの反復練習を重ねなければいけないため、単調な授業になりやすいということ、模倣と文型の反復練習だけでは英語を使いこなせるまでにはならないのではないかという疑問が生じたこと、そして、この頃この教授法の基盤となる理論が否定されたことが挙げられる。[13]

「オーラル・アプローチ」のブームが去ったのち、昭和40年代後半から50年代に「コミュニカティブ・アプローチ(Communicative Approach)」という新たな外国語教授法が紹介され、英語教育に大きな転換をもたらした。これは文法、語彙などの言語知識に重心を置いた教授法ではなく、効果的に伝達する能力の育成に重心を置いた教授法である。正確な言語知

13）オーラル・アプローチは行動主義（behaviourism）の理論が前提になっている。この理論によると、言語は「模倣」「練習」「強化」「習慣形成」によって習得されると考えられていたが、言語学者Noam Chomskyの生得説（nativism もしくはinnatism）によって否定された。生得説は人間には言語獲得装置が備わっており、それによって複雑な言語を習得し、また聞いたことがない新しい文を創造できると主張した。詳しくはHarmer(2002 ：5章)、JACET（大学英語教育学会）教育問題研究会（2005：第5章）を参照。

識を持っているか、いかに文法的に正しく表現できるかということよりも、誰と、どのような状況で会話をしているかにより、その時々に応じた適切な表現の仕方を判断する力が重要と考えられる。よって、オーラル・アプローチのように、一つの文型を使って活動を行うのではなく、ある目的を達成するために、それぞれの場面に応じたさまざまな言語表現を用いて活動する。例えば、空港や買い物での一場面のロールプレイや、相手と情報を交換しながらお互いの情報の空白を埋めていくインフォメーションギャップといった活動がよく行われる。

しばしば英語教育の理念の変わり方が振り子に例えられるが、新しい教育理念や教授法が紹介されると、振り子は180度反対の方向に移動し、それまでの教育理念や教授法は誤ったものであると捉えられたり、古い過去のものとして消え去ったりする。オーラル・アプローチからコミュニカティブ・アプローチへの教授法の変化のときも振り子が180度移動したかのように、それまで重視されてきた言語知識が反対の扱いを受けるようになってしまった。つまり、それまで語彙や文法を習得することにあまりにも力を注ぎ過ぎ、使うための英語学習をしてこなかったのではないかという反省から、実践的なコミュニケーションに重点を置く英語学習をすべきであると考え、語彙・文法の学習を軽んじるような解釈や悪者扱いするような見方が出てきてしまったのである。斎藤（2007）は、日本の英語教育に入ってきた「コミュニカティブ・アプローチ」を「日本の英語教育史上最大の薬害をもたらした」（斎藤 2007：171）と批判しており、「コミュニケーション」に「英会話」や「国際理解」などさまざまな解釈が加わってしまった上、昭和後期以降

「それが文法・読解学習を排除する運動のスローガンとして用いられた」（前掲書：188）ことを指摘している。コミュニカティブ・アプローチがそれまでとは別の言語の側面に焦点を当てたことは評価に値することだったのだが、いつの間にか「文法」に対立するような図ができてしまった。しかしながら、コミュニカティブ・アプローチが重視する言語の機能面・概念面や適切性の学習が語彙や文法の習得をも担うわけはなく、それらはやはり学習しなければならない言語の一側面である。またコミュニケーションスキルに関しても同様で、それ自体で文法までも習得できるものではない。何が一番重要かではなく、どの言語の側面も大切であり、それぞれを融合させながら教えていくことを考えねばならない。[14]

新たな教授法によって、「コミュニケーション」に目標をおいた英語がますます注目される中、日本の英語教育について大きな反響を呼んだ論争がある。自由民主党の平泉渉参議院と当時上智大学教授の渡部昇一によるもので、雑誌『諸君！』において半年に及ぶ論争を繰り広げた。昭和49年（1974）、平泉が自民党政務調査会に提出した「外国語教育の現状と改革の方向」と題する英語教育改革試案をめぐり、渡部がそれを批判する論文をこの雑誌に掲載したことから始まった。「試案」において平泉は、旧制中学・旧制高校を通じて平均8年以上、多大な努力をして英語を学習してきても実際の活用レベルには達していないという状況を、日本の文教政策上、最も重要な課題の一つであると述べている。そして、成果の上がらない日本の

14）詳しくはSwan（1985）を参照。

英語教育の検討すべき問題点として次の3つを示した。（以下、原文のまま）

1 外国語教育を事実上国民子弟のすべてに対して義務的に課することは妥当か。

2 外国語としてほぼ独占的に英語を選んでいる現状は妥当か。

3 成果を高める方法はないか。

（平泉 1975：10）

これらの問題点について、平泉は次のような改革案を提案した。（以下、原文のまま）

1 外国語は教科としては社会科、理科のような国民生活上必要な「知識」と性質を異にする。また数学のように基本的な思考方式を訓練する知的訓練とも異なる。それは膨大な時間をかけて習得される暗記の記号体系であって、義務教育の対象とすることは本来むりである。

2 義務教育である中学の課程においては、むしろ「世界の言語と文化」というごとき教科を設け、ひろくアジア、アフリカ、ヨーロッパ、アメリカの言語と文化とについて基本的な「常識」を授ける。同時に、実用上の知識として、英語を現在の中学校一年修了程度まで、外国語の一つの「常識」として教授する。（この程度の知識ですら、現在の高校卒業生の大部分は身につけるに至っていない。）

3 高校においては、国民子弟のほぼ全員がそこに進学し、事実上義務教育化している現状にかんがみ、外国語教育を行う課程とそうでないものとを分離する。(高校単位でもよい。)

4 中等教育における外国語教育の対象を主として英語とすることは妥当である。

5 高校の外国語学習課程は厳格に志望者に対してのみ課するものとし、毎日少なくとも二時間以上の訓練と、毎年少なくとも一カ月にわたる完全集中訓練とを行う。

6 大学の入試には外国語を課さない。

7 外国語能力に関する全国規模の能力検定制度を実施し、「技能士」の称号を設ける。

(平泉 1975：10-12)

つまり、受験を目標に学習される大衆英語教育では生徒の学習意欲は低下するし、強制的に学習をしても本当に英語を活用できる人が育たない。それなら、義務教育期間の英語学習の内容量は、それまでの3分の1にして、国民の学習負担を減らし、それ以降は希望者のみが学習を続けるが、その代わり、学習者は徹底的に英語習得に力を注ぐということである。平泉はこの「試案」の教育により、国民の約5%が実際に英語を活用できる能力を持つことを目指した。

平泉による「試案」で主張されていることは、大正時代に英語追放論(英語廃止論)が出たときに主張された「エリート主義」に近い考え方である。これに対して渡部は、「平泉試案は初めの現状分析から結論に至るまで、すべて誤解と誤謬から成り立っている」(渡部 1975：20)が、日本の外国語教育の問題

点を明らかにしたと述べた上で、次のように反論した。（以下、原文を要約）

- 異質の言語で書かれた内容ある文章の文脈を、誤りなく負うことは極めて高い知力を要する。よって、外国語と母国語と両方において知的格闘を要する英文和訳や和文英訳や英文法といった教育は、知的訓練である。
- 片仮名の外来語は日常生活の中で必要な知識であるし、その仮名書きのもとになった外国語を国民に教えるのが国家の義務である。
- 「学習した外国語は、ほとんど読めず、書けず、わからない」からと言って、その成果は全くあがっていないというのは甚だしい短見である。学校における英語教育は、その運用能力の顕在量ではなく、潜在力ではからなければならない。
- 受験英語の成績は他学科の能力との相関性が高く、受験生の修学適正度を示す基準となる。
- 五％のエリート養成を目指す教育は、義務教育の構造をこわすだけでなく、英語以外の学科の時間をつぶし、いろんな方向に向かうべき才能をも停止させてしまう。よって、この案は「亡国の案」である。

（渡部 1975：13-47）

渡部はこれまでの英語教育が無駄ということではなく、普通の学校の授業に実用的な英語能力を求める方がおかしいということを主張した。また、「五％のエリート養成」というのは、平泉が提案した、高校において英語学習を志望した者に対する徹底的した英語教育のことを指しているが、これについて渡部は、ごく一部のエリートを育成するために、その他の国民から「知的訓練」と「潜在能力」を開発する英語教育を奪ってしまうだけでなく、エリート教育を受ける者自身も他分野において才能を開花できなくなってしまうことを指摘している。

その後、平泉と渡部は互いに相手の主張について反論を繰返し、英語教育者だけでなく、世間多くの注目を集め、盛り上がりを見せた。しかし、それ以上進展することはなかった。[15] この論争が繰り広げられた後の昭和52年（1977）、中学校における英語授業時間数を週3時間と設定する学習指導要領が告示された。昭和44年（1969）の学習指導要領の改訂では、週3時間を標準設定とし、週4時間にすることも可能であったが、今回の告示では週3時間までと限定された。平泉と渡部による論争が、日本の英語教育におけるさまざまな問題点を浮き彫りにし、世間の注目を集めたにもかかわらず、それらが学習指導要領に反映されることはなく、英語教育の見直しにつながることも遂になかった。結局、日本の英語教育の改革へ一歩踏み出すことなく、そのまま沈静化してしまったのである。そして、昭和56年度よりこの学習指導要領は全面実施され、英語の授業は戦前戦後を通して最も少ない授業時数へと縮小してしまった。

3.5　平成の時代

平成元年（1989）の学習指導要領の告示により、中学校に

15）山田（2005b：第2章）参照。

おける授業時数は週4時間が再び可能になった。[16] この学習指導要領で使われている「国際理解」ということばは、以前から存在することばであるが、山田（2005a）によると、1990年あたりから盛んに使われるようになり、「国際理解教育」という用語もこの頃から頻繁に登場するようになったという。そして、国際理解教育と英語教育を結び付ける動きが活発になり、国際理解をテーマにした英語の授業が多く提案されるようになった。しかし、国際理解とは何なのか、という解釈の仕方自体がさまざまで曖昧なため、国際理解と英語教育を結び付けることに関しては、賛否両論ある（5.2、5.3.2参照）。[17]

年が少し前後するが、「国際理解」が頻繁に英語教育の中に入ってくるようになった頃、昭和62年（1987）にJETプログラムが開始された。これは総務省、外務省、文部科学省及び財団法人自治体国際化協力（CLAIR; the Council of Local Authorities for International Relationsの略）の協力を得て、地方公共団体が実施している「語学指導等を行う外国青年招致事業」（The Japan Exchange and Teaching Programme）というものである。「外国語教育の充実と地域レベルの国際交流の進展を図ることを通し、わが国と諸外国との相互理解の増進とわが国の地域の国際化の推進に資すること」を目的とし、全国のさまざまな地域の中学校・高等学校で外国語指導助手（ALT; Assistant Language Teacherの略）もしくは国際交流員（CIR; Coordinator for International Relationsの略）として働く人を外

16）標準は週3時間となっている。これは平成10年の改訂においても同様。
17）山田（2005a：第一章）が「国際」、「国際化」、「国際理解」のことばの解釈の仕方について詳しく述べている。

国から招致するプログラムである。[18] スタートした当初は4カ国848人の参加であったが、平成4年には9カ国3325人と、当初の目標3000人を達成した。平成14年には40カ国6273人にまで達し、その90%以上はALTとして来日している。しかし、最近このプログラムへの応募数が減ってきており、必要人数を確保するのが難しくなってきているという。山田（2005a）はその原因として、このプログラム自体の曖昧さとプログラムへの応募資格の甘さを挙げている。JETプログラムの目的は「外国語教育の充実と…」となっているが、「英語教育を国際交流という希釈液で薄めてしまっている」（山田 2005a：182）と指摘されるように、英語教育としてはあまり効果を発揮しているとは言い難いようである。英語教育ではなく、国際交流や文化交流を主な目的にしているというのであれば、英語教育について云々言及しなくてもよいのかもしれないが、それならALTは学校でどのように働けばよいのか、その役割は大変曖昧である。実際、自分が何をすればよいのかわからず、戸惑い続けるALTも少なくないようである。しかしながら、学校現場ではALTは外国語の授業を担当している場合が多く、また恐らく多くの日本人はALTは外国語を教える教師と思っているだろうから、なぜALTが何をどうすればよいかと戸惑うのか疑問に思うかもしれない。ALTの戸惑いの原因は何なのか。それはJETプログラムへの応募資格にある。JETプログラムへの

18）平成6年には「スポーツ国際交流員（SEA;Sports Exchange Advisorの略）」としての参加者の招致を開始。平成14年には、小学校専属のALTが創立された。平成18年度時点で、20名のSEA、137名の小学校専属ALTが配属されている。

応募資格には、教師の経験や英語教育に関する知識や資格が含まれていない。[19] 教師経験や資格の有無に関する質問にも「必要ない」と答えているのであるから、応募者は教える準備もしていないだろうし、そのようなつもりで参加していない。それなのにそれぞれの学校に配属されたら、次の日から英語の授業を担当しないといけないとなると、このプログラムの目的は何なのか、自分たちの本当の役割は何なのか、ということになってしまう。もちろん、この状況がすべてのALTに当てはまるものではないが、ALTが陥る代表的な状況ではないだろうか。このように、プログラムの目的の曖昧さとALTの資格条件の甘さが、ALT自体に不満や迷いをもたらす原因となっているのである。また、山田（2005a）は近年多くの国々が英語教育に力を入れ始め、ネイティブ・スピーカーの獲得競争が増してきていることから、もともと教師経験や教育資格を求めていないJETプログラムは、人材の量の確保だけでなく、その質の確保も難しくなってきていることを指摘している。[20] 英語によるコミュニケーション能力を高め、国際社会で活躍できる人材を育成することを重要視するようになったのは日本に限ったことではなく、世界の多くの国々においても同様である。

平成10年（1998）、中学校学習指導要領が改訂（平成14年実施）された。授業時数は前回の改訂と同様、週4時間の実施が可能で、年間各学年105～140時間である。では、どこが異

19）ここで注意しなければならないのは、JETプログラムに応募するALTにはそのような必要条件がないということであって、地域独自に雇用しているALTには当てはまらない。

20）詳細は山田（2005a：第五章）参照。

なるのか。平成元年の学習指導要領と異なる主な点の一つは、外国語の履修形態である。それまで選択科目であった外国語が必修科目となった。さらに、履修する外国語は原則として英語と定められた。[21] 2つ目には、「コミュニケーション能力」の強調が挙げられる。次の平成元年と平成10年の外国語の目標を見てみよう。

目標（平成元年）

外国語を理解し、外国語で表現する基礎的な能力を養い、外国語で積極的にコミュニケーションを図ろうとする態度を育てるとともに、言語や文化に対する関心を深め、国際理解の基礎を培う。

目標（平成10年）

外国語を通じて、言語や文化に対する理解を深め、積極的にコミュニケーションを図ろうとする態度の育成を図り、聞くことや話すことなどの実践的コミュニケーション能力の基礎を養う。

「国際理解」の文言は削除され、「実践的コミュニケーション能力」という文言が加えられているところから、昭和後期から重視されるようになってきた実用面をより強調したものになっていることがわかる。3つ目の異なる点は、「ゆとり教育」への転換である。この改訂から完全学校週5日制が実施され、授業時数や学習内容が大幅に削減された。もちろん英語教育の内容

21）高等学校においては、平成11年（1999）の学習指導要領の改訂（平成15年実施）によって、外国語が必修となった。ただし、高等学校においては、履修すべき言語が定められているわけではない。

にも「ゆとり教育」による変化が表れている。中学3年間で学習する語彙数を見てみると、平成元年の改訂において指導する語彙数は1000語程度、そのうち共通語数（いわゆる必修単語）は507語であったのに対し、平成10年の改訂では、学習語彙数は900語程度、そのうち必修単語は100語に減少した。以下はそれら100語の必修単語である（表3-2）。[22] 語彙数については、学習指導要領が改訂されるたびに削減されてきているが、この改訂において更に削減される結果となった。[23] いわゆる「詰め込み教育」の反省から、知識の量ではなく、厳選された基礎的・

表3-2　中学校学習指導要領（平成10年）における必須100語

a	about	across	after	all
am	among	an	and	another
anyone	anything	are	as	at
because	before	between	both	but
by	can	could	do	down
during	each	either	everyone	everything
for	from	has	have	he
her	hers	him	his	how
I	if	in	into	is
it	may	me	mine	must
my	near	nothing	of	off
on	one	or	other	our
ours	over	shall	she	should
since	so	someone	something	than
that	the	their	them	then
these	they	this	those	through
to	under	until (till)	up	us
we	what	when	where	which
who	whose	why	will	with
without	would	you	your	yours

基本的内容を確実に身につけることが学力と考える「ゆとり教育」の結果であると思われる。

小学校の新学習指導要領においても中学校同様、「総合的な学習の時間」が設定され、2002年から各自治体、各小学校の判断のもと、「総合的な学習の時間」内で国際理解に関する学習の一環として英会話学習が取り入れられるようになる。日本の英語教育の流れは、ますますコミュニケーション、実用性重視の方向に向かった。そのような中、平成12年（2000)、英語を日本の第2公用語にしようという突飛な発案が物議を醸した。その発案の中核になっていたのは朝日新聞社の船橋洋一である。これは同年1月に、当時の内閣総理大臣小渕恵三の諮問機関である「21世紀日本の構想」という懇談会の報告書の中で述べられている。この提案の趣旨は、「国際共通語としての英語」を身につけることはグローバル化が進む世界で生き抜くためには不可欠なものであり、よってそのためには日本社会において英語を実用化する必要があるというものだが、「必然性があってというより、日本人の英語力を高める手段として提案された」（山田 2005a：109）と言える。日本の英語教育や日本人の英語に対する意識について、改めて見直す機会にはなったかもしれないが、その提案の論拠は現実的な考えに基づいておらず、多くの反論を招く結果となった。[24] その後間もなく議論は

22）文部科学省（1998）『中学校学習指導要領』第9節外国語の別表1を基に作成。

23）JACET（大学英語教育学会）教育問題研究会（2005：第2章）参照。

24）報告書による英語公用語の提案後、船橋は『あえて英語公用語論』(2000）を出版し、英語公用語の必要性について論じている。いずれにおいても多くの反論を招くことになった船橋の論拠の弱さ、また、そもそも公用語とは何なのかについて山田（2005a）が詳しく説明している。

下火になり、世間の注目は先ほど述べた小学校英語へと移っていった。

小学校において正式に英会話学習が取り入れられ始めた平成14年（2002)、文部科学省は英語の実践的コミュニケーション能力の育成に力を注ごうと、「『英語が使える日本人』の育成のための戦略構想」を公表し、翌年にその『行動計画』を策定した。[25] この『行動計画』には平成20年度を目指して、日本人の英語力育成の目標と方向性、それを達成するために国が取り組む施策がまとめてある。以下は「日本人に求められる英語力」とした目標内容である。

【目標】

国民全体に求められる英語力

「中学校・高等学校を卒業したら英語でコミュニケーションができる」

○中学校卒業段階：挨拶や応対、身近な暮らしに関わる話題などについて平易なコミュニケーションができる（卒業者の平均が実用英語技能検定（英検）3級程度）

○高等学校卒業段階：日常的な話題について通常のコミュニケーションができる（卒業者の平均が英検準2級～2級程度）

専門分野に必要な英語力や国際社会に活躍する人材等に求められる英語力

「大学を卒業したら仕事で英語が使える」

25）本章末資料『「英語が使える日本人」の育成のための行動計画』を参照。

○各大学が、仕事で英語が使える人材を育成する観点から、達成目標を設定

「文部科学省がこのような形で日本人の目指すべき英語力を示したのははじめてのことである」(山田2005b：88) と言われるように、目標を数値で示したことが大きな特徴となっている。ちなみに、「英語教員が備えておくべき英語力」として示しているのは、英検準1級、TOEFL (Test of English as a Foreign Language の略) 550点、[26] TOEIC (Test of English for International Communicationの略) 730点程度以上である。このように広く利用されている試験を用いて示すことはわかりやすいが、得点だけに目が行きがちになる危険性があること、試験の得点がその人の英語力を正確に表しているか判断するのが難しいことが指摘されている。また、目標値の持つ意味自体も疑問である。[27]

この『行動計画』には「英語教育改善のためのアクション」として次の項目が挙げられている。①「英語授業の改善」、②

26) ペーパー型のテスト (PBT; paper-based testingの略) による点数。現在日本ではペーパー型はほとんど行われておらず、2006年7月から始まったインターネットを利用したテスト (iBT; Internet –based testingの略) が行われている。インターネット版テストの点数に換算すると79－80点に相当する (http://www.ets.org/Media/Tests/TOEFL/pdf/TOEFL_iBT_Score_Comparison_Tables.pdfを参照)。ただし、試験形式や内容は異なる。TOEFL iBTについての詳細はTOEFLホームページ (http://www.ets.org/portal/site/ets/menuitem.fab2360b1645a1de9b3a0779f1751509/?vgnextoid=69c0197a484f4010VgnVCM10000022f95190RCRD) を参照。

27) 詳しくは、山田 (2005b：第2章)

英語教員の指導力向上及び指導体制の充実」、③「英語学習へのモティベーションの向上」、④「入学者選抜における評価の改善」、⑤「小学校の英会話活動の支援」、⑥「国語力の向上」、⑦「実践的研究の推進」の7つである。これらの項目のうち、①②③⑤においてALTや特別非常勤講師の活用の促進が挙げられているが、JETプログラムの箇所で述べたように、ALTの確保、増員は難しくなってきている。項目④で挙げられている目標のうち、入試におけるリスニングテストの活用の促進については、平成17年度から大学入試センター試験でリスニングテストが実施されている。項目⑤は、先ほど述べた「総合的な学習の時間」で行われる英会話活動についてである。その支援体制は整えられているとは言えないが、小学校における英語教育は次の段階へ進められ、平成23年度（2011年度）から「外国語活動」として必修化されることがすでに決定している。

小学校において「外国語活動」が必修化されると述べたが、これは平成20年（2008）の小学校、中学校の学習指導要領の告示（それぞれ平成23年、平成24年施行）によるものである。前回の学習指導要領（平成10年改訂）において強調された「ゆとり教育」では、学力の低下が大きな問題になった。多くの学習課題を踏まえ改訂される今回の学習指導要領における中学校の英語の変化を見てみる。まず、授業時数は週4時間に設定され、年間授業時数は140時間になった。これまで週3時間学習していたところは年間時数35時間増加することになる。では、外国語の目標を見てみよう。

目標（平成20年）

外国語を通じて、言語や文化に対する理解を深め、積極的にコミュニケーションを図ろうとする態度の育成を図り、聞くことや話すこと、読むこと、書くことなどのコミュニケーション能力の基礎を養う。

平成10年改訂の外国語の目標である「聞くこと・話すこと」に、「読むこと・書くこと」が加えられ、4技能を総合的に学習するよう定められている。次に学習指導要領の「各言語の目標及び内容等」を見てみる。ここで言う「各言語」とは、中学校の場合は前回の改訂から原則として英語を履修することになっているので、英語の目標及びその内容ということである。以下の目標は平成10年改訂のものである。

(1) 英語を聞くことに慣れ親しみ、初歩的な英語を聞いて話し手の意向などを理解できるようにする。
(2) 英語で話すことに慣れ親しみ、初歩的な英語を用いて自分の考えなどを話すことができるようにする。
(3) 英語を読むことに慣れ親しみ、初歩的な英語を読んで書き手の意向などを理解できるようにする。
(4) 英語で書くことに慣れ親しみ、初歩的な英語を用いて自分の考えなどを書くことができるようにする。

((1)(2)の下線は筆者)

今回告示された英語の目標では、(3)(4)はそのままであるが、(1)(2)の下線部は削除されている。なぜ「聞くこと」と「話すこと」に関してだけ「～に慣れ親しみ」という表現が削除されたのか。それは、この部分を今回の改訂によって新設された、小学校の「外国語活動」が担うからである。(1)(2)の下線部の内容は小学校の「外国語活動」の目標へ移行しているということである。また、中学校の「第1学年における言語活動」の指導配慮においても、前回の指導要領の「英語をはじめて学習することに配慮し、コミュニケーションに対する積極的な態度の育成を重視するとともに、…」という部分が、「小学校における外国語活動を通じて音声面を中心としたコミュニケーションに対する積極的な態度などの一定の素地が育成されることを踏まえ、…」と変更されており、ここにも小学校の「外国語活動」が担う部分、つまり、音声面とコミュニケーションを図ろうとする態度の育成、という趣旨が見える。また、学習語彙数については学習指導要領が改訂されるたびに削減されてきたが、今回の改訂では前回の900語から1200語に増やされる。平成10年度の学習指導要領で示されていた基本的な100語（いわゆる必修単語）は、増加される語数に当然含まれるとして、今回の学習指導要領では示されていない。小学校に期待される部分を含めての中学校の学習指導要領であるが、その小学校においては英語が必修化するにあたって、まだ戸惑いや課題も多くある。これについて詳しくは必修化される英語の内容とともに第5章で見ていく。

小学校、中学校の学習指導要領の改訂に続き、高校の学習指導要領改訂案が平成20年（2008）12月に公表された。平成25年度（2013年度）から実施されることになっている。今回の改訂案においては科目が再編される。現行の「英語Ⅰ」、「英語

Ⅱ」、「リーディング」が「コミュニケーションⅠ」、「コミュニケーションⅡ」、「コミュニケーションⅢ」に再編され、「オーラル・コミュニケーションⅠ」、「オーラル・コミュニケーションⅡ」、「ライティング」が「英語表現法Ⅰ」と「英語表現法Ⅱ」に再編される。これらに、中学校での学習内容を学び直す「コミュニケーション英語基礎」と身近な事柄を会話する「英語会話」が加えられる。科目の再編や新たにつくられた科目を通し、「聞く」、「読む」、「話す」、「書く」の4技能の総合的な育成、中学校の学習内容の復習と定着、論理的に表現する力の育成を目指す。また、中学校における学習語彙数の増加と同様、高校においても標準的な履修[28]に沿うと学習語彙数は500語増えることになり、これまでの1300語から1800語になる。中学校、高校を合わせると、これまでの2200語から3000語に増加する。

今回の改訂案では、科目の再編や学習語彙数の大幅な増加という特徴に加え、もう一つ大きな特徴がある。それは、「授業は英語で指導することを基本とする」(「高等学校学習指導要領案　第8節　第3款」) ということである。授業自体を実際の英語でのコミュニケーションの場と位置づけているのである。中央教育審議会外国語専門部会委員の吉田研作（上智大外国語学部長）は、国際社会において交渉する力をつけるためには「実際に使うことをしないと力はつかない」(朝日新聞2008年12月23日) と指摘し、当然の方針であるとしている。しかし、学校現場では困惑する教師も多く、文科省の狙いには沿え

28）標準的な履修とは、コミュニケーション英語Ⅰ、Ⅱ、Ⅲ（現行の英語Ⅰ、Ⅱ、リーディングを再編した科目）の履修を示す。

ないという声もある。実際の授業の様子と今回の方針には大きなギャップがあるからである。授業を英語で行うことによって、多くの生徒が理解できなくなるのではないか、特に文法の指導については、既に原則英語だけで授業をしている学校においても難しいのではないかとみている。また、読解問題や英作文が主流の大学入試のための学習との兼合いも問題になっている。[29] 実際に英語を活用することを重視した今回の方針が、どのように高校の英語教育を変えていくか、教師の取り組み方や入試問題の改革がどのように行われていくか、今後が注目される。

明治から平成の時代に至るまで、社会情勢はさまざまであるが、英語教育に関しては英語を学習する理由とその成果をめぐって、同じような議論が繰返し行われてきた。学習内容においては、ますます実用面を重視し、そしてより早い段階で学習を開始させる方向に向かっている。公立小学校において英語の必修化を目前にし、中学校や高校における英語教育についてもさまざまな議論が交わされている今、我々は今後の日本の英語教育の方向性について考える大切な局面に立っていると言える。

29）新学習指導要領改訂案の詳細については文部科学省ホームページの高等学校学習指導要領改訂案関係資料（http://www.mext.go.jp/a_menu/shotou/new-cs/081223.htm）を参照。

「英語が使える日本人」の育成のための行動計画

平成１５年3月３１日

文 部 科 学 省

「英語が使える日本人」の育成のための行動計画の策定について

今日においては、経済、社会の様々な面でグローバル化が急速に進展し、人の流れ、物の流れのみならず、情報、資本などの国境を越えた移動が活発となり、国際的な相互依存関係が深まっています。それとともに、国際的な経済競争は激化し、メガコンペティションと呼ばれる状態が到来する中、これに対する果敢な挑戦が求められています。さらに、地球環境問題をはじめ人類が直面する地球的規模の課題の解決に向けて、人類の英知を結集することが求められています。こうした状況の下にあっては、絶えず国際社会を生きるという広い視野とともに、国際的な理解と協調は不可欠となっています。
また、グローバル化は、経済界のみならず個人の様々な営みにまで波及し、個々人が国際的に流通する商品やサービス、国際的な活動に触れ、参画する機会の増大がもたらされているとともに、誰もが世界において活躍できる可能性が広がっています。
さらに、今日のＩＴ革命の進展により、日常生活から経済活動に至るあらゆる活動が知識と情報を原動力として展開される知識社会に移行しようとしており、知識や情報を入手、理解し、さらに、発信、対話する能力が強く求められています。

このような状況の中、英語は、母語の異なる人々の間をつなぐ国際的共通語として最も中心的な役割を果たしており、子どもたちが２１世紀を生き抜くためには、国際的共通語としての英語のコミュニケーション能力を身に付けることが不可欠です。また、このことは、我が国が世界とつながり、世界から理解、信頼され、国際的なプレゼンスを高め、一層発展していくためにも極めて重要な課題です。

その一方で、現状では、日本人の多くが、英語力が十分でないために、外国人との交流において制限を受けたり、適切な評価が得られないといった事態も生じています。また、同時に、英語の習得のためには、まず国語で自分の意思を明確に表現する能力を涵養する必要もあります。

このようなことに鑑み、文部科学省では、基礎的・実践的コミュニケーション能力の育成を一層重視した学習指導要領の改訂など様々な施策を講じてきました。しかし、このような改善の実をあげるためには、カリキュラムの改善だけでなく、指導方法の改善、教員の指導力の向上、入学者選抜の改善など、様々な取組を同時に行っていかなければなりません。

このため、「英語指導方法等改善の推進に関する懇談会」や「英語教育改革に関する懇談会」等を通じ様々な有識者より意見を聴取し、これらを踏まえ、我が国の英語教育を抜本的に改善する目的で、総合的かつ具体的なアクションプランとして、昨年７月、「『英語が使える日本人』の育成のための戦略構想」を作成しました。

本「行動計画」は、上記の「戦略構想」に基づき、その後の施策の実施状況や平成１５年度予算措置などを踏まえながら、今後５カ年で「英語が使える日本人」を育成する体制を確立すべく、平成２０年度を目指した英語教育の改善の目標や方向性を明らかにし、その実現のために国として取り組むべき施策を具体的な行動計画としてまとめたものです。

「英語が使える日本人」の育成は、子どもたちの将来のためにも、我が国の一層の発展のためにも非常に重要な課題です。しかし、この課題の解決は、小・中・高等学校・大学等の国公私立学校関係者、地方公共団体関係者をはじめとする英語教育に関わるあらゆる関係者が、それぞれの立場でこの目標を認識し、それぞれに改善に取り組むことを通じてこそ実現されるものであります。また、この改善の実現のためには、保護者、経済界をはじめ関係団体などの積極的な取組のほか広く国民の方々のご理解が必要です。このため、文部科学省では、様々な機会を通じ、本行動計画について広く国民への理解を促すとともに、改善に向けた各種の取組状況などを評価し、毎年、計画を見直すこととしています。関係各位におかれましては、この趣旨・重要性にご理解賜り、それぞれの責任の下、一層積極的かつ主体的に改善に取り組まれるようお願いします。

平成１５年3月３１日
文部科学大臣　遠　山　　敦　子

「英語が使える日本人」の育成のための行動計画

平成１５年３月３１日
文　部　科　学　省

Ｉ．「英語が使える日本人」育成の目標

日本人に求められる英語力

【目標】
国民全体に求められる英語力
「中学校・高等学校を卒業したら英語でコミュニケーションができる」
○　中学校卒業段階：挨拶や応対、身近な暮らしに関わる話題などについて平易なコミュニケーションができる（卒業者の平均が実用英語技能検定（英検）３級程度）
○　高等学校卒業段階：日常的な話題について通常のコミュニケーションができる（卒業者の平均が英検準２級～２級程度）
専門分野に必要な英語力や国際社会に活躍する人材等に求められる英語力
「大学を卒業したら仕事で英語が使える」
○　各大学が、仕事で英語が使える人材を育成する観点から、達成目標を設定

今後のグローバル化の進展の中で、「英語が使える日本人」を育成するためには、「『コミュニケーションの手段』としての英語」という観点から、初期の学習段階においては音声によるコミュニケーション能力を重視しながらも、「聞く」「話す」「読む」「書く」の総合的なコミュニケーション能力を身に付けることが重要である。こうした指導を通じて、国民全体のレベルで、英語により日常的な会話や簡単な情報の交換ができるような基礎的・実践的なコミュニケーション能力を身に付けるようにすると同時に、職業や研究などの仕事上英語を必要とする者には、上記の基礎的な英語力を踏まえつつ、それぞれの分野に応じて必要な英語力を身に付けるようにし、日本人全体として、英検、TOEFL、TOEIC 等客観的指標に基づいて世界平均水準の英語力を目指すことが重要である。

学校教育においてこのような能力の育成を図るためには、各学校段階を通した一貫性のある指導を行う必要がある。このため、新学習指導要領を踏まえ、各学校段階で求められる英語力の達成目標を設定し、英語の授業の改善、英語教員の指導力向上及び指導体制の充実、英語学習のモティベーションの向上などに取り組み、接続する学校間が連携しながら、それぞれの段階で求められる英語力を着実に身に付ける指導を推進する。

1

Ⅱ．英語教育改善のためのアクション

１．英語の授業の改善

【目標】

「英語を使用する活動を積み重ねながらコミュニケーション能力の育成を図る」

○　英語の授業の大半は英語を用いて行い、生徒や学生が英語でコミュニケーションを行う活動を多く取り入れる

○　中・高等学校等の英語の授業で少人数指導や習熟度別指導などを積極的に取り入れる

○　地域に英語教育に関する先進校を形成する

「英語が使える」ようになるためには、文法や語彙などについての知識を持っているというだけではなく、実際にコミュニケーションを目的として英語を運用する能力が必要である。このため、英語の授業においては、文法訳読中心の指導や教員の一方的な授業ではなく、英語をコミュニケーションの手段として使用する活動を積み重ね、これを通して、語彙や文法などの習熟を図り、「聞く」「話す」「読む」「書く」のコミュニケーション能力の育成を図っていく指導の工夫が必要である。

こうした指導を効果的に行っていくために、教員は、普段から主に英語で授業を展開しながら、生徒や学生が英語でコミュニケーションを行う場面を多く設定することが重要である。その際、こうした授業を通じて、学習者が、自分を表現し、相手を理解することができた成就感や学ぶ楽しさを味わうことができ、さらに、英語ができることの意義、必要性や、そのことによって広がる世界や可能性に興味や関心を持つことができるよう、指導を工夫することも大切である。

また、ＡＬＴ（外国語指導助手）や特別非常勤講師制度[1]などを活用して少人数指導や習熟度別指導などを積極的に取り入れるとともに、先進的な英語教育を推進し、優れた授業実践を普及することが求められる。

このため、下記のような施策を通じて、上記のような英語の授業が各学校段階を通して一貫して行われることを推進する。

【新教育課程の推進】

○　**新学習指導要領の趣旨の実現**

平成１４年度から順次実施されている新しい学習指導要領においては、国際化の進展に対応し、外国語による日常的な会話や簡単な情報の交換などの基礎的・実践的コミュニケーション能力がどの生徒にも必要になってきているとの観点から、中・高等学校の外国語科を必修とし、中学校段階については、「聞くこと」「話すこと」の音声によるコミュニケーション能力の育成に重点をおいて、高等学校段階については、「聞くこと」「話すこと」「読むこと」「書くこと」の４つの領域を有機的に関連付け

1　都道府県教育委員会への届出により、教員免許状を有しないが、優れた知識や技術を有する社会人や地域住民が、小・中・高等学校などの全ての教科等について、非常勤の講師として、その教科等の領域の一部を担任することを可能とする制度。

て、実践的コミュニケーション能力の育成に重点をおいて、内容の改善が図られている。その際、外国語を通じて、言語や文化に対する理解を深め、積極的にコミュニケーションを図ろうとする態度の育成も重視している。

この新学習指導要領の趣旨の実現のため、教育委員会や学校関係者等を対象とした各種会議等を通じて周知等を図り、各学校における学習指導の改善に資する。

○　**目標に準拠した評価（いわゆる絶対評価）の推進**

中学校についての「評価規準の作成・評価方法の工夫改善のための参考資料」及びその解説書の作成に続き、高等学校外国語についても検討を進め、これらを参考にしながら、目標に準拠した評価の一層の定着を推進する。

【先進的な英語教育等の推進】

○　**スーパー・イングリッシュ・ランゲージ・ハイスクール事業の推進**

平成１７年度までに計１００校を目標に、スーパー・イングリッシュ・ランゲージ・ハイスクール[2]を指定し、高等学校及び中等教育学校における先進的な英語教育を推進し、その成果の普及を図る。

（平成１４年度；１６件→平成１５年度；５０件）

○　**研究開発学校制度の推進**

研究開発学校制度[3]の中で、引き続き、小・中・高等学校等の英語教育に関する教育課程や指導方法などを開発する。

○　**「特色ある大学教育支援プログラム」の推進**

平成１５年度から「特色ある大学教育支援プログラム」を実施し、英語教育の改善を含む、大学教育の改善に資する種々の取組のうち特色ある優れたものを選定し、今後の大学教育の改善に活用する。

○　**英語による特別コースへの参加の促進**

外国人留学生を対象として大学で実施されている英語による特別コースへの日本人学生の参加を促す。

【指導方法、教材等の改善】

○　**教職員定数改善計画の推進**

英語など教科に応じて２０人程度の少人数指導や習熟度別指導を行うことを可能とする教職員定数改善計画（平成１３年度～）を推進し、きめ細かな指導を実現する。

2　英語教育を重視したカリキュラムの開発、一部の教科を英語によって行う教育、大学や海外姉妹校との効果的な連携方策等について、実践的な研究開発を行う学校。

3　教育実践の中から提起される諸課題や、学校教育に対する多様な要請に対応した新しい教育課程（カリキュラム）や指導方法を開発するため、市町村教育委員会等が主体的に設定した研究課題に基づき、学習指導要領等によらない教育課程の編成・実施を認める制度。

3

○　教科書及び教材における工夫の促進

教科書や教材において、英語を実際に使用する活動を積み重ねながら言語の習熟を図ることができるよう配慮し、実際の言語の使用場面や言語の働きに配慮したものとなるとともに、その際、生徒の心身の発達段階及び興味・関心に即して適切な題材を取り上げるよう、会議等を通じて一層の取組を促進する。

【英語教育改善に関する情報の積極的提供】

○　英語教育の改善実施状況調査の実施

平成１５年度から、中・高等学校を対象に英語教育に関する改善実施状況調査を実施し、英語による指導や少人数指導、習熟度別指導の実施状況や英語の授業時間数、先進的指導事例など、英語教育に関する各学校の取組状況を調査・公表し、英語教育の改善のための一層の取組を促す。

○　大学英語教育実施状況調査の実施

各大学における英語教育の達成目標の設定状況などを調査・公表し、大学における英語教育の改善のための一層の取組を促す。

【英語の優れた実践事例等の共有化の推進】

○　英語教育に関する先進的取組事例集の作成

平成１５年度中に、国立教育政策研究所教育課程研究センターにおいて、先進的な英語の指導事例等に関する事例集を作成し、研修等を通じた普及を図る。

○　英語の特色ある授業実践の共有化の推進

平成１５年度から、国立教育政策研究所教育情報ナショナルセンターを通じ、スーパー・イングリッシュ・ランゲージ・ハイスクールの研究成果や特色ある英語教育の実践事例の共有化を推進し、よりよい授業づくりを支援する。

2．英語教員の指導力向上及び指導体制の充実

【目標】
- ○ 概ね全ての英語教員が、英語を使用する活動を積み重ねながらコミュニケーション能力の育成を図る授業を行うことのできる英語力（英検準一級、TOEFL550点、TOEIC730点程度以上）及び教授力を備える
- ○ 地域レベルのリーダー的教員を中核として、地域の英語教育の向上を図る
- ○ 中・高等学校の英語の授業に週1回以上はネイティブスピーカーが参加する
- ○ 英語に堪能な地域の人材を積極的に活用する

「英語が使える日本人」の育成は、日々子どもに接する教員の実践を通して実現されるものであり、教員の指導力の在り方は極めて重要なものである。英語をコミュニケーションの手段として使用する活動を積み重ね、これを通して、語彙や文法などの習熟を図り、「聞く」「話す」「読む」「書く」のコミュニケーション能力の育成を図っていく授業を、普段から主に英語で展開するためには、英語教員に一定の英語力及び教授力が必要となる。このため、後述（「7．実践的研究の推進」参照）のとおり英語教員が備えておくべき英語力及び教授力の内容を具体的に分析する研究を実施するとともに、外部検定試験である程度測定が可能な英語力については当面の具体的な目標値を設定し、英語力及び教授力を向上させるため、下記のような施策を通じて、教員研修の充実等の取組を推進する。

また、ネイティブスピーカーの活用は、生きた英語を学ぶ貴重な機会であるとともに、外国語や外国文化等に親しみ、自分の英語がネイティブスピーカーに通じたという喜びと英語学習へのモティベーション（動機づけ）を高めるなどの意味で、大きな意義を有する。さらに、海外生活経験等により英語に堪能な社会人など地域の優れた人材の協力を得ることは、英語の指導体制の充実を図る観点のみならず、社会の中での英語の必要性や、英語ができることによって広がる世界などについて、子どもたちが直接学ぶ貴重な機会となる観点からも、大きな意味を有する。このため、指導体制の充実のため、下記のような施策を通じて、ネイティブスピーカーの効果的な活用や地域の優れた人材の活用を推進する。

【採用・評価の際の考慮】

○ **教員採用の改善の促進**

英語担当教員の採用選考に当たっては、現在、ほぼ全ての都道府県・指定都市教育委員会が、リスニング、英会話などの実技試験を行っており、このような選考を一層推進する。また、学力試験の改善や直近の英検、TOEFL、TOEIC等のスコアの考慮により、選考の際に目標とされる英語力の所持を確認することを求め、英語によるコミュニケーション能力に関する評価を一層重視した採用を促す。

○ **教員評価の改善の促進**

英語教員には、英語の教授力や意欲・情熱などに加え、一定の英語力が求められることを踏まえ、研修成果の評価や勤務評定などの中で、英語力の所持を考慮することを求める。

5

【英語教員の集中的研修の推進】

○　**５カ年計画による集中的研修の推進**

平成１５年度から平成１９年度までの５年間に、全ての英語教員が、実践的コミュニケーション能力育成のための指導力向上を図る研修を受けるよう、国レベルの研修と合わせ、都道府県等教育委員会が行う集中的な研修を支援する。また、研修の受講状況は、先述の英語教育の改善実施状況調査により把握する。

【地域のリーダー的教員育成の推進】

○　**英語教育指導者講座の実施**

独立行政法人教員研修センターにおいて、英語教育指導者講座を引き続き実施し、実践的コミュニケーション能力の育成のための効果的な指導法などを習得し、地域における研修講師となるなど地域の英語教育を推進するリーダー的教員の育成を図る。

平成１５年度予定人数１，０００人

○　**優れた英語教員への海外研修の充実**

独立行政法人教員研修センターにおいて、上記集中的研修等を通じて優れた教授力や英語力を有する中・高等学校の英語教員に対して、それぞれの必要性に応じた海外研修の機会を提供することを通じて、英語力、教授力とも優れた英語教員の育成を図るとともに、周囲の英語教員の意欲向上を促す。

平成１５年度予定人数

１２ヶ月派遣	１５人
６ヶ月派遣	８５人
２ヶ月派遣（新規）	２００人

○　**大学院修学休業制度を活用した海外の大学院への留学の促進**

平成１５年度から、英語教員の受け入れ可能な大学院に関する情報提供などにより、秀でた熱意と英語力・教授力を有する中・高等学校の英語教員が、大学院修学休業制度[4]を活用して海外の大学院で英語教育に関する課程を修得することを促進する。

【ネイティブスピーカーの活用促進】

○　**ＡＬＴ（外国語指導助手）の活用促進**

ＪＥＴプログラム[5]によるＡＬＴの勤務年限の弾力化（最大３年から５年に拡大）や、単独での授業が可能な特別非常勤講師としての活用などを通じて、ＡＬＴの有効活用を促進するとともに、地方公共団体の配置要望に可能な範囲で応え、ＡＬＴの活用を促進する。また、活用状況は、先述の英語教育の改善実施状況調査により把握する。

4　国公立学校の教員が、任命権者の許可を受けて、専修免許状を取得するため、１年を単位とする３年を超えない期間、国内外の大学院へ在学し、研修を行うため休業することができる制度。

5　地方公共団体を事業主体として、文部科学省、総務省、外務省の協力の下に推進している事業。我が国における外国語教育の充実を図るとともに、地域レベルでの国際交流の進展を図ることを通じて、我が国と諸外国との相互理解を増進し、もって我が国の国際化の促進に資することを目的とする。

○　**優れたＡＬＴ等の正規教員への採用促進**

平成１５年度からの３年間で中学について教員定数の加配等も活用し300 人、将来的には、中・高等学校について教員定数の加配等も活用し1,000 人の配置を目指し、ＡＬＴ等として優れた経験等を有するネイティブスピーカーを正規教員として活用することを促進する。

【英語に堪能な地域人材の活用促進】

○　**英語に堪能な地域人材の活用促進**

一定以上の英語力を所持している社会人等について、学校いきいきプラン[6]や特別免許状、特別非常勤講師制度により英語教育への活用を促進する。

6　平成１６年度までの３年間で、約５万人を目標に全国の学校に多様な知識や経歴を有する社会人を教員補助者等として導入する構想（特別非常勤講師制度や緊急地域雇用創出特別交付金を活用）。

３．英語学習へのモティベーションの向上

【目標】
- ○　毎年10,000 人の高校生が海外留学する
- ○　授業以外で英語を使う機会が充実する
- ○　英語を用いて世界へ情報発信するなど、国際交流を一層活発にする

英語によるコミュニケーション能力の育成のためには、コミュニケーションの手段として活用する経験を積み重ねる必要がある。しかし、我が国においては、日常生活の中で英語に接する機会は少なく、多くの子どもたちは教室で学習したことを日常生活の中で試してみることが困難な状況の中、子どもたちの学習意欲を如何に高めるかが重要な課題である。

このためには、英語学習へのモティベーション（動機づけ）を高めることが必要である。様々な機会をとらえて、異なる文化や生活への理解と関心を深める教育を推進し、英語によるコミュニケーション能力を身に付けることの意義や面白さを理解させるとともに、授業以外で英語を使う機会をできるだけ多く設けたり、挑戦すべき具体的目標を設定したりするなど、英語が使えたという喜びや成就感を与える取組が重要である。

このため、下記のような施策を通じて、英語学習へのモティベーションの向上を推進する。

【国際理解教育の推進】

○　新学習指導要領の趣旨の実現

広い視野を持ち、異文化を理解するとともに、これを尊重する態度や異なる文化を持った人々と共に生きていく資質や能力の育成をねらいとする国際理解教育は、英語のみならず、社会科、地理歴史科を中心に各教科、道徳、特別活動の特質等に応じて行うこととしている。また、平成１４年度から順次実施されている新しい学習指導要領においては、「総合的な学習の時間」においても横断的・総合的な学習活動の一つとして国際理解に関する学習活動が示されている。

このため、教育委員会や学校関係者等を対象とした各種会議等を通じて、このような新学習指導要領のねらいについての周知と理解を促す。

○　国際理解教育に関する指導事例集の作成

小学校編に続き、中・高等学校の各教科等における効果的な国際理解教育の指導事例に関する事例集を、平成１５年度中に作成し、研究協議会等を通じた普及を図る。

【留学機会の拡大】

○　高校生留学の促進

年間10,000 人の高校生が海外留学することを目指し、高校生留学交流団体が実施する留学プログラムや、留学先に関する情報提供活動を支援する。

（平成１５年度予定1,000 人程度を対象に、往復航空費の一部を支援）

○　**大学生等の留学促進**

大学間交流協定等に基づく日本人学生の短期留学を推進するとともに、留学に関する情報提供活動の充実を図る。

（平成１５年度短期留学推進制度予定585 人を対象に、奨学金を支援）

【英語を使う機会の充実】

○　**地域人材等を活用した取組の推進**

学校いきいきプランを通じた英語に堪能な社会人等の活用や、ＡＬＴ等の活用によって、学校を中心とした英会話サロンやスピーチコンテストなどの取組を促進する。

○　**外国語長期体験活動の推進**

小学校高学年を対象にネイティブスピーカー等と長期にわたり共同生活をする中で外国語コミュニケーション能力を培うとともに、国際化に対応できる人材を育成するためのモデル事業を実施する。

○　**特色ある取組に関する事例集の作成等**

先述の英語教育に関する先進的取組事例集の中で、英語の授業外における英会話サロンやサマーキャンプ、留学生や海外の子どもたちとの交流、英語放送の積極的活用など、英語を使う機会に関する特色ある取組を取り上げ、周知を図る。

また、英語の授業外における取組状況については、先述の英語教育の改善実施状況調査により把握する。

【国際交流の推進】

○　**国際交流を推進する情報提供活動の推進**

先述の高校生留学に係る情報提供活動の一環として、姉妹校提携や学校間交流活動を推進する情報提供活動を支援する。

○　**英語版学校紹介ホームページ作成の促進**

英語を用いて発信する力や英語学習への意欲を高め、ＩＴを活用した国際交流を促進する観点から、各学校が英語で学校や地域を紹介するホームページを作成する取組を促し、教育情報ナショナルセンターの提供するシステムを通してインターネットで紹介する。

9

４．入学者選抜等における評価の改善

【目標】
○　聞く及び話す能力を含むコミュニケーション能力を適切に評価する
○　大学や高校入試において、リスニングテスト、外部検定試験の活用を促進する

英語によるコミュニケーション能力の育成のためには、コミュニケーション能力の適切な評価がなされなければならない。特に、日常生活の中で英語に接する機会が少ない我が国においては、成績や受験が最終の目標になりがちであることから、入学者選抜等の在り方は、指導方法の改善やモティベーションや学習意欲に極めて大きな影響を与えているといえる。

このため、下記のような施策を通じて、評価方法や出題方式、内容等に関する改善を推進する。

【入学者選抜における改善】

○　**大学入試センター試験でのリスニングテストの導入（平成１８年度からの実施を目標）**

大学関係者と高等学校関係者等の間で行われている協議の結果を踏まえ、平成１５年５月中に、大学入試センター試験でのリスニングテストの実施の概要について公表する。また、これに伴う各大学の体制の整備などについて検討する。

○　**各大学の入学者選抜の改善の促進**

各大学が設定する英語力の達成目標などをもとに、入学者に求める英語力を明確にし、特にコミュニケーション能力を重視する観点から、リスニングテストなどコミュニケーション能力が適切に評価される選抜方法の改善に関する各大学の取組を促進する。

○　**高等学校入学者選抜の改善の促進**

音声によるコミュニケーション能力を重視した中学校の学習に配慮し、全都道府県で行われているリスニングテストに加え、例えば、英語による口頭試問の導入など、コミュニケーション能力をより重視した出題方法の改善を促進する。

○　**大学入試及び高校入試での外部検定試験結果の活用の促進**

大学や高等学校の入学者選抜においては、各種外部検定試験の内容・程度や受験者の実態等に配慮しつつ、後述の英語教育に関する研究の結果を踏まえ、各種会議等を通じて、英検やTOEFL、TOEIC、ケンブリッジ大学英語検定試験などの一層の活用を促す。

【企業等の採用試験における配慮】

企業等の採用試験において、仕事で使える英語力の所持を重視するよう求める。また、文部科学省においても、職員の採用等の際に英語力の所持も重視する。

５．小学校の英会話活動の支援

【目標】
○　総合的な学習の時間などにおいて英会話活動を行っている小学校について、その実施回数の３分の１程度は、外国人教員、英語に堪能な者又は中学校等の英語教員による指導を行う

小学校においては、平成１４年度から順次実施されている新しい学習指導要領のもと、新設された「総合的な学習の時間」の中で、国際理解教育の一環として外国語会話等を行うことができるようにしており、新学習指導要領が全面実施となった平成１４年度では、およそ５割の公立小学校で英会話活動が行われている。

「総合的な学習の時間」における英会話活動においては、単なる中学校の英語教育の前倒しは避けるとともに、教員が一方的に教え込むのではなく、児童が楽しみながら外国語に触れたり、外国の生活や文化などに慣れ親しんだりするなど、小学校段階にふさわしい体験的な学習活動を行い、積極的にコミュニケーションを図ろうとする意欲や態度を育成することが重要である。このため、下記のような施策を通じて、こうした取組の円滑な実施を推進する。

また、その際には、児童が異なった言語や文化などに触れ、興味や関心を持つことや、音声を使った体験的な活動を行うことが重要であることから、ネイティブスピーカーなど高い英語力を有する者の活用が重要である。このため、英会話活動を行う小学校については、その実施回数の３分の１程度は、ネイティブスピーカーや中学校の英語教員等による指導が行えることを目標に、下記のような施策を通じて、必要な支援を行う。

【指導方法の改善】
○　**小学校英会話活動推進のための手引の作成**
効果的な指導法や指導に当たっての配慮、中学校の英語教育を踏まえた指導の在り方など、小学校の英会話活動の指導に関する手引書を作成する。

○　**英会話活動の実施状況に関する調査の実施**
先述の英語教育に関する改善実施状況調査の中で、小学校の英会話活動の実施状況や内容などについて調査・公表し、一層の取組の改善に資することとする。

○　**研究開発学校制度の推進**
研究開発学校制度の下で、引き続き、小学校の英語教育に関する指導方法などを開発する。

【指導力及び指導体制の充実】
○　**英会話活動担当教員への研修の充実**
独立行政法人教員研修センターにより、英会話活動担当教員の指導者となる教員の研修を重点的に実施する。
（平成１５年度予定人数600 人）

11

○　**経験豊かなＡＬＴの配置促進**

ＪＥＴプログラムや特別非常勤講師制度等を通じ、中・高等学校等での指導経験を有するＡＬＴの小学校への配置を促進する。

○　**英語に堪能な地域人材の活用促進**

学校いきいきプランや特別非常勤講師制度等を通じ、海外生活経験等により英語に堪能な社会人や留学生等の活用を促進する。

○　**中・高等学校教員の小学校英会話活動への参加の促進**

平成１４年５月の教育職員免許法の改正により、中学校又は高等学校の教諭の免許状を有する者が小学校の相当する教科及び総合的な学習の時間の授業を担当することができるようになったことを踏まえ、小学校の英会話活動の支援とともに小・中学校等間の連携を促進する観点から、小学校の英会話活動への中・高等学校教員の活用を促進する。

【小学校の英語教育の在り方に関する研究】

○　**教育課程の研究開発**

研究開発学校制度の下で、引き続き、小学校の英語教育に関する教育課程等を開発する。

○　**小学校の英会話活動の実情把握及び分析**

平成１５年度中に、現行の英会話活動の実施状況について詳細な調査・分析を行う。

○　**今後の小学校英語教育の在り方に関する研究**

平成１５年度に調査研究協力者会議を設置し、１７年度までを目途として研究開発学校における研究実践の成果・課題の分析、児童の言語習得の特質に関する研究、諸外国の事例等の収集・分析など、今後、中央教育審議会における教育課程の基準の改善に係る審議において小学校の英語教育の在り方を検討する上で必要となる研究等を行う。

6．国語力の向上

【目標】
○　英語によるコミュニケーション能力の育成のため、すべての知的活動の基盤となる国語を適切に表現し正確に理解する能力を育成する

英語の習得は母語である国語の能力が大きくかかわるものであり、英語によるコミュニケーション能力の育成のためには、その基礎として、国語を適切に表現し正確に理解する能力を育成するとともに、伝え合う力を高めることが必要である。

また、豊かな人間性や社会性を持ち、国際社会の中で主体的に生きていく日本人を育成するためには、思考力を伸ばし、豊かな表現力や言語感覚を養うとともに、国語への関心を深め、国語を尊重する態度を育てることが大切である。

このため、下記のような施策を通じ、国語力の向上の取組を推進する。

○　**新学習指導要領の趣旨の実現**

平成１４年度から順次実施されている新しい学習指導要領「国語」においては、読み書きなどの徹底はもちろんのこと、相手や目的、場面に応じて国語を適切に表現し正確に理解する能力を育成し、互いの立場や考えを尊重しつつ言葉で「伝え合う力」を高めることに重点をおいて、内容の改善が図られている。

この新学習指導要領の趣旨の実現のため、教育委員会や学校関係者等を対象とした各種会議等を通じて周知等を図り、各学校における学習指導の改善に資する。

○　**国語力向上モデル事業の実施**

家庭や地域と連携しながら、児童生徒の国語力向上のための推進校を設け、実践研究に取り組むモデル地域を指定し、国語力向上のための総合的な取組を推進する。

○　**「これからの時代に求められる国語力」の検討**

平成１４年２月の文部科学大臣からの諮問「これからの時代に求められる国語力について」を受けて、文化審議会国語分科会において検討し、平成１５年１月に審議経過の概要を取りまとめ公表した。

今後、国民各界各層からの意見等も踏まえつつ、引き続き検討を進め、答申として取りまとめる。

○　**子どもの読書活動の推進**

「朝の読書」の推進などにより、子どもの読書に親しむ態度を育成し、読書習慣を身に付けることを推進する。

○　**言葉に対する意識の高揚**

家庭や地域などが一体となって、相手や場面に応じた適切な言葉遣いや言葉による表現等について考える機会を提供する「『言葉』について考える体験事業」等を実施し、言葉についての意識の高揚を図る。

13

○　**国語指導力向上講座の実施**

小・中・高等学校の教員（国語科以外の教員を含む）や指導主事を対象として、指導方法等についての研修を実施し、教員の指導技術の向上を図る。

7．実践的研究の推進

【目標】
○　英語教育の改善のための取組が着実に推進されるよう、中・高等学校・大学の英語教育に関する実践的研究を総合的に実施する（平成１５年秋までに一定の結論を得る）

○　**中・高等学校段階で求められる英語力の指標に関する研究**

学習指導要領等を踏まえ、中・高等学校段階で求められる英語力の指標に関し具体的に示すとともに、実際の指導状況などを調査し、いかなる点で指導方法の改善が必要か具体的に研究する。

また、英検、TOEFL、TOEIC などの外部検定試験でいかなる英語力が測定されるかを分析し、求められる英語力との関係を明らかにし、外部検定試験の入試等での活用方策を研究する。

○　**中・高等学校における英語教育及び教員の研修プログラムに関する研究**

英語による実践的コミュニケーション能力育成のための効果的な指導方法を検討する観点から、国内外の英語教育に関する研究や基礎的データを集約する。

これを踏まえ、英語による実践的コミュニケーション能力育成のための指導力向上をねらいとする先述の集中的研修のためのモデルプログラムや、効果的な教員養成プログラムを作成する。

○　**英語教員が備えておくべき英語力の目標値についての研究**

英語教員が備えておくべき英語力及び教授力の内容について分析するとともに、英語教員を対象とした調査を実施し、英検、TOEFL、TOEIC などの特性を踏まえ、英語教員が備えておくべき英語力と外部検定試験との関連、各試験の点数互換の妥当性等を研究する。

また、上記効果的な指導方法に関する研究と連携し、英語による実践的コミュニケーション能力育成のための指導力の測定の可能性について検討する。

○　**大学の英語教育の在り方に関する研究**

高等教育における人材育成の多様性を踏まえつつ、「大学を卒業したら仕事で英語が使える」人材を育成する観点から、教科内容の改善や大学間の協力体制の構築、大学教員養成の在り方等について、具体的なモデル事例を策定する。

○　**諸外国における英語教育の取組に関する研究**

アジア諸国を中心とする諸外国における英語教育の取組状況について調査し、諸外国の指導方法や教材、学習評価の工夫、教員研修の取組等に関する事例をまとめる。

第4章

英語と日本語

明治期以降、日本人は英語に対して愛と憎を繰返しながらここまで来た（第3章参照）。この平成の時代に入ってからは、文部科学省がすべての国民に英語の力を求め、英語教育の低年齢化を図るなど、国の政策としては英語に対する思いは非常に熱くなっている。英語熱の高まりは日本においてだけの現象ではなく世界の至る所で見られる現象だと言えるが、既に見たように、言語や文化の多様性が維持されなければ、それは人類の存亡に大きな影響を与えることになる（第2章参照）。それ故に、日本人は日本人としてのアイデンティティーを大切にし、日本語や日本文化を維持し続けていく責務を果たす覚悟がいる。

日本語は日本文化の「標（しるし）」（阿部2007：51）であり、日本人にとってアイデンティティーの証である。公立小学校への英語教育の本格的導入、つまり英語教育の低年齢化が時代の要請上仕方のない道だとしても、日本の中で英語熱が異常に高まることは避けたいものである。英語を教える側も学ぶ側も、英語と日本語は、またその背景にあるそれぞれの文化はそれぞれの特徴を有する異なる存在であるということを認識しながら、いずれかの言語また文化を上に見るでも下に見るでもなく、同じ一つの言語／文化として敬意を払う態度を持つ必要がある。

英語と日本語は多くの点で異なるが、どのように異なるのであろうか。また、言語はその言語を使用する人々の思考の仕方と大きく関わると言える（2.4.3参照）が、英語と日本語が異なるということは、それぞれの言語の使用者の思考方法や事象の捉え方などは違うということである。人々の考え方やものの捉え方はことばに埋め込まれているものである（2.4.3参照）という考えに基づき、いくつかの言語現象を英語と日本語とで比較検討し、ことばに埋め込まれている特徴を掘り起こしてみたい。そして、英語と日本語の特徴とそれぞれの言語の話し手の思考の仕方についてどのようなことが言えるか、その一側面をこの章で考えてみよう。

両言語間でさまざまな相違点が見出される中で、ここでは事態の認知の仕方に絞って話を進めていきたい。英語と日本語の事態の認知の仕方を比べると、英語は客観的、日本語は主観的という見方がされる。この特徴はいろいろな言語現象に見出される。まず、認知の仕方が「主観的／客観的」であるという意味を確認し、さまざまな具体例を見ながら、日本語がいかに物事を主観的に把握する人々の言語であるか、英語がいかに物事を客観的に把握する人々の言語であるかを考察する。

さらに、言語に見られる文化の特性は文化の他の側面にも平行して見られることが予想される。日本での日常生活の至る所において西洋文化の影響が感じられるが、また日本文化が他の文化に影響を与えていることもあるだろうが、伝統的にそれぞれの文化はそれぞれのやり方で自然と接し、空間をしきり、人と関わってきた。そこで、いくつかの事例を提示しながら、自然（のもの）への接し方、家の中の空間のしきり方、人との関わり方にも日本文化の主観的特徴と英語文化の客観的特徴が見出されることを示す。

4.1　主観的把握と客観的把握[1]

同じ一つの出来事でも人がそれをどのように認識しどのように表現するかは同じとは限らない。話し手が出来事をどのような視点から見るか、出来事のどの部分に焦点を当てるかによって、同一の出来事でも認識される形はさまざまである。そして認識の仕方が異なれば、当然表現形式も違ってくる。日本語話者は事象の捉え方が主観的であるのに対し、英語話者は客観的であるという比較がよくなされる。よく取り上げられる例を参考に、把握の仕方が主観的あるいは客観的ということが何を意味するのかを、まず確認しよう。

次の例（1a), (2a）は日本語話者にとって自然な発話また表現であるが、これらには認知の仕方において共通する特徴が見られる。[2]

1. (道に迷った時などの)
   a. ここはどこですか。
   b. Where am I?
2. (自分以外に誰もいない場所に言及して)
   a. 誰もいない。

1）森光（2007：20-25）における論考を参照。

2）例（1）および（2）は池上（2006：24）の例を参考にしている。

b. Nobody is here except me.

日本語話者は表そうとする状況・事態の中に自らの身あるいは視点を置いて事態の把握をする傾向が強い。例（1a）においても（2a）においても、事態を認知する主体である話し手（認知主体）は言語化する対象である事態の中に現れ出て、自らが直接経験している、自分が経験の基点にいるという姿勢で事態を把握している。話し手は自分自身が原点にいると捉えるため、認知主体のゼロ化が生じ、話し手が言語表現として表れていない。この現象は（1a）と（2a）に対応する英語表現（1b）と（2b）を見ることによって、より明確に説明される。（1b）と（2b）には話し手を示す代名詞が表れ、これらの表現からは話し手が道に迷った自分自身を含む地図（(1b)）、あるいは自分自身しかいない部屋が写った写真（(2b)）を手に話している情景を思い描くことさえできる。つまり、認知主体としての話し手は言語化する対象である事態の外に自分自身あるいは視点を置き、問題の事態を捉えている。話し手は自分自身を客体化し、（1b）では "I" と、（2b）では "me" と表し、客観的に眺めている。このような表現を比較した時、日本語の認知の仕方は「主観的」、英語のそれは「客観的」と言われる。この特徴は他のさまざまな言語現象にも見出される。そのいくつかは4.2以降で扱うが、その他にも、例えば日本語に顕著な「省略」（ellipsis）の言語現象も日本語話者が主観的把握を好むことを示す。

このような日本語と英語の特徴は、中村（2004, 2006）の「認知のインタラクション・モード（Interactional mode of cognition)」（これ以降、Iモード）と「外置の認知モード（Displaced mode of cognition)」（これ以降、Dモード）によって示されるであろう。[3] Iモードは図4-1のように表される。（中村2004：35-38, 2006）

図4-1　Iモード（認知のインタラクション・モード）

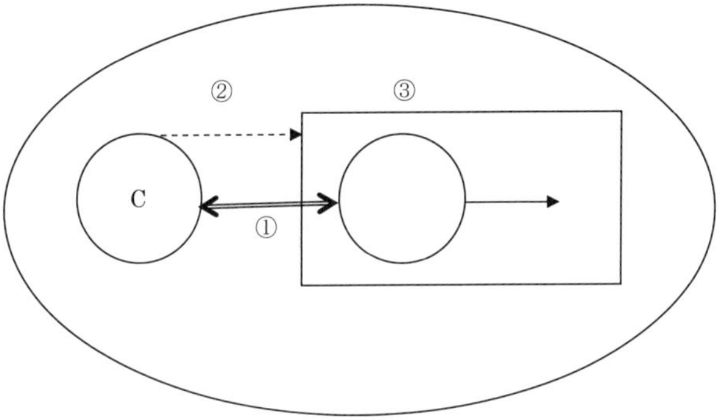

外側の楕円：認知の場（domain of cognition, context, or environment）
C：認知主体（Conceptualizer）
① 両向きの二重線矢印：インタラクション
② 破線矢印：認知プロセス
③ 四角：認知プロセスによって捉えられる現象

3）認知モードについては、これまでさまざまな言語学者がさまざまな用語を用いて説明を試みてきている（例えば、Langacker（1985）の「オン・ステージ（on-stage)」と「オフ・ステージ（off-stage)」の2つの認知モード)。しかし、日本語に特徴的な主観的把握（subjective construal）と英語に特徴的な客観的把握（objective construal）を説明するには、日本語の特徴をより的確に説明する中村のIモードとDモードを分析の基盤とするのがより適切であると考え、ここではこれらのモードに基づき分析を進める。

このIモードには、「間主観的なインタラクション、つまり相手の意図を読むというような認識（心の理論)」まで含まれる（中村2004：36)。また、私たちが自らの身体性に基づいて対象とインタラクトし認知プロセスを用いる故に対象を捉え認知像を得ることができるにもかかわらず、私たちはそのことを忘れて主観的な認知像を客観的な存在だと思い込んでいるとする。この「思い込む認知モード」がDモードで、図4-2のように表される（中村 2004：37)。

図 4-2　D モード（外置の認知モード)

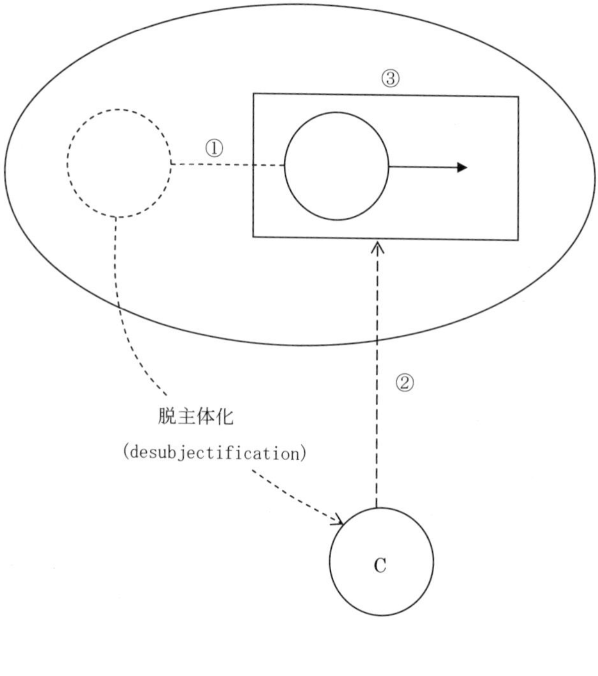

私たちはIモードで外界を捉えるため、私たちが認識しているものはすべて本来私たちとの「相関であり、主観的な存在である」(中村2006：76)。Dモードは、この本来の認識のあり方であるIモードから認知主体が外に出ること（脱主体化(desubjectification)）によって得られる。このモードでは、認知主体は外から客観的に事態を眺めるという視点を取る。

以上のとおり、日本語話者は事態を主観的に捉え、英語話者は客観的に捉える傾向があること、また日本語の主観性はIモードと、英語の客観性はDモードと関係があることが示された。これらの言語および認知の仕方の特徴は他のさまざまな言語現象にも反映されていることを、以下に示していこう。次の4.2で人称代名詞を、4.3で話法を、さらに4.4で擬声語・擬態語を取り上げる。

4.2　人称代名詞

言語が異なっても事態の把握の仕方に違いはないと思っている人は多い。しかし、実際はそうではない。日本語が事態を主観的に捉え、英語は客観的に捉えるということを示す例の一つとして人称代名詞を挙げることができる。

英語では、特別な場合を除いて、1人称代名詞は “I (my/me/mine)” であり、2人称代名詞は “you (your/yours)” であるが、日本語の場合、英語のような一定の1人称代名詞あるいは2人称代名詞は存在しない。話し手が自分自身のことを指して言う日本語の1人称代名詞には「私」や「僕」、「俺」など、相手(聞き手) を指して言う2人称代名詞には「あなた」や「きみ」、

「おまえ」など、それぞれにいくつかの表現がある。人々はその中から状況に応じて適切な表現を選択して用いる。例えば、1人称代名詞について言えば、次の例に見られるように、上司には「ワタクシ」、兄には「ボク」、友人には「オレ」、妻には「ワシ」という具合に、話し手は自分と相手との人間関係に応じて自分自身の言及の仕方を変え、使い分けている。

3. 君子ヒョウ変
「ワシの眼鏡知らんか」(私に)
「オレやオレや」(友人に)
「ボクがやります」(義兄に)
「ワタクシの方からお伺いします」(上司に)
これ、ぜーんぶ、一人の男のせりふ。よくまあ、器用に変えられますこと。
(大阪府枚方市・ワシとオレとボクとワタクシの妻・51歳)
(『朝日新聞』7月3日、'94)[4]

英語であれば、これらはそれぞれ、"Do you know where my glasses are?" "It's ME," "I will do it," "I will call on you," といったように、いずれも "I/my/me" で表現される。

日本語の2人称代名詞については状況はさらに複雑である。聞き手が年齢や社会的立場など何らかの理由で自分より上の人の場合には、話し手は2人称代名詞のいずれをも、少なくともそのままの形では使用できない。(4a) で示されるように、学

4) 中村 (2004:41) から引用。

生が教師に向かって、あるいは一社員が上司や社長に向かって、「きみ」や「おまえ」はもちろん、最も一般的な「あなた」すら発することはできないというのが自然であろう。しかし、逆に、(4b) あるいは (4c) に見られるように、年齢や立場において上の人が下の人に対して「あなた」など2人称代名詞を使用するのはごく自然である。

4. a. *先生／社長、あなた／きみ／おまえはここで何をなさっているのですか。
   b. あなた／きみこそここで何をしているのですか。
   c. おまえこそここで何をしているのだ。

日本語の2人称代名詞が目上の人や社会的立場が上の人から下の人に向かっては使えるが、その逆の場合には使用できないのに対し、これらに対する英語の表現は、1人称代名詞の場合と同様、相手が誰かにかかわらず、すべて “you” で言及することができる（“What are you doing here?”）。仮に、改まった状況で “Dr.” や “Prof.” などの呼称を姓名に付けて相手への敬意を表すとしても、例えば “Are you going to attend the conference, Prof. Jones?” というように、聞き手を “you” で表すことができる。

このような日本語と英語の現象を説明してくれるのが日本語の主観性と英語の客観性である。日本語の場合、認知主体としての話し手は言語化する対象である事態の中に自らの身を置き、聞き手と直接インタラクトしながら、その時その場に応じて、自分自身および相手を捉えているのである。相手と自分との関係を直接捉えた結果、話し手が自分をどう呼ぶか、聞き手をどう呼ぶかが決まる。つまり、日本語は極めて主観性の強い言語である。一方、英語の場合は、相手が誰であるかや自分と相手との関係がどのような関係であるかにかかわらず、話し手は自分を言語化の対象である事態の外に出して、そこから事態の中の自分を客体視する。その場合、常に話し手は “I (my/me/mine)” で、相手（聞き手）は “you (your/yours)” で言及される。これは英語が極めて客観性の強い言語であることを示す。以上のとおり、両言語における人称代名詞の振舞いは、日本語が主観的把握およびIモードと、英語が客観的把握およびDモードと関わっていることを示す。

さて、今、日本語の2人称代名詞は「あなた」や「きみ」などという前提で話を進めてきたが、同時に、目下の人から目上の人に対してはこれらの2人称代名詞のいずれをも使用できないと述べた。話の相手を指す時に2人称代名詞を場合によっては使え場合によっては使えないという事実は、日本語の2人称代名詞とはどのような位置づけにあるのかという疑問を抱かせる。この問題を考えるために、目下の人は目上の人を指してどのように呼ぶのかを考えてみると、2人称代名詞ではなくて、親族名称や地位名称、また職業名を使用していることがわかる。[5]

5. a.（○○）先生／先輩／部長／社長はどのように思われ

5）人をどのようなことばで表すかについては、例えば鈴木(孝)（1973：第6章）などが詳しい考察をしている。ここでの以下の議論も同著を参考にしている。

ますか。

b. お兄ちゃん／お姉ちゃんはもうおやつ食べたの。

しかし、今度はこれらの地位名称などは目上の人から目下の人には使えない。

6. a. *(○○) 生徒／後輩はどう思いますか。

b. *弟ちゃん／妹ちゃんはもうおやつ食べたの。

つまり、日本語においては、目上の人が目下の人を指して呼ぶ時には2人称代名詞を使用できるが、目下の人が目上の人を呼ぶ時には2人称代名詞ではなくて親族名称や地位名称、職業名を用いるのが自然であり、日本語の2人称代名詞には、その使用に関して複雑な制約があるということである。

1人称代名詞についてもう一度考えてみると、実はこの場合も、「私」や「僕」よりも親族名称、地位名称、職業名の方が頻繁に使われていると言える。

7. a. お父さんの目を見なさい。(父親が子に向かって)

b. これはおばあちゃんからのプレゼントですよ。(おばあさんが孫に向かって)

c. みんな、先生の方を見てください。(先生が生徒に向かって)

d. 看護士さんがしてあげましょう。(看護士が患者に向かって)

例（7）の（a)-(d）の下線部はいずれも話し手が自分自身を指して言っていることばである。「私」でも「僕」でもなく、相手が誰であるかに応じて、話し手は「お父さん」になり、「おばあちゃん」になり、また「先生」や「看護士さん」になる。自分自身を指して言う時、一人の人間が、子どもに対しては「お父さん／お母さん（パパ／ママ)」と言い、その子どもの友人に対しては「おじちゃん／おばちゃん」などと言い、また、もしその人が教師であれば、生徒に対しては「先生」と言うことの方が多いのである。

このように、話し手が自分自身のことを指すのにも聞き手を指すのにも、人称代名詞を用いるよりも親族名称や地位名称、職業名を用いる方が自然な場合が多いということ、また聞き手を指して言う時、場合によってはいずれの2人称代名詞をも使用できないということは、日本語の人称代名詞と言われているものの存在（意義）に疑問が投げかけられるということである。「人称代名詞」と呼ばれているものは本当に人称代名詞なのであろうか。日本語には人称代名詞というものは存在しないと言った方がよいのではないだろうか。確かに、日本語における人称代名詞の歴史は浅く、明治期に西欧語を手本にして作られたものであるが、現在に至るまでの歴史はかなり複雑である。一方、西欧語の人称代名詞の歴史は古く数千年に及び、1人称代名詞の “I” と “we” は英語の最も古い時代に遡ることができる語彙である。（鈴木(孝）1973：第6章、およびBBC News 2009年2月26日[6] 参照）さらに、人によっては、聞き手を「自

6）“‘Oldest English words’ identified”（http://news.bbc.co.uk/2/hi/science/nature/7911645.stm）

分」や「私」、「僕」、あるいは「彼女」と呼ぶなど、日本語の人称代名詞の規則は非常に複雑である。

この問題にはここではこれ以上立ち入らないが、[7] 日本語の人称代名詞に関して疑問が生ずるということには違いないのである。そしてこれは取りも直さず、話し手は "I," 聞き手は "you" と客観的に話し手と聞き手を捉える人称代名詞のシステムを持つ英語と異なり、日本語はその場その場で自分自身と相手との関係を捉え呼び方を決める、主観性の強い言語だという証拠である。

4.3　話法

事象の認知の仕方に関わる英語と日本語の特徴は、別の言語現象にも見られる。ここでは話法について考えてみる。

英語は直接話法も間接話法も発達した言語であるが、日本語は直接話法の強い言語であると言われる。日本語では、完全な直接話法の文以外に、地の文の中に直接話法的な表現を見つけることは容易であるし、間接話法的英語の表現を日本語にする際に直接話法的な訳文にした方が自然な日本語になることが多い。以下、まずこの主張が妥当であることをいくつかの例を挙げることによって示し、[8] 次に、その言語現象の理由を考える。

7）この問題に関しては、鈴木(孝)（1973：第6章）などが詳しい。

8）例（8a）はElwood（2007）から、(9a)-(17a) はClark（2006）からの引用である。また、(8) 以外の日本語の（c）文は引用文献（Clark 2006）を参考にして、そこに手を加えている。さらに、直接話法的表現の箇所に下線を引いた。

まず、例（8)-(10）を見てみよう。これらの（a）文を日本語にする場合、それぞれの（b）文よりも（c）文の方が馴染みやすいと感じる人は多いだろう。(b）文は（a）の英語をできる限り忠実に日本語にしたもの（よって、間接話法的言い回し)、(c）文は（a）を直接話法的表現で表したものである。

8. a. … the doctor said that I was going to have a baby.
   b. 医者は私が妊娠しているということを言った。
   c. 医者は私におめでたですよと言った。
9. a. … I joked that I was immigrating to the USA.
   b. 私はアメリカに移住するということを冗談で言った。
   c. 私は冗談でアメリカに移住するのよと言った。
10. a. When I told him it was the first visit to a counselor in my life, ….
   b. 私がそれが自分の人生においてはじめてのカウンセラー訪問であることを彼に言ったとき、…。
   c. 私が彼にカウンセラーのところへ来たのは生まれてはじめてだと言うと、…。

これらの例においては、英語の間接話法の文と日本語の直接話法的文は対立している。それぞれの（c）文の下線部は直接話法的表現の箇所であるが、これらの箇所は引用符（「」）に入れ、完全な直接話法の文として、つまり発話者の生の声として表すことができる。しかし、このような明確な対立の見られない場合でも、同様のことが言える。例（11)-(14）では（8)-(10）のような話法の対立はないが、(8)-(10）と同様、英語の（a）

文に対し日本語は（c）の直接話法的文の方がより自然な言い回しに響く。

11. a. It seems funny to complain about the portions being too big,….
    b. 量が多過ぎることについて苦情を言うのは変に思える。
    c. 量が多過ぎると文句を言うのは変かもしれない。
12. a. … a passenger can ask the driver to drop him or her off closer to home for safety reasons.
    b.（バスの）乗客は、安全のため、家の近くで自分を降ろすことを運転手に頼める。
    c. 安全のため、バスが家の近くに来ると、乗客はここで降ろしてくださいと運転手に頼める。
13. a. When my eight-year-old niece, Amelia, got thirsty while waiting for the ferry, ….
    b. フェリーを待っている間、8歳の姪のアメリアが喉が渇いたとき、…。
    c. フェリーを待っている間、8歳の姪のアメリアが喉が渇いたと言ったので、…。
14. a. Amazingly, 70 percent of reformed offenders choose to volunteer for youth court activities, serving as jurors, lawyers, clerks, or judges.
    b. 驚くべきことに、犯罪者たちの70パーセントにあたる人々は改心して、陪審員や弁護士、書記、判事として青少年裁判所の活動を進んで引き受けることを選ぶ。
    c. 驚くべきことに、犯罪者たちの70パーセントにあたる人々は改心して、青少年裁判所の活動に参加させてくださいと申し出て、陪審員や弁護士、書記、判事として務める。

例（11)-(14）のいずれにおいても、(c）文は（b）文と異なり直接話法的表現を含んでおり、下線部はやはり発話者の生の声として引用符（「」）に入れることができる。

例（8)-(14）で言えることは、英語の場合と異なり、より自然な日本語として受け入れられるのは、認知主体が状況内に身を置いて事態と下線部の話し手の発話を「いま・ここ」で直接経験したかのように伝える文、つまり、直接話法的表現が地の文の中に入り込んだ文である。

さらに、次の（15)-(17）を見てみよう。(a）の英語文に対し日本語として自然なのは（b）の文ではなくて、(c）の認知主体あるいは事態の経験者の気持ちがそのまま吐露される形の文である。

15. a. Most of the Americans who worry about getting lost in Japan ....
    b. 日本で道に迷うことを心配しているアメリカ人のほとんどが…。
    c. 日本で迷子になるのではと心配しているアメリカ人のほとんどが…。
16. a. In spring adventurers hurried to Utah before the melting of Rocky Mountain snow flooded these sites once again.
    b. 春になると、ロッキー山脈の雪解け水がまたこの一帯を水浸しにしてしまう前に、冒険家たちはユタに急いだ。

c. 春になると、ロッキー山脈の雪解け水がまたこの一帯を水浸しにしてしまわないうちにと、冒険家たちはユタに急いだ。

17. a. I was moved by the story but puzzled by his telling me.

b. その話には心を動かされたが、彼が私にそれを話したことに当惑した。

c. その話には心を動かされたが、彼はなぜそんな話を私にしたのだろうと当惑した。

心理的吐露というのは、事態把握の仕方として極めて主観的である。認知主体が何らかの事態を直接経験し、それに基づいた感情や思いをことばにするというのが心理的吐露であろう。ただ、(17c) のように認知主体が自分の心理を吐露している例もあれば、(15c) と (16c) のように認知主体が状況内に身を置いて事態の経験者と同化・融合し、事態を認識している場合もある。このような場合には、経験者の心理が認知主体の声として表れている。そしてこの心理的吐露というスタイルの方が間接話法的表現よりもより日本語らしいというのは、日本語がやはり主観的言語であることを示唆している。

日本語が主観的言語であり、直接話法的表現や心理的吐露を好むということで思い浮かぶのは “S want to do” の構文とそれに対する日本語の表現である。[9]

9) この構文については、中村 (2004 : 42) の議論も参照。

18. a. I want to go there.
    b. You want to go there.
    c. She wants to go there.

はじめて例えば（18）のような文を習い、これらを日本語にしようとした時、(a）は（19a）のように問題なく日本語にできるのだが、(b）と（c）に関しては、日本語にし辛いと感じた経験がある人は多いだろう。

19. a. 私はそこに行きたい。
    b. *あなたはそこに行きたい。
    c. *彼女はそこに行きたい。

「私はそこに行きたい」という直接話法の文は自己の心的過程に言及する表現である。この日本語は問題なく容認可能であるが、話し手本人ではない他者――ここでは「あなた」や「彼女」――の気持ちを同じように表すことはできない。（18b, c）を日本語にしようとしたとき、他者の気持ちはその人たちにしかわからず、話し手にはわからないにもかかわらず、なぜ「あなたはそこに行きたい」あるいは「彼女はそこに行きたい」などと、人の気持ちを言えるのであろうかと悩み、これらの文末に話し手の説明を示す「のである」や「と思っているのである」を付け加えるなどして、何とか日本語らしく響くようにと工夫をした人もいるのではないか。このように「のである」などを付加して話し手を介入させなくては日本語として成立しないということは、日本語は認知主体である話し手が自分が直接アクセスできる事態や思いしかことばにできない主観的言語であるということを示している。

例（18）に戻って、英語の場合をもう一度考えてみる。（18）の（a)-(c）は、例えば（20）のような形に分解される。

20. $\left\{\begin{array}{c}\text{I}\\ \text{You}\\ \text{She}\end{array}\right\}$ think（s）+ ‘I want to go there.’

これは（19）の（b）および（c）を日本語として容認可能な文にするように工夫した「あなたは／彼女はそこに行きたいと思っているのである」と結び付く直接話法的表現であり、日本語の感覚には合う形であるが、英語としては（20）の間接話法的表現である（18）が自然な表現の仕方である。さらに、（18）は（21）のようにも分析することができる。

21. $\left\{\begin{array}{c}\text{I}\\ \text{You}\\ \text{She}\end{array}\right\}$ want（s）$\left\{\begin{array}{c}\text{myself}\\ \text{yourself}\\ \text{herself}\end{array}\right\}$ to go there.

（21）では文の主語は自分自身を分裂させ、その分裂した自己を再帰代名詞 “myself/yourself/herself” で表して客体視している。自己を客体化する再帰代名詞を使用した文は極めて客観的な事態把握の仕方を示すが、（18）の3文は（21）の再帰代名詞を使用した文から派生されたと分析することも可能なほど客観的事態把握を示す。結局、英語は間接話法が発達しており客観的に事態を捉えるため、日本語の場合と異なり、(18) の (b) や (c) のように他者の思いについて言及することができる。そして、自分自身をも客体化し、まるで他者のように扱うため、発話の主体が客体化された自分自身の心的過程に言及する (18a) も等しく自然である。

以上のとおり、英語は客観的事態把握の仕方およびDモードと、日本語は主観的事態把握の仕方およびIモードと関わることが示された。

4.4　擬声語・擬態語[10]

新しい世界に入っていく時、何か新しい経験を始める時など、「ワクワク半分、ドキドキ半分ですね」などと、擬声語・擬態語の混じった表現で気持ちを表す日本人は多い。日本語では、擬声語・擬態語（混じりの表現）はその気になればいくらでも出てくる。「学生をビシバシ鍛える」、「梅雨時はじめじめして嫌いだ」、「この暑さで肌がべたべたしている」、「ヘチマのヒゲがくるくる巻いている」、「冷たい水がおいしくてごくごく飲んだ」などなど、また童謡にも「どんぐりころころ」や「ピッチピッチチャップチャップ」などの擬声語・擬態語が使われている。このように、日本語には擬声語・擬態語が溶け込んでおり、ごく自然に使われる。そして日本語話者ならば、この擬声語・擬態語（混じりの表現）が何を言わんとしているかを理解することは容易にできる。

10）森光（2007：25-37）における論考を参照。

日本語の主観性と英語の客観性、また認知モードと言語現象との関係は、日本語の擬声語・擬態語表現とその英語訳とを比較してみることによってもはっきりと示される。まず4.4.1で、擬声語・擬態語とはどのようなものかをさまざまな観点から考察する。次に4.4.2で、日本語において擬声語・擬態語で表現されているものが英語ではどのように表現されているか実例を見る。そして、なぜ日本語に擬声語・擬態語が豊富に存在しているのか、なぜ英語ではそうでないのかが、日本語の主観的把握およびIモードと英語の客観的把握およびDモードの特徴によって説明されることを示す。

4.4.1　擬声語・擬態語――定義と特徴

擬声語・擬態語が命題的でないだろうことは直感的に判断することができるが、それを客観的に示す必要がある。喜多（2002a：69-72）は次の3点を挙げて、擬声語・擬態語が「イメージ的」であることを示している：(1) 命題的捉え方とイメージ的捉え方の非冗長性、(2) 否定文との相性の悪さ、(3) 類似性に基づく形と意味の関係。

まず (1) に関する主張はこうである。「すたすたと急ぎ足で歩く」が自然な文であるのに対して、「*急ぎ足で速く歩く」という文は不自然である。それは「すたすた」という擬態語がイメージ的情報であり、続く命題的情報の「急ぎ足で」と冗長にならないが、「急ぎ足で」と「速く」と命題的捉え方が重なった場合、冗長表現になるからであるという。つまり、擬声語・擬態語による物事の捉え方は普通の表現の捉え方と異なり、イメージ的であるということである。

次の（2）に関してであるが、例えば「岩がごろごろと転がった」という自然な文に対して、「*ごろごろと転がらなかった」とは言えないように、擬声語・擬態語は否定文と相性が悪い。否定というのは命題にのみ適用できる論理的操作であり、よって否定文との相性の悪さは擬声語・擬態語は命題的ではないことを示す。

最後の（3）について、喜多は擬声語・擬態語の形と意味の間には類似性があると言う。形の繰返しは意味の繰返しを表し、例えば「ごろっと転がる」の場合は回転は1度であるが、「ごろ、ごろっと転がる」になると回転は2度、「ごろ、ごろ、ごろっと転がる」になると回転は3度であることが表される。さらに「ごろごろと転がる」は回転の連続を意味し、「ごろごろごろごろと転がる」は長い間、回転の連続が続くことを示すという。これは擬声語・擬態語がイメージ的である故に起こる類似性であると主張する。

擬声語・擬態語がイメージ的であるということを、さらに別の観点から見ていこう。擬声語・擬態語は人間が視覚・聴覚・触覚・味覚・嗅覚という五感を最大限に活かし、それらから「得られた情報を命題化せず」（喜多 前掲書：72）そのまま表現する方法である。例えば、

22. a. ピカッと光ったと思ったらドカーンと落ちた。
　b. 古くなった飴がぺたぺたしている。
　c. 探偵はゆっくりとした足取りで入口のドアのところまで歩くと、そこでくるりと体を返した。（東野圭吾『探偵倶楽部』（これ以降、『探偵』））

(22a) では稲妻の閃光や落雷という事象を命題的情報に変換して「抽象化」するのではなく、「原体験そのものを」(喜多 前掲書：73) 鮮明に映し出している。「ピカッ」は視覚に、「ドカーン」は聴覚に訴え、事象が生き生きと表されている。(22b) の「ぺたぺた」は触覚に訴えている。ここでも情報が命題化されず、原体験が「生のまま」(喜多 前掲書：72) 捉えられている。(22c) の「くるり」は身体動作を表す擬態語であるが、この擬態語によって探偵が体を返す動きそのものが目に見えるような気がする。すなわち、視覚に訴える擬態語である。

先に挙げた「学生をビシバシ鍛える」の場合も、その様子が目に見えるようでもあり、また「ビシ」や「バシ」という音が聞こえてきそうでもある。学生を鍛える状況をイメージすることが可能であるし、視覚と聴覚の両方に訴えていると言ってよい。このように、擬声語・擬態語は、認知主体の体験を命題化するのではなく、原体験を生のまま鮮明に伝える効果を持つ。認知主体としての話し手は対象とインタラクトし、事態を直接体験する（過去の出来事でも「いま・ここ」に持ち込んで体験する）認知の仕方（Iモード）を擬声語・擬態語で表している。そしてそれによって聞き手は話し手の原体験を追体験することができる。

上で述べた形と意味の類似性に関して、これらの例を用いて考えておこう。もし (22c) の「くるり」を「くるりくるり」に変えてしまったらどうであろう。形の変化は意味の変化を生む。「くるり」は1回の回転を意味するが、「くるりくるり」と「くるり」が繰返されると、回転が何度となない回転であることを表したり、何かが変化する様子を表す。先の「ヘチマのヒゲがくるくる巻いている」の「くるくる」からも長いヒゲが何かに何回転も巻きついている様子をイメージすることができる。「クックックッと二人の若い男は、淫猥な含み笑いを漏らした」(『探偵』）の「クックックッ」は「クッ」とも「クックッ」とも違う。「クックックッ」と3回繰返されることにより、ふたりの男の含み笑いの時間的長さや「反復性」(喜多 前掲書：73)、リズム、その時の様態などが表される。「お手伝いの麻子がドアのノブをガチャガチャやって首を捻っているところだった」(『探偵』）の「ガチャガチャ」も、「水差しとコップの、カチャカチャという音が遠ざかって行く」(『探偵』）の「カチャカチャ」も、それぞれ「ガチャ」と「カチャ」が2回繰返されることによって、その動きの連続性や反復性、時間的長さが表される。「その時、成田の背後でカチリと鍵の音がした」(『探偵』）の「カチリ」で表される1回のみのものではないのである。

また、「ガチャガチャ」と「カチャカチャ」という濁音か清音かということで、表されるイメージが異なる。同じように、(22b）の「ぺたぺた」という半濁音と濁音の「べたべた」とでは伝えられるイメージが異なる。さらに、「ころころ」転がるのか「ごろごろ」転がるのかで、転がる物体の大きさや物体が転がる時に描かれる弧の大きさに関する情報が与えられ、状態はイメージ的に捉えられる。

自らの身体に基づき、五感を大切にして、得られた情報をイメージ的に捉え、そのイメージ的情報を「加工」(喜多 前掲書：75）せず生のまま表しているのが擬声語・擬態語であると述べてきた。ここでさらに擬声語・擬態語がイメージ的であることを強める議論を見てみよう。

客観的に誰がいつどこで何をしたのかではなく、「その場その瞬間」の「印象をそのまま表わす」（喜多 前掲書：74）擬声語・擬態語は、命題的情報は表さない。したがって、分析的思考とは関係しない。喜多（2002a,b）は、命題的情報を扱う分析的思考に対し、イメージ的に物事を捉える「からだ的思考」を主張する。私たちはある行為をする際にはどのような動作をすればよいかという判断を「環境」（喜多2002a：120）から得られる情報に基づいて行う。また、その際の判断は分析的に考えた結果得られるものではない。例えば、ある物体を掴もうとする時、私たちはそれがどこにあるのか、大きさや形はどうか、また重さはどれくらいかに応じて身体の動きを変える。そしてどのような身体の動きを取ればよいのかは、分析的に考えることなく、即座に判断できる。私たちは視覚的に捉えた全体的イメージなどから、より必要な情報を選び出しているのである。からだ的思考とは、このような、ある行為をする際に必要とされる身体の動きに関する情報を、分析的に考えることなく、周囲の情報から選び出すことを可能にするものである。

喜多（前掲書）は、このイメージ的に物事を捉えるからだ的思考は表象的ジェスチャーを生み出し、擬声語・擬態語は表象的ジェスチャーと密接な関係にあると言う。表象的ジェスチャーは直示的ジェスチャー（身体の一部を使って、「ある方向、場所、事物を指し示すジェスチャー」）と描写的ジェスチャー（「身体の動きと指示対象とのあいだの類似性」に基づくジェスチャー）とから成る（喜多 前掲書：27-29）。この「表象的ジェスチャーにおいては」話し手は「表現内容に応じて」

「自由にジェスチャーの形態を操作する」ため、表象的ジェスチャーは話し手が表現している内容について持っているイメージを「類推」させてくれる（喜多 前掲書：26)。

喜多（2002a）はイメージ的な擬声語・擬態語がイメージ的な思考を反映する表象的ジェスチャーと深く関わるということを、アニメーションの内容を伝えるという課題で示した。[11] 日本語話者がアニメーションを再生する課題において擬声語・擬態語を使う時には、それと同じ出来事を描写する表象的ジェスチャーが共起する確率が極めて高く、その割合は94％にも達するというデータを喜多は示している。同じ課題において動詞が同じ出来事を描写する表象的ジェスチャーと共起する割合が40％であることを考えると、擬声語・擬態語と表象的ジェスチャーの関係がいかに深いかがわかる。また、擬声語・擬態語がいかに深く身体性やイメージと関わっているかということも示される。

以上、擬声語・擬態語は命題的情報とは次元が異なり、イメージ的であるということ、さらに認知主体の原体験や事象、出来事が抽象化されず、五感を用いて得た情報が生のまま表される表現方法であるということが示された。

11）この課題は、まず複数の人に数分のアニメを見てもらい、そのアニメの内容をまだ見ていない人にできるだけ詳しく説明してもらうというものである。アニメを説明する様子をビデオに録画しているのであるが、被験者には自然なジェスチャーをしてもらうため、当然、ビデオ録画の本当の目的は伝えていない。アニメは、猫が小鳥を捕まえようと悪戦苦闘するが、すべて失敗に終わるという物語（アメリカの「シルベスターとトゥイーティー」というシリーズの中の一本）である。詳細は喜多（2002a：29-33）を参照。

4.4.2　擬声語・擬態語と主観性

日本語では日常的に擬声語・擬態語が用いられることが多いが、英語ではどうであろうか。日本語の擬声語・擬態語表現は英語ではどのように表されているのであろうか。日本語と英語の表現を比較し、ここでも日本語と英語がそれぞれ主観的把握、客観的把握の傾向を強く示していることを見ていくことにしよう。[12]

23\. a. 五階でごとごととエレベーターが止まり、扉が開いた。
b. The elevator rumbled to a stop on the fifth floor and the doors opened.

24\. a. ついに姑がぽろりと本音を言った。
b. The truth had slipped out.

25\. a. 梅安が、ごくりと唾をのんだ。
b. He swallowed hard.

26\. a.「喪服を着て、よよよよと泣き崩れるのが似合う女は、哀れのほうに入れたいね」
「泣くときはよよ、だろう。四つは多いんじゃないのか」
b. “A soulful woman is the kind who can wear black and cry her eyes out and look the part.”
“Just your ordinary sobbing will do.”

日本語の擬声語・擬態語を見ると、認知主体は対象と直接インタラクトしながら、視覚や聴覚などの認知プロセスを用いて、

12）例（23)-(26）について、例文のみ巻下（1997）から引用している。

主観的に、またイメージ的に事態を捉えていると言える。(22) の (a)-(c) と (23)-(26) の (a) 文では、話し手あるいは書き手は擬声語・擬態語を用いて表現することによって事態に寄り添い、事態を「いま・ここ」で体験しているかのようであるし、さらに聞き手あるいは読み手を事態の中に引きずり込んで、話し手あるいは書き手の体験を追体験させているかのようである。

一方、対する英語表現を見ると、日本語の擬声語・擬態語の部分は命題化され、ほとんどが動詞化されている。(23b) では、(23a) の「ごとごと」が「＜機械が＞音を立てる」の意を表す(あるいは、エレベーターを列車等に見立てて「＜列車等が＞ごうごう音を立てて進む」という意を表す) "rumble" という動詞で表されている。(24a) の「ぽろり」は (24b) では "slip out" という動詞句の一部として表出されている。"slip (out)" は「＜人や物が＞(意図的ではなく) うっかり滑る」ところから「＜秘密などが＞うっかり漏れる」の意を表す。(25a) の「ごくり」はその様子から "swallowed hard" と動詞と副詞を用いて表されている。(26a) には「よよよよ」と「よよ」の2つの表現が現れている。4.4.1で述べたように、擬声語・擬態語の形とその意味は類似しており、形の繰返しは時間や状態の長さなどを表す。したがって、「よ」が4回繰返される方が、泣く時間の長さ、泣き方の激しさ、悲しみの深さなどをより強く感じさせる。「よ」が2回の場合は通常の涙を表しているようである。このイメージがそのまま命題的情報に変換されて、「よよよよ」と「よよ」はそれぞれ (26b) で、"cry her eyes out (目を真っ赤に泣き腫らす)," "just your ordinary sobbing

(普通に涙を流すこと)” と表されていると言える。

日本語の擬声語・擬態語表現は、(23)-(26) の (b) 文ではすべて命題的情報に変換されている。認知主体は直接得た情報や原体験を客観的に捉え直し、命題的情報として加工している。つまり、英語の表現はDモードと関わる。

さらに例を見てみよう。(27)-(32) の (a) 文は宮沢賢治のイーハトヴ童話『注文の多い料理店』からの引用、それぞれの (b) 文はその英語訳 (Strong and Colligan-Taylor 2002) である。

27. a. 二人の若い紳士が、すっかりイギリスの兵隊のかたちをして、ぴかぴかする鉄砲をかついで、……だいぶ山奥の、木の葉のかさかさしたとこを、こんなことを云いながら、あるいておりました。

b. Two young gentlemen, dressed like British soldiers and shouldering shining rifles, tramped through the dry forest understory, deep in the mountains.

28. a.「ぜんたい、ここらの山は怪しからんね。鳥も獣も一疋も居やがらん。なんでも構わないから、早くタンタアーンと、やって見たいもんだなあ。」

「鹿の黄いろな横っ腹なんぞに、二三発お見舞もうしたら、ずいぶん痛快だろうねえ。くるくるまわって、それからどたっと倒れるだろうねえ。」

b. … one of the men said, “Heck, these mountains’ round here are worthless! Why, there isn’t a bird or a beast in sight. I don’t care what it is, I’m just itching to pull the trigger at something—*blam!*”

"What a thrill it would be to send two or three rounds into the yellow flank of a deer—watch it spin around a few times and keel over with a thud," replied the other.

29. a. 風がどうと吹いてきて、草はざわざわ、木の葉はかさかさ、木はごとんごとんと鳴りました。

b. Suddenly a gust of wind came through. The grass stirred, leaves rattled, and the trees groaned.

30. a. 二人はその香水を、頭へぱちゃぱちゃ振りかけました。

b. The two splashed perfume on their heads.

31. a. がたがたがたがたふるえだして、もうものが言えませんでした。

b. The other gentleman was also quaking so hard that his teeth were chattering.

32. a. 「うわあ。」がたがたがたがた。

「うわあ。」がたがたがたがた。

b. "Oh, no!"

"Oh, no!"

例（23）-（26）の場合と同様、ここでも日本語には擬声語・擬態語が豊富に表れ、認知主体はそれらを用いて表現することによって、対象と直接インタラクトし、視覚や聴覚などの認知プロセスを用いて、主観的に、またイメージ的に事態を捉えている。そして、聞き手あるいは読み手にも同じようにイメージしてほしいと期待していると言える。一方、英語表現を見ると、日本語の擬声語・擬態語の部分はすべて命題化されている。

例（27a）の「ぴかぴか」は（27b）の英語では "shining（光

る)” で表され、「かさかさ」は “the dry forest understory（乾いた森林の低木層)” という名詞句の一部として表出されている。(28a) の「タンタアーン」は (28b) では “pull the trigger at something—*blam!*（何かに向けて引き金を引く—バーン！)” と表されている。文末に銃声などの「バーン」という音を表す擬声語 “blam” が現れているが、英語では擬声語だけではなく、それをことばで分析的に説明する方法が取られ、命題化されたことばが “blam” の前に出現している。同じく (28a) の「くるくる」は (28b) では “spin around a few times（何度か回転する)” という動詞句の一部として表され、「どたっ」は「(ドスンと) 落ちること、またその音」を表す “thud” を用いて、“with a thud” と表されている。いずれの例を見ても、日本語の擬声語・擬態語は視覚や聴覚などの五感に訴え、事態をイメージ的に捉え、認知主体の原体験を生のまま表しているのに対し、英語ではそれらはすべて命題化されている。

例 (29) の日本語では、風の様子、草の音、木の葉の音、木の音、すべてが擬声語・擬態語で表されている。短い文であるのにもかかわらず、「どう」、「ざわざわ」、「かさかさ」、「ごとんごとん」という4つの擬声語・擬態語が出現しているということと、そしてこれらの語だけで言いたいことが十分に伝わるという事実は、日本語における擬声語・擬態語の豊富さを示していると言えよう。一方、それぞれの英語は (29b) で表されるとおりである。「どう」は “Suddenly a gust of wind came through（突風が吹き抜けていく)” の一部として表され、「ざわざわ」は “stirred（かすかに動く),”「かさかさ」は “rattled（ガタガタ鳴る),”「ごとんごとん」は “groaned（唸るような音を立てる)”という具合に、動詞化され、命題化されている。また（30a）の「ぱちゃぱちゃ」で表される水が飛び散るイメージは、英語では、(30b）で表されるとおり、“splashed（飛び散らしながらかける)”と動詞化されて表現されている。

（31a）の「がたがたがたがた」は英語ではやはり命題化また動詞化され、(31b）で示されるとおり、“was（also）quaking so hard（恐怖で激しく震える)”と表されているが、続く“his teeth were chattering（歯がガチガチ鳴る)”も「がたがた」震える様子を命題的に表している。(32a）の例も同じ「がたがたがたがた」であるが、これらは（32b）では表されていない。完全に無視され、ないものとされてしまっている。このことからも日本語において擬声語・擬態語の果たす役割が大きいことが窺える。

宮沢賢治の『風の又三郎』も非常に多くの擬声語・擬態語が用いられている作品の一つである。彼独特の感性を表す擬声語・擬態語も多く現れている作品であるが、ここではその中から、例（33a）を除いて、普段ごく一般的に用いられる擬声語・擬態語の例を取り上げ、その英語訳（Strong and Colligan-Taylor 2002）とともに示してみる。

33. a. <u>どっどど</u>　<u>どどうど</u>　<u>どどうど</u>　<u>どどう</u>
    b. *Boom*, *wind*, *blow*, *wind*, *do-do-dow*

34. a. 変なこどもはやはり<u>きょろきょろ</u>こっちを見るだけきちんと腰掛けています。
    b. The strange boy sat as stiffly as ever and just shot quick glances towards the children.

35. a. 草からは、もう雫の音がポタリポタリと聞えてきます。
    b. From the grass came the sound of water falling drop by drop.
36. a. 嘉助はぶるぶるふるえました。
    b. Kasuke's whole body was shaking.
37. a. ところが今日も二時間目ころからだんだん晴れて間もなく空はまっ青になり日はかんかん照って……。
    b. But that day, too, it began gradually to clear from second period on and before long the sky became utterly blue and the sun blazed down.
38. a. ひるすぎは先生もたびたび教壇で汗を拭き四年生の習字も五年生六年生の図画もまるでむし暑くて書きながらうとうとするのでした。
    b. In the afternoon even the teacher up on his podium seemed bothered by the steamy heat. Time and again he daubed his sweat and he nodded off a little as he marked the fourth graders' calligraphy and the fifth and sixth graders' drawing.
39. a. 嘉助が、河原の砂っぱの上で、ぴょんぴょんはねながら、高く叫びました。
    b. … Kasuke yelled loudly as he jumped around on the sandy shore of the stream.
40. a. ほんとうに暑くなって、ねむの木もまるで夏のようにぐったり見えましたし、……。
    b. It got really hot. The silktrees seemed to droop listlessly as though it were summer, ….

41. a. すっかり夏のような立派な雲の峰が、東でむくむく盛りあがり、さいかちの木は青く光って見えました。
    b. Magnificent cloud mountains like those in summer towered up in thick, rolling mounds in the east, and the honey locust trees appeared a brilliant green.
42. a. 佐太郎、大威張りで、上流の瀬に行って笊をじゃぶじゃぶ水で洗いました。
    b. Looking very self-important, Sataro went to the shallows above the pool and sloshed the basket back and forth in the water, rinsing it out.

（33a）は『風の又三郎』の冒頭の一節から採ったものである。「どっどど／どどうど／どどうど／どどう」と、音の響きで風が押し寄せるように吹いてくるイメージを表しているのに対し、（33b）の英語では「うなり」や「風」などを意味する“boom, wind, blow”を用いている。また“do-do-dow”と、日本語の音をそのまま表記するより他に方法がない、と訳者が判断したような箇所も見られる。

（34）-（42）の擬声語・擬態語はごく一般的に見られるものである。（34）では「きょろきょろ」が“shot quick glances（すばやくちらりと見る）”と、（35）では「ポタリポタリ」が“（the sound of water）falling drop by drop（（水が）一滴ずつ落ちる（音））”と、また（36）では「ぶるぶる」が“（whole body）was shaking（（全身が）震える）”と、いずれも命題化され表されている。同様に、（37）では「かんかん」は“blazed down（ぎらぎら照る）”と、（38）では「うとうと」は“nodded off (a little)((少し) 居眠りする)”と、(39) では「ぴょんぴょん」は “jumped around (あちこち飛び跳ねる)” と動詞化され表されている。次の3例でも同様に擬声語・擬態語は動詞化されて表されており、(40) では「ぐったり」は “droop listlessly (元気なく (だらりと) 垂れる)” と、(41) では「むくむく」は “towered up in thick, rolling mounds (次から次にこんもりと盛り上がって高くそびえる)” と、(42) では「じゃぶじゃぶ」は “sloshed (the basket) back and forth in the water, rinsing it out (水の中で (笊を) 前後に振って洗う)” となっている。

感覚に訴え、事態をイメージ的に捉える日本語の擬声語・擬態語は、英語では命題化され、その多くが動詞化された表現となっている。また、擬声語・擬態語表現は必ずしも命題化された英語の表現と完全に一致するわけではなく、その一部として表されるなど、特定するのが困難である場合も多い。英語訳のない例であるが、「山猫のにゃあとした顔」(宮沢賢治「どんぐりと山猫」『注文の多い料理店』) の「にゃあ」は、擬声語で顔の表情まで表す。つまり私たちは山猫の声と同時に顔の表情も思い浮かべることができる。このようなことのできる擬声語・擬態語は日本語において大きな役割を果たしているのだが、この「にゃあ」は英語ではどのように命題化されるのであろうか。

多くの例を挙げながら、擬声語・擬態語の言語現象について考えてきた。擬声語・擬態語の使用は、認知主体としての話し手が事態の中に自らの身を置き、事態を「いま・ここ」で体験しているかのように把握するという主観性の特徴またIモードと関わる。一方、日本語の擬声語・擬態語表現を命題的情報に変換して表す英語表現は、Iモードから認知主体が外に出ることによって得られるDモードと関わり、認知主体が事態を客観的に捉え直すという客観性の特徴を有すると言える。

4.5　言語と文化の平行性[13]

4.1-4.4で日本語と英語の特徴を示し、両言語が根本的な部分で相互に大きく異なることを見てきた。言語は文化の一側面を構成し、その言語を使用する人々の思考と深く関わっている。そうすると、言語に見られる特徴はそれ以外の文化の側面にも平行するように見られるはずである。特に擬声語・擬態語の観察によって明らかになったように、日本語話者はイメージや感性を大切にし、事態を主観的に捉える。一方、英語話者はイメージや感性よりも分析的思考を大切にし、事態の捉え方も客観的である。日本語の根底に主観性があるのであれば、日本文化の他の側面にも主観性が見られるに違いないし、英語の根底に客観性があるのであれば、英語文化の他の側面にも客観性が見られるはずである。

日本語の擬声語・擬態語を観察することによってわかったことは、日本語話者が見えるようだ聞こえるようだというイメージや感覚に訴えることを大切にしてきたということである。月にうさぎがいて餅つきをしているという感性、月に団子や女郎花などをお供えし、月を眺め鑑賞し俳句を詠むなどという感性は、日本人ならではなのではないだろうか。月や火星にいろい

13）森光（2007：37-41）における論考を参照。

ろな探査機を打ち上げ、何事も科学的、客観的に分析し解明し（場合によっては支配し）ていくという西洋科学では、月をただ眺め、うたを詠むという楽しみ方は、考えることもできない発想であろう。

道端に遠慮深げに咲いている花に対してでも、日本文化と英語文化とでは考え方や接し方が異なるとFromm（1982）は言う。彼は19世紀のイギリスの詩人Alfred Tennysonの詩（例43）と松尾芭蕉の俳句（例44）を比べ、興味深い観察をしている（Fromm 1982：3-8）。[14]

43. Flower in a crannied wall,
I pluck you out of the crannies,
I hold you here, root and all, in my hand,
Little flower—but *if* I could understand
What you are, root and all, and all in all,
I should know what God and man is.

散歩中に偶然見つけた花をTennysonは欲しいと思う。そして、神や人間について知るために、花を根こそぎ引き抜いて、花がどうなっているのかを調べたいと思う。そして花は彼の知的好奇心のために死んでしまう。Frommはこの詩の中に、命を奪ってばらばらにしてでも真実を探求する西洋科学者の姿を見ている。芭蕉の句はこれとは全く異なる。

14）FrommはTennysonと芭蕉の間の立場を取る例として、ゲーテの例を挙げている。

44. When I look carefully
I see the *nazuna* blooming
By the hedge!
（よく見ればなずな花咲く垣根かな）

芭蕉は花を抜くどころか触れることさえしない。ただじっと見、知ろうとする。

西洋科学では、研究者たちは人間や自然を理解するために花を所有したいと思い、摘み取って帰り、顕微鏡などで客観的に分析し、これはこうだ、という科学的結論を出そうとする。その結果、花は死んでしまう。

それに対して、日本には、道端の花をそのままにしておいて、そこで一句詠み、花を永遠に残そうとするような文化がある。「芭蕉が望んだことは、花を『見る』こと、自分が花と一体となることであり、そして芭蕉は花を生かし続けようとした」(Fromm前掲書：5、筆者訳)。ここに見られるのは、主客の融合というまさに主観的な捉え方である。さらに、少ないことばの中に多くの思いを込める俳句は、詠み手と聞き手の両者の豊かな感性やイメージがなければ成立しないことを考えると、日本文化としての俳句は聞き手（読み手）の感性やイメージにも訴えているのである。このように、英語文化と異なり、日本文化の根底には主観性がある。

Fromm（前掲書）はTennysonのような思考が「物中心社会（one（*i.e.,* a society）centered around things)」のものであるのに対して、芭蕉のような思考は「人間中心社会（a society centered around persons)」のものであると述べる（Fromm 前掲書：8)。それと関連して、もう一点、柏木（2004）の考察に基づいて議論を展開したい。

柏木（2004）は生活のさまざまな面に見られる「しきり」について考察している。ヨーロッパの「公共空間と私的空間との仕切は、近代的な公私の分離を意味」(柏木 2004：3）し、その「思想は、近代的な概念としての『社会』意識を映し出すものであった」(柏木 前掲書：4)。そしてその意識は、「社会は契約（約束）によって成り立つものであり、人々はその契約を主体の許す範囲において守る義務を負い、その結果として誰にも従属・支配されない個人の権利が守られるという『社会』意識である」(柏木 前掲書：4)。

しかし日本の近代はこのような社会意識を持たず、その代わりに＜ウチ＞と＜ソト＞をしきる「世間」という概念を持つ。この「世間」がどこまでの範囲を指しているかは曖昧で、個人のしきり方（主観）に依存する。＜ウチ＞は状況に応じて自分一人から自分が属する集団——例えば、家族、学校、国など——までを指し、そういう意味で＜ウチ＞と＜ソト＞のしきりはしきり方によって「自在に動くもの」(柏木 前掲書：5)ということになる。しかし、いずれの場合にも、＜ウチ＞と＜ソト＞の間には何らかのしきりがある。家を囲む塀という固定したものから意識という目に見えないものまでさまざまであるが、私たちはそれと気づかぬうちに生活のさまざまな面でしきりを存在させているのである。

さて、今言及したばかりの塀であるが、日本の住宅には一般的に見られるものである。塀を設けることによって日本人は、

「この中は私のテリトリーだ」ということを主張していると言える。柏木は、乗り越えられる程度の塀がほとんどであるが、それは「心理的なしきりを示しており」、「自分の所有するものつまり自己に属するものを、それとして、他者に示すとともに、むしろ自分で確認する」（柏木 前掲書：14）という気持ちを含み持っていると言う。

家の中の空間をしきるものに目を向けてみると、それらは伝統的には、障子や襖、屏風、衝立、あるいは暖簾や簾などであった。これらは必要に応じて移動や取り外しができるものであるし、また外からの風、光、音、人の視線までをも完全に遮断するのではなく、それらを取り込みながら遮断する。この遮断の仕方は、固定した塀にも言えることかもしれないが、しかし日本に伝統的なしきりは、おそらく風土が理由で可動式であり、外気や光などを取り込みながら遮断する。

また、しきりは垂直にしきるものだけではなく、例えば板の間と畳の部屋との段差や敷居もしきりである。畳と言えば、かつては畳の敷き方や縁の色また模様などが人々の階級と大きく関わっていた（柏木 前掲書：157-165）。つまり、「空間の階層性が畳によって示されていた」（柏木 前掲書：162）ということであるが、これは個人の意識面でのしきりに影響したと言えよう。このような感覚は今でもまだ「敷居が高い」などという表現に残っていると言える。

これらの日本に伝統的なしきりは個々人の感じ方や意識に影響を与えてきたと言ってよい。日本人は障子や襖、暖簾などを日常的に暮らしの中に取り入れることによって、人の気配を感じて気遣うということをしてきた。つまり、しきりのこちらと向こうにいる人が相互に人影や物音に気づき、しきりの反対側の事態を察知し、イメージし、それに合わせて適切な行動を取る。時には、見なかったこと、聞かなかったことにしながら、常にしきりの向こう側にいる人の気配を感じて生活し、気を配ることを当たり前の作法にしてきたのではないかと考えられる。ここで言えるのは、日本文化の考え方は、しきりのこちら側にいる認知主体が向こう側の対象とインタラクトしながら、視覚や聴覚などの認知プロセスを用いて事態を把握するというIモードと深く関わっているということである。

ところが、このような日本文化の中にヨーロッパ的な間取りが導入された。日本は、上述の社会意識を持たないまま、20世紀の初め頃から、家庭の中において公（家族全員が集まり共同で使う居間や食堂）と私（個人の空間である個室）とを「分離するヨーロッパ的な間取り」（柏木 前掲書：5）を導入すべく動き始め、特に第二次世界大戦後、日本の住宅は中央に廊下が延び、その両側に壁とドアでしきられた個室が並ぶ家に変身した。

西洋文化の空間への影響は他の面でも見られるかもしれない。第2章で取り上げた方角の認識の仕方に関して（2.4.3.2参照）、ここで日本語についても考えておきたい。既に見たとおり、現代の日本語は空間認識および表現を相対的指示枠で行っているのが普通である。しかし、井上（1998）は日本語について、「明治維新以降、西欧文明との接触が一気に増大する中で、絶対的指示枠から相対的指示枠へと言語表現が変わり、身の回りの空間認知方法も、今その移行期のただ中にある、と推論することもできるかもしれない」（井上1998：78）と言う。

その根拠は、日本語表現を歴史的に考察することによって得られる。日本では明治時代の初期までは、方位を判断するのにも暦年を数えるのにも中国に起源を持つ十二支が広く用いられていた。真北を子（ね）として東回りに30°ずつ12に区切り、「子（ね)」、「丑（うし)」、「寅（とら)」、……と定めているものである。1873年に日本はグレゴリオ暦（新暦）を採用したが、実は現在でも干支の使用はさまざまなところに残っている。例えば、生まれ年にまつわる話はいろいろあり、どの干支に生まれたかによって人の性格を判断したり、丙午の年に生まれた人についての迷信などは今でも間違いなく生きている。方角についても、普段は意識していないかもしれないが、節分の日には日本国中で恵方が話題になり、ニュースにもなるほどである。人々が方角の縁起をかつぐのは節分ばかりではなく、他にもさまざまな行動に影響しているかもしれない。おみくじの運勢にも方角についての記載があり、それにしたがって旅行や引っ越しなど行動を規制する人もいるであろうし、行動を制限はしなくても何となく気にはなっているという人もいるであろう。古くから方違え所（かたたがえどころ）[15]などが存在するのは、日本人が方角を気にかける習慣を持っているからに他ならない。丑寅の方角は常に忌み嫌われる凶の方角であるし、北枕は避けられる。「左右」に基づく空間表現も『古事記』に見られるほど古くから存在するのであるが、「東西南北」に基づく空間表現も同様に千年以上の長い間使用されてきた。つまり、

15）外出する際、目的地の方角が悪い場合、前夜、いったん吉方の方角にある知人宅や神社に一泊し、方角を変えて目的地に向かうことを「方違え」という。方違えに行く家などが「方違え所」である。

空間を捉え表現するのに、日本語では相対的指示枠による方法と絶対的指示枠による方法の両方が平行して使われてきた。そしてその感覚はまだ強く残っているのである。ただ、現代の日本においては、日常の言語使用の場面では相対的指示枠の使用が当たり前になっており、絶対的指示枠の「東西南北」での空間認識およびその表現は限られた状況においてのみ使用される形で残っている。ここに西洋文化の影響を見ることができるのである。

話を間取りに戻してこのセクションを締めくくろう。柏木によれば、特に第二次大戦を境にして日本の住宅のあり様は大きく変わってきた。しかし、それでも伝統的に障子や襖の文化を持つ日本人は、見えるか見えないか、聞こえるか聞こえないか、というイメージや感性、主観を大切にし、人間関係も曖昧にする灰色の文化に生きてきた。それは英語文化のような、壁やドアの、見える、あるいは見えない、という白か黒かのはっきりした文化ではないのである。言語に見られる特徴は言語以外の文化の側面にも平行して見られ、英語文化が客観性を重要視するのに対し、日本文化には伝統的に主観性やイメージ、感性が息づいてきたのである。

4.6　おわりに

言語には文化が組み込まれている。したがって言語を見ればその文化の思考方法や事象の捉え方がわかる。このような考えに基づいて言語現象を見てきた。そして、日本語と英語が根本的な面で異なるということを確認したが、言語が異なるということは、それだけ日本文化と英語文化が異なるということを意味する。予想どおり、この章で述べてきた英語と日本語の違いは言語以外の文化の側面にも平行して見られた。日常生活のさまざまな局面において、日本文化は主観性やイメージを、英語文化は客観性を重要視するという傾向が見られた。私たちは学習者として教育者として英語に向かう時、この事実を認識し、日本人のアイデンティティーとしての日本語・日本文化を大切にしていかなければならないことを肝に銘じ、英語と接していきたいものである。

第5章

公立小学校での英語必修化の意味

1998年（平成10年）の学習指導要領の改訂により、2002年度（平成14年度）から小学校において「総合的な学習の時間」[1]に「国際理解に関する学習の一環としての外国語会話等」を実施できるようになり、多くの公立小学校で英語活動が行われるようになった。それまでは研究開発学校として指定された小学校が英語活動に取り組んでいたが、この学習指導要領の改訂以降、英語活動に取り組む自治体や小学校が増えてきた。2002年度（平成14年度）には56.1％の学校が取り組み、[2] 2005年度（平成17年度）では取り組みの形態は様々であるが、93.6％もの公立小学校において英語活動が実施されている。そして、今回の学習指導要領の告示（2008年）において小学校での英語活動は教科という位置づけではないが、必修化することになった。公立小学校への英語教育導入は始まる前から大きな議論を巻き起こしており、それは必修化が決定した現在においても続いている。また、小学校現場においても英語導入に関する疑問

1）「地域や学校、児童の実態等に応じて、横断的・総合的な学習や児童の興味・関心等に基づく学習など創意工夫を生かした教育を行う」ことを趣旨とし、小学校3年生以上から週3時間程度が設けられている。英語活動はその内の数時間を使って行われている。

2）直山（2004）を参照。

や不安の声も上がっている。この章では、英語活動が必修化されるに至った経緯やそれまでの取り組み、英語教育導入への賛否論を見た上で、小学校への英語教育導入の必要性とは何なのか、どのような方向で進めていくべきかについて考えていく。まずは、英語活動が必修化するまでの経緯とその内容を見ていくことにしよう。

5.1 これまでの公立小学校における英語教育の取り組み

2002年度（平成14年度）から「総合的な学習の時間」の中で英語活動が実施されるまでは、1992年度（平成4年度）から1999年度（平成11年度）までに文部省（当時）が研究開発学校として指定した小学校が英語教育を進めてきた。指定期間は3年間で、60以上の小学校が指定された。2000年度（平成12年度）からは市町村教育委員会の申請に基づき、学校によって自由に研究課題を設定する制度になり、2005年度（平成17年度）には77校が「英語科」や「コミュニケーション科」などを設けて英語教育を実施した。研究テーマには「教科としての英語」のほかに、「幼・小連携」、「小・中連携」というような教育課程の一貫性を挙げているところもある。77校のうちほとんどの学校が小学1年生から英語を導入していて、授業時間数は年間10時間から80時間と各研究開発学校によって異なるが、多くの学校で高学年は30時間以上の取り組みがあった。これらの学校で行われている英語教育の目標には主に次の3つが挙げられる。1つ目は「積極的にコミュニケーションを図ろうとする態度の育成」、2つ目は「実践的コミュニケーション能力の基礎の育成」、3つ目は「言語や文化に対する理解・興味・関心を培う」である。これらの英語教育の成果については、「英語に対する興味・関心が高まった」、「英語でコミュニケーションを図ろうとする姿勢や意欲が増加した」という報告が主である。その他に「リスニング力の増加」を挙げているところもあった。[3] しかし、松川（2004a）が言うように研究開発学校での成果は文部科学省に報告されてはいるが、分析方法に客観的な基準を設けているわけではなく、印象批評的な分析に止まっているようであった。

1992年（平成4年）から始まった英語教育に関する研究開発学校が年々増えていく中、1998年（平成10年）12月に新小学校学習指導要領が告示され、新設された「総合的な学習の時間」において、各学校が「総合的な学習の時間の目標及び内容を定め、例えば国際理解、情報、環境、福祉・健康などの横断的・総合的な課題、児童の興味・関心に基づく課題、地域や学校の特色に応じた課題などについて、学校の実態に応じた学習活動を行う」[4] ことになり、国際理解教育の一環として外国語会話等が行えることになった。その際の配慮事項として、次のことが挙げられている。[5]

3）文部科学省による小学校外国語活動サイトの関連資料「小学校における英語教育について」の参考資料「小学校における英語教育に関する研究開発学校」に各研究開発学校における英語教育の実績（平成16年度）が掲載されている。詳細についてはhttp://www.mext.go.jp/b_menu/shingi/chukyo/chukyo3/004/siryo/06040519/002-2/007.htm　を参照。

4）小学校学習指導要領（平成10年12月告示、15年12月一部改正）の第1章総則参照。

5）本章脚注4に同じ。

> 国際理解に関する学習の一環としての外国語会話等を行うときは、学校の実態等に応じ、児童が外国語に触れたり、外国の生活や文化などに慣れ親しんだりするなど小学校段階にふさわしい体験的な学習が行われるようにすること。

ここでは、あくまでも国際理解教育の一環として、そして児童期の発達に合った体験的な学習を通して外国語に慣れ親しむことを重視し、小学校における外国語学習が中学校の外国語（英語）教育の前倒しにならないことが前提となっている。

では中・高の英語教育とは異なる小学校における英語活動とはどのようなものなのか。松川（2004a）は相違点について、次の3つを挙げている。まず1つ目は、「教科ではないから、一律の学力到達目標がない」ということである。「総合的な学習の時間」の中で行われる英語活動であり、それぞれの学校が独自で内容を作り上げていくので、到達目標も到達方法も決められていない。2つ目は「学校により、目指すものは多様である」ということ。先ほども述べたように、学校ごとに取り組みの内容はさまざまである。よって、目指すものも当然異なってくる。3つ目は、「活動・体験中心シラバスによるカリキュラムづくり」である。英語の何を中心にして指導計画を立てていくかが、小学校と、中学校・高校とでは異なるということである。中・高の英語教育では、単語・文法事項・文型といった言語材料を中心に考えて、一つ一つの部品を組み立てていくようにカリキュラムを構成していくが、小学校の英語活動は、どのような活動をさせるかが中心に来る。特定の単語や文法などを覚えるためではなく、英語を使ってどのような体験・活動をするか考えてカリキュラムを作っていくということである。[6]

上に挙げられた点を見ると、小学校における英語活動とはかなり自由で、各学校の裁量によって随分と異なってくることがわかる。同じ公立の小学校であるのになぜなのか、それでいいのかと思う人もいるかもしれないが、先ほどから述べているように、この英語活動は「総合的な学習の時間」に行われる学習活動である。「総合的な学習の時間」は、もともと各学校の創意工夫によって学習の中身を作り上げていくことを目指しているため、指導内容は設定されていない。よって、この時間に行われる英語活動についてもカリキュラムなどはない。すべては各学校の教員の努力によるということである。しかし、「ほとんど英語指導の経験がない先生ばかりの小学校にそれを期待するのは無理という世論に負けた」（松川 前掲書：49）のか、2002年度（平成14年度）から実施可能となる英語活動を目前にした2001年（平成13年）4月に、文部科学省は『小学校英語活動実践の手引』（以下『手引』）を発行した。この『手引』は理論編と実践事例編から構成されていて、理論編では英語活動のねらい、どのような英語を扱うか、授業方法、年間計画の作り方、教材などについて説明されている。実践事例編では、それまで英語教育導入を先駆けて行っていた研究開発学校の授業実践例が挙げられている（表5-1参照）。また、日本人教員だけでなくALTにも参考にしてもらえるよう、すべての

6）松川（2004a：第Ⅳ部　第1章）を参照。いくつかの研究開発学校が掲げた目標がまとめてある。3つのタイプに分類されてはいるが、各学校によって目指すものがさまざまであることがわかる。

表 5-1 『小学校英語活動実践の手引』の構成

【 理論編 】

1章 英語活動のねらい

1 「国際理解」と「外国語会話」の関係

2 「英語活動」のねらいと活動の在り方

2章 どのような英語を扱うのか

1 内容を決める際のポイントは何か

2 どのような言語材料、語句・表現を扱うのか

3章 どのような授業方法があるのか

1 授業は誰がするのか

2 どのような方法があるのか

3 指導上の留意点

4章 年間活動計画をどう作るのか

1 年間活動計画を作る際のポイントは何か

2 年間活動計画を一緒に作ってみよう

5章 1時間の授業をどう組み立てるのか

1 授業を組み立てる際のポイントは何か

2 授業を一緒に組み立ててみよう

6章 子どもが楽しむ活動

1 活動を設定する際のポイントは何か

2 子どもが楽しむ活動のいろいろ

7章 教材や教具はどう作るのか

1 教材や教具を作る際のポイントは何か

2 子どもが乗ってくる教材や教具のいろいろ

8章 英語活動の環境を整える

1 教師の研修会をどう企画し推進するか

2 学校や教室の雰囲気をどう作るか

9章 子どもの変容をどうとらえるか

1 子どもの変容をどう確かめるか

2 英語活動の効果を確認する評価の方法

10章 教室でよく使われる英語

11章 ALTとティーム・ティーチングを行う教師へ

～現職ALTからのお願い～

ALTへのヒントと指針

【　実践事例編　】

トピック1　I know it!（私も知っている英語）
トピック2　Hi, I'm Taro.（私は太郎です）
トピック3　What's this?（これはなんでしょう）
トピック4　What color do you like?（これはどんな色）
トピック5　Big or small（大きい帽子と小さい帽子、どっちにしよう）
トピック6　Face and body（鼻はなんていうのかな）
トピック7　How many steps?（いくつ進めるかな）
トピック8　What day is it?（今日は何曜日かな）
トピック9　What do you like?（私の好きな動物）
トピック10　How's the weather in Vancouver?
（バンクーバーのお天気はどうですか）
トピック11　Where's the department store?
（デパートはどこですか　－ALTの故郷、メルボルンを歩こう－）
トピック12　How much is it?（買い物に行こう）
トピック13　Food from around the world（世界の食べ物）
トピック14　Happy New Year!
（地域の外国人を招いて　－違いを認め友達になろう－）

内容が日本語と英語の両方で書かれた。[7] しかし、この『手引』が実際にはどの程度有益なものであったのかは疑問である。これを使って校内研修を行った学校もあるということだが、『手引』の「作成協力者会議」のメンバーであった松川自身でさえ、『手引』がゼロからスタートする現場の教師にとって読みやすくはなく、すぐに英語活動が始められるほど充実しているとは言えないと感じている。[8] また、専門家からの反応も批判的なものが目立つようであった。例えば、『手引』に示されて

7）詳細は文部科学省（2001）「小学校英語活動実践の手引」を参照。
8）詳細は松川（2004a：第Ⅱ部　第3章）を参照。

いる言語材料が基本的には中学校英語と変わらない、ALTの選考基準のいい加減さが出ている、国際理解教育の一環としての英語活動に大きな矛盾がある、などである。国際理解教育の一環として行われるはずの英語活動内容になっていないのではないかという矛盾に関しては、その原因を研究開発学校等における実践例を参考にしたことによるところが大きいと松川（前掲書）は述べている。どういうことかというと、研究開発学校の中には「教科」としての導入に力を入れたところもあり、それらの実践例というのは、学習指導要領で述べられている「国際理解教育」を前面に出した内容というより、「入門期英語教育」という色合いが濃いためということである。しかしながら、この「国際理解教育」と「英語活動」については、もっと根本的な矛盾や混乱があり、大きな問題点となって浮き彫りになる。これについては5.2で述べていく。

『手引』に関して、さまざまな批判があるが、松川（前掲書）はこれらの『手引』に対する批判の一番の原因について次のように述べている。

> このように、「不可解」とか「多くの矛盾をかかえている」と『手引』が批判された一番の原因は、「作成協力者会議」で、小学校英語活動のそもそもの目的、及び目標について十分な議論がつくせなかった点にあると、当事者としては思っています。 （松川 2004a：62）

小学校における英語活動についての目的、目標がしっかり議論されていないということは、『手引』でももちろんそれらが明確にされることはない。現場の教員にすれば、何のために英語活動を行うのか、最終地点が見えないまま、とりあえず走り出すことになってしまったということである。この英語活動が教科ではないにしても、どのような学習であれ、目的及び目標が明確でなければ、せっかく作られた『手引』も有効と言えない。何もないところから作り上げなければならない学校現場で、有効に活用してもらうために作成された『手引』のはずであるが、逆に教員を混乱させてしまったかもしれない。

手探り状態でスタートすることになった小学校における英語活動が始まって間もなく、2003年（平成15年）に、文部科学省が『「英語が使える日本人」の育成のための行動計画』[9]を出した。その中において、「小学校の英会話活動の支援」が「英語教育改善のためのアクション」として挙げられている（3.5参照）。指導体制などについて整えられているとは言えないが、英語活動を導入する小学校は年々増えていった。2005年度（平成17年度）の文部科学省による小学校英語活動実施状況についての調査[10]では、英語活動を実施した小学校の割合は93.6%にもなる。各学年別に見ても、第1学年で75.1%という割合である。第6学年では90.3%で、2003年度の調査[11]の70.6%（第6学年）から大幅に増えたことになる。ただし、年間の実施時

9）第3章末の資料を参照。

10）文部科学省「小学校英語活動実施状況調査概要（平成17年度）」を参照。http://www.mext.go.jp/b_menu/shingi/chukyo/chukyo3/004/siryo/06040519/002-2/002.pdf

11）文部科学省「小学校の英語教育に関する意識調査 結果の概要」を参照。190校の公立小学校の児童・保護者・教員の回答をまとめてある。http://www.mext.go.jp/b_menu/shingi/chukyo/chukyo3/004/siryo/06040519/002-2/011.htmEctetuerosto dolenim iurero odoleniam

間数にはかなり差があり、第6学年を見ると、年間1～3時間が14.0％、4～11時間が42.0％、12～22時間が26.5％、23～35時間が14.1％、36～70時間が3.3％、71時間以上が0.2％であった。このことから、年に数回という学校から月に1、2回、毎週1、2回という学校まで随分と差があることがわかるが、それでも何らかの形で英語活動を取り入れていこうとする小学校が増えていったことは確かである。活動内容については、ほとんどの学校で「歌やゲームなど英語に親しむ活動」(第5学年：96.2％、第6学年：97.1％)、「簡単な英会話（挨拶、自己紹介）の練習」(第5学年：94.5％、第6学年：94.8％）が行われている。続いて多かったのが「英語の発音の練習」(第5学年：72.2％、第6学年：73.0％）で、「交流活動など実体験を通じて英語や異文化に触れる活動」は半分以下という割合であった（第5学年：43.0％、第6学年：45.1％)。[12] ほとんどの学校で歌やゲームを通して英語に触れたり、英会話を行ったりしているということであるが、その中身についてはさまざまであり、英語力の向上を重点に学習を行う学校や国際理解教育を目指した学習を行う学校など、学校間で活動時間とともにばらつきが大きくなっていった。

各学校の判断の下、英語活動が進められてきたが、実際現場で対応にあたる教員の反応はどのようなものであろうか。文部科学省が実施した「小学校英語に関する意識調査」(2004年6月実施)[13] では、英語活動を行うことについて「よいと思う」・「どちらかといえばよいと思う」保護者の割合が計91.1％であ

12）本章脚注10に同じ。

13）本章脚注11に同じ。

るのに対して、教員では計76.4%という割合であった。小学校で英語学習を行うことに、断固反対というわけでなくとも、消極的な姿勢をとる理由の一つは「基本的には担任を中心に」という方針のためであるのではないだろうか。誰が指導するのかという問題に関しては、多くの不安や疑問の声が上がっていた。先ほどの調査において、「小学校の英語活動は誰が教えるのがよいか」の質問に対しての教員の回答結果は以下のとおりであった（表5-2）。[14]

表5-2 「小学校の英語活動は誰が教えるのがよいか」についての教員の回答

	よいと思う	よくないと思う
小学校の教員と英語を母国語とする外国人のT・T（ティーム・ティーチング）	85.7%	9.6%
英語を専門に教える小学校の教員	80.7%	12.8%
学級担任と英語を専門に教える小学校教員のT・T	76.9%	16.0%
小学校の教員と英語が得意な地域の日本人のT・T	6.8%	25.7%
学級担任	39.9%	45.1%

（上位5項目）

学級担任が一人で指導することに対しては、消極的な姿勢が表れている。また、「英語活動を実施する上での課題」に関する教員の回答結果は次の表5-3のようになっている。[15] この回答結果からもわかるように、英語活動を進めていくためには小学校の教員以外で、言語に関しての指導ができる人材が必要であると感じており、その他、授業準備、教員自身の英語力や指導

14）文部科学省「小学校の英語教育に関する意識調査結果の概要」を基に作成。

15）本章脚注14に同じ。

表 5-3 「英語活動を実施する上での課題」についての教員の回答

ALT や英語に堪能な民間人など外部人材の確保	74.2%
教員間や、ALT や英語に堪能な民間人など外部の協力者との打ち合わせ時間の確保	50.2%
教材・教具等の開発や準備	45.0%
小学校教員の英語力や指導力の向上	44.9%
英語活動に関する教員研修の充実	42.0%

（複数回答・上位 5 項目）

力の向上など指導体制に関する課題が多いことがわかる。

指導内容、時間数、指導体制などの課題に対し、学校によってさまざまな取り組みや試行錯誤を重ねながら、前述したように2005年度（平成17年度）には93.6%の小学校で英語活動が実施されるようになった。そして2006年（平成18年）3月末、中央教育審議会初等中等教育分科会外国語専門部会は、現代の社会には「国際的な理解と協調が不可欠」であること、社会・経済のグローバル化にともない、国際社会で活躍する人材を育成するために外国語、特に国際的共通語として役割を果たす英語の教育は「国家戦略として取り組むべき課題」となっていること、諸外国において小学校段階での英語教育が増加していることなど、今日の英語教育に関する状況を示した上で、次のような小学校における英語教育の必要性を提示し、小学校における英語教育の必修化を提言した。[16] まず1つ目の必要性とは「小学生の柔軟な適応力を生かすことによる英語力の向上」である。小学生は「コミュニケーションへの積極的な態度の育成や、英語の音声や基本的な表現に慣れ親しむことに適し

16）詳しくは、文部科学省「小学校における英語教育について（外国語専門部会における審議の状況）」を参照。http://www.mext.go.jp/b_menu/shingi/chukyo/chukyo3/004/siryo/06040519/002.htm

ている」と考えられている。2つ目は「グローバル化の進展への対応」である。そして3つ目に「教育機会均等の確保」を挙げている。90％以上の小学校で英語活動が行われている一方で、その時間数や内容にかなりのばらつきが出てきており、また中学校と円滑な接続をするためにも入学生徒全員が共通基盤を持っていなくてはならないと考えられている。小学校への英語教育について、これらの必要性を示した中央教育審議会の外国語専門部会は、高学年（5～6年）で年間35単位時間（平均週1回）英語教育を行うことを提言した。その後、中央教育審議会教育課程部会が検討し、2008年（平成20年）に告示された新学習指導要領において英語の必修化が盛り込まれることとなった。必修化の中身については5.3で詳しく見ていくことにする。

ここまで、小学校での英語教育に関するこれまでの取り組みを見てきたが、導入に関しては長い間、賛否両論が交わされている。ここからは賛成・反対の意見から、どのような点が問題になっているのか、小学校における英語教育の利点とは何なのかを見ていき、なぜ小学校で英語教育なのか、その必要性へと迫っていきたい。

5.2　公立小学校英語教育導入への賛成論・反対論

小学校への英語教育導入についてはさまざまな視点から議論されているため、なかなか論点を絞ることが難しい。賛成派・反対派の中においても小学校では何をすべきなのか、何を目指すべきなのかについてはさまざまである。新聞やテレビ番組、書籍などにおいて賛成意見、反対意見を見聞きすることが多い昨今であるが、それらの意見を聞いていくうちに、一体何を議論しているのか混乱しそうになってしまうのではないだろうか。ここではそれらの意見を整理してみたいと思う。なるべくわかりやすく見ていくために、賛成意見、反対意見を「学習開始年齢」、「言語面」、「外国語や異文化への興味・関心」、「小学校教育課程」、「指導面」、「コミュニケーション面」、「国際理解教育」の7つに関して分類した。また、賛成派と反対派の意見に加え、「学習開始年齢」では諸外国における取り組みについて、「国際理解教育」ではなぜ議論が混乱したのかという問題点も述べていく。

● 学習開始年齢に関する意見

小学校段階での英語導入について世間一般でよく聞かれる賛成の理由の一つとして、「小さいうちから英語に触れた方が身につくから」というのがある。これは民間の語学学校などが、「臨界期仮説」を持ち出して宣伝しているせいもあるかもしれないが、このように考える人も多いのは事実である。「臨界期仮説」とは、人間が言語を習得するのにはある重要な時期（およそ7歳から9歳頃と言われる）があり、その時期を過ぎると言語を完全には習得できないという仮説である。山田(2006：91-92）が雑誌『AERA』(2004年3月8日号）の記事を紹介しているが、「英語を子どもに教え始める時期はいつがよいか」というネット調査に対して、73％の親が小学校入学以前に英語教育を始める方がよいと答えた結果[17]からも、「早ければ早いほどよい」と考える人が多いことがわかる。また、文部科学省が実施した調査[18]では、「小学校で英語教育を必修とすべきか」の質問に対し、「そう思う」と回答した保護者は70.7%で、その理由（複数回答）として「早くから英語に親しませておいた方が英語に対する抵抗感がなくなると思うから」(83.6%)、「英語の発音は小学生のときから学んだ方が身に付くから」(50.5%)、「英語は小学生のときから学んだ方が身に付くと思うから」(46.4%）などが挙がった。もちろん、どちらの調査結果も全国すべての保護者の回答ではないが、山田（前掲書）も言うように、「世間の関心の方向を暗示して」おり、多くの人が日本人の英語力の向上を願い、早期英語教育に対して期待が高いことがわかる。

先ほど述べた、言語を完全に習得するために重要な時期があると説明する「臨界期仮説」に関しては、賛成派、反対派を問わず、「外国語」としての英語学習には適用されないと考える人が多い。「臨界期仮説」は母語においてはおそらく当てはまると考えられるが、外国語に関しては、母語の場合とは環境やインプット量・時間などの条件が随分と異なるため比較できないと考えられるからである。よって、日本の環境においては、英語の学習開始時期が早ければ早いほど習得可能になるというわけではない。しかし、賛成派の中には母語以外の言語につい

17）35歳以下の親（男女155人）の回答の87%が小学校低学年「以前」と答え、そのうち34%が「三歳未満がよい」、39%が「三歳から六歳の間」と答えた。山田（2006）を参照。

18）文部科学省「小学校の英語教育に関する意識調査 結果の概要」を参照。190校の公立小学校の児童・保護者・教員の回答をまとめてある。http://www.mext.go.jp/b_menu/shingi/chukyo/chukyo3/004/siryo/06040519/002-2/011.htmEctetuerosto dolenim iurero odoleniam

て「臨界期仮説」を否定しない考え方もある。その言語が外国語としての言語か、第2言語としての言語なのかは関係なく、とにかく母語以外の言語にも音声面などの上で「臨界期」が存在するのは否定できないという主張だ。そして、「世界の各地で英語ができる地域の人たちは、ほとんど例外なく早くから学習を始めている」(唐須　2004：83）ことからも、グローバル化する世界に対応するために、コミュニケーション手段となる英語を小学校から学習し始めることは当然なのではないかと述べている。

上記のように、「臨界期仮説」が日本の英語学習の状況にも当てはまるという考えもあるが、多くはほとんど関係ないと見ていると言ってよい。しかしながら、それは早期英語教育を否定するものではない。早期学習が発音やリズム、リスニングの面で効果があるという見方は多く、小学校段階における英語教育の開始を主張する一つの理由になっている。また、英語学習の早期開始への動きは、日本や一部の国だけでなく、今やアジア諸国をはじめとする多くの国で国家戦略として広がっている。表5-4は6カ国の英語教育の導入時期とそのときの開始学年についてである。[19]

また、アメリカやイギリス、オーストラリアといった英語圏の国でも、外国語の必修化に踏み切っている。世界主要45カ

19）文部科学省　関連資料「諸外国における小学校段階の英語教育の状況」を基に作成。詳細については、文部科学省　中央教育審議会　初等中等教育分科会　教育課程部会（第39回（第3期第25回））議事録・配布資料[資料2－2（9）]を参照。http://www.mext.go.jp/b_menu/shingi/chukyo/chukyo3/004/siryo/06040519/002-2/009.htm

表 5-4　6 カ国における英語教育状況（2004 年時点）

	導入時期	開始学年
大韓民国	1997 年：必修科目として導入	第 3 学年から
中華人民共和国	2001 年：必修化を発表し、段階的に都市部から導入 2005 年：学年進行で必修教科として基本的に実施	第 3 学年から （大都市では第 1 学年からのところもある）
台湾	2001 年：第 5 学年から必修教科として導入 2005 年：第 3 学年から開始	第 3 学年から （台北市は第 1 学年から）
タイ	1996 年：必修教科として導入	第 1 学年から
フランス	2002 年：必修教科として導入を決定	2007 年から小 2 からを目標 （2004 年度では小 4･小 5 が 98.8%、小 3 が 81% 実施）
ドイツ（バーデン、ヴュルテンベルク州）	2003 年：必修教科として導入	第 1 学年から

国の中で外国語学習開始年齢が日本の12歳よりも遅い国はないということからも、世界全体で、外国語教育が早期化、強化されてきていることは確かである。[20]

● 言語面に関する意見

言語面に関した賛成意見として、メタ言語能力の発達促進がある。メタ言語能力とは、言語の構造を意識化する能力のことである。ただ単に言語を使うことは幼い子どもでもできるが、言語の構造的な仕組みは言語を客観的に捉えられないとできない。この言語を意識化できる能力は、言語運用能力や思考能力

20）詳しくは、大谷（2006）を参照。

を高めると考えられており、外国語に触れることによってその発達が促進されると考えられている。ただ、どれくらい外国語に触れたら、どれくらい促進するのかといったことについては詳しくわかっていない。また、母語の基礎力とある程度の認知発達が大切で、それは小学校中学年あたりから備わってくると言われている。[21]

メタ言語能力の発達については、反対派からもその重要性が述べられている。ただし、小学校においては母語の言語教育によって育成するべきであると考えられている。英語教育ではなく、まず母語の言語教育の方に重点を置くべきであるという考えだ。自分たちが無意識に使っている日本語について意識させることにより、「言語の面白さ、豊かさ、怖さを学習者に気づかせ」、さらに「言語を使って自己の思考を表現し、同時に、他者の言語表現の意図するところを的確に判断することの大切さを学習者に気づかせ、それを実践する力を養成する」（大津 2005：146-149）ことを目指している。

その他、言語面に関する意見としては、英語の発音・リズム・聞き取りなどの音声面において効果があるという賛成意見がある。田尻（2006：245-248）が主張するように、学年が低いほど発音に対する感覚が敏感で、英語的な発音を身につけるには適していると考えられる。また、英語学習の初期段階で英語の発音を真似しておくことによって、中学校でさらに発音を良くしていく基礎ができると考えられている。

21）バトラー後藤（2006）を参照。

● 外国語や異文化への興味・関心に関する意見

外国語学習は異文化への興味・関心を高めるという利点が賛成派から挙げられている。研究開発学校で先行して始められた英語教育においても、その成果として同様の報告がされた。また、母語とは「異なる言語を学ぶことによって異質なものを受け入れる素地を作る」（田尻 前掲書：249）ことができ、情操教育という面から見ても利点があると考えられる。ただ、異文化が英米文化に偏ったり、ステレオタイプ化されたりするようではプラスには結び付かないという留意点も挙げている。

一方、反対派からは、外国語教育として英語だけを学習させることは、英語文化を特別扱いすることに繋がりかねないと危惧する声がある。また、それによって英語優越主義を児童に植えつける危険性があると指摘し、それはすべての言語・文化を尊重する国際理解にも逆行すると主張している。[22]

● 小学校教育課程に関する意見

小学校への英語教育導入については、日本人の英語力の向上という観点から議論されることが多いが、「小学校教育の充実」という視点から英語教育導入に賛成意見を唱える声もある。すなわち、小学校において造り出される斬新で多様な英語活動と、それに関わる担任教師によって、児童にとって意味のある教育活動が創造されると主張するのである。[23]

反対派はこれと逆のことを主張する。つまり、小学校への英語導入を「小学校教育の充実」ではなく、小学校教育への過度

22）大津（2006）を参照。
23）松川（2004b）を参照。

の負担と考えている。今の小学校の時間割に、英語のための時間を割り込ませる余裕はないし、もし英語を入れた場合、他教科の時間を削減しなければならず、そのような代償を払ってまで得るものよりも不利益の方が大きいという意見である。また、小学校で扱われるゲームや遊び程度の英語では、将来仕事に役立つようなレベルにはならない、それよりも他教科、例えば国語、算数、科学などの時間を増やすべきであると主張している。[24]

● 指導面に関する意見

誰が指導するのかについては、英語教育導入賛成派からも慎重な意見や考慮すべき点が出されている。担任教師が教えることに関しては、教師自身が言語指導の面で不安に思っていることは述べたが（5.1参照）、松川（2004a）は、コミュニケーションに対する積極的な態度を育成する趣旨からすると、「子どもの実態をよく理解している学級担任が中心となって進めるのは当然のこと」で、仮にALTや地域ボランティアなどが授業に入るとしても、担任なしでということはあり得ないと述べている。そして、「英語を使って積極的に外国の人と関わってみようとすることが、英語活動の目指すところ」なのであるから、学級担任が外国の人と積極的に関わろうとする姿を児童に見せることが、学習の上で大変意味があるという主張だ（松川 前掲書：178)。また、外国語の運用能力が求められているわけではなく、「あくまでも国際理解を目指した活動のために

24）今井（2005）及び大津（2006）を参照。

必要な、最低限度の意思疎通ができれば十分」(冨田 2004：179-180) なので、学級担任は国際理解教育という枠組みの中で、自分の能力に応じて出来る範囲の外国語活動をすればよいという意見もある。学級担任以外の人材に関しては、多くのALTは語学教師としては素人であり、英語を教える指導者ではなく英語を実際に使う際の相手という認識を持ち、小学校教員の研修を充実させることの方が重要であるという意見[25]がある一方で、日本の教育を理解してくれる優秀なALTや意欲を持って長期的に関われる英語に堪能なボランティアや特別非常勤講師などの確保も考慮すべき課題であるいう意見も挙げられている。[26]

指導面に関して反対派は、指導の難しい外国語教育の入門期に、しっかり教えることができる教員が不足している中で英語教育を進めるのは危険であることを主張している。また小学校の段階で不自然な英語を身につけてしまうと、中学校の段階で新たに正しい英語を身につけ直すのは非常に難しいとも述べている。発音を録音したＣＤなどの補助教材や民間の人材の活用については、「教材はあくまで教材であって、それを使って適切に教えることのできる教師がいることが前提」(大津、鳥飼 2002：29) であり、「継続的な指導をするとなれば、しっかりした教育理念、知識、技術が必要」になると主張し、どのような形で取り入れるにしても、専門知識のある教員がいなければならないと強調している (大津 2006：13)。

---

25) バトラー後藤 (2006) を参照。
26) 松川 (2004a：第Ｖ章　第1章) を参照。

● コミュニケーション面に関する意見

現代の子どもたちが人と関わることが大変少なくなってきている今日の社会環境を踏まえ、賛成派は英語活動によって、言葉で人と関わる楽しさに気づかせ、人とコミュニケーションを図ろうとする態度を身につけさせることができると主張する。日本語以外の言語を聞いたり、話したりする状況で、日本語でのコミュニケーションのときにはしない工夫をすることによって意思疎通が図れたとき、母語では味わえない喜びを得ることができ、人と関わる楽しさを体験できるという考えである。[27]

● 国際理解教育に関する意見

小学校の英語教育導入について議論をするときに必ず出てくるのが「国際理解」である。そして、おそらくこれが議論を大きく動かす要因であり、また混乱の原因の一つであったのではないかと思われる。1990年あたりから盛んに「国際理解」という言葉が登場するようになり、英語教育と結び付けられるようになった。小学校においても「国際理解に関する学習の一環として外国語会話」が登場し、「国際理解」という言葉が非常に多く見聞きされるようになった。そのような中で述べられた国際理解に関する賛成意見には次のようなものがある。まず、国際理解教育のために英語教育を活用できるという考えである。「外国語の学習には、言語能力の育成と同時に、言語や文化に対する柔軟性をも培うという二面性がある」(影浦 1997：10)

27) 直山(2004及び2006)を参照。また直山は、英語活動の中での人と関わりを通して、自分の存在を認識することが「子どもの個の確立」につながると述べ、英語活動の必要性を主張している。

ことから、自分の言語や文化とは異なる言語や文化があり、それを受け入れる姿勢を育成できるとしている。松川（2004a）は、英語を通した活動を体験することによって、世界に目を向けさせ、文化の違いや共通点を理解できるような取り組みに挑戦している学校を取り上げ、英語学習と国際理解教育を一緒に行う可能性について述べている。また、必ずしも国際理解教育と「英語教育」を直接的に結び付ける必要はなくても、「外国語会話」と関係づけることには意義があるとし、「外国語に触れることによって、国際理解教育にとって意味をもつ『言語的気づき』や『文化的気づき』の場を提供できる」（冨田 前掲書：181）という意見もある。

一方、反対派は、国際理解教育は推進すべきものだが、それを英語教育と結び付けるのはおかしいと主張する。国際理解教育のために英会話の指導をすることで、「国際理解とは英会話をすること」のような勘違いや「他国文化＝英米、世界＝英語、という無言のメッセージを児童に伝える危険性を孕んでいる」（鳥飼 2004：192）と考えている。また、近年、日本に在留する外国人が増加してきていることから、多様な言語・文化背景をもつ人々と共生していくための教育が必要であるという主張もある。そのような教育を先にしてこそ、外国語を学ぶ基盤が出来上がると考え、まずは英語教育よりも国際教育を展開していくことの方が優先であると主張している。[28]

賛成派・反対派のどちらも国際理解教育については、小学校において教育すべきことであるという点では一致している。

28）詳しくは野山（2006）を参照。

そこへ英語を取り入れるかどうか、どのように取り入れるかが問題なのだが、もう一つこの問題をややこしくしているのが、「国際理解」の捉え方である。特に、文部科学省が発行した『手引』（『小学校英語活動実践の手引』）が混乱の素になったと思われる。そもそも日本の国際理解教育とは1974年にユネスコが提唱した「国際教育」を受け導入したもので、1982年に日本ユネスコ国内委員会がその基本目標を挙げている。それは、「①人権の尊重、②他国文化の理解、③世界連帯意識の育成」（鳥飼 前掲書：191）であり、教育においては、単に他国の文化の紹介をするだけではなく、自国を含めたすべての人、文化を尊重し、世界で起こっている問題について自分自身を含めて考える必要がある。ところが、2002年度（平成14年度）から「国際理解に関する学習の一環」として行われることになった外国語会話のために発行された『手引』において、文部科学省は結果的に国民に対して歪んだ「国際理解」を打ち出してしまった（6.1.2.1及び6.1.2.2を参照）。

『手引』では「国際理解」のねらいを、①異文化を知るだけではなく、異文化を通して自国の文化を知る、②知識だけではなく行動する能力を育成する、③外国語によるコミュニケーション能力を育成する、としている。そして、その具体的な学習活動に「外国語会話」、「国際交流」、「調べ学習」を挙げ、世界における言語使用状況と子どもの学習負担を考慮して、「外国語会話」には英語を取り上げた。『手引』では、「『外国語会話』を体験することによって、国際理解に関する意識も自然に芽生えていくことが期待できる」（p.2）と述べた上で、「英語活動」のねらいと活動の在り方が説明されているが、ここまでの『手引』の説明では、「英語活動をすれば国際理解ができる」という誤った印象を与えてしまっている。結局、国際理解のためには何をしたらよいのか曖昧なままで英語教育と結び付けてしまった。よって、「国際理解」とは何なのか、「国際理解に関する学習の一環としての外国語会話」とは何なのか、受け取り方もバラバラである。このような焦点がぼやけた状態で議論されることになった国際理解教育と英語教育なので、小学校英語賛成派の中であっても意見が錯綜し、一つの柱に沿って議論することが難しいように思われる。

ここまで、すべてではないが、さまざまな視点からみた小学校への英語教育導入についての意見を挙げた。その中には「総合的な学習の時間」の中の英語活動を前提に述べられているものもあるが、2011年度（平成23年度）から必修化される英語については「総合的な学習の時間」から外され、別に「外国語活動」として扱われる。「外国語活動」となる英語教育とそれまで行われてきた英語教育との違いとはどのようなものなのだろうか。

5.3　必修化する英語

新学習指導要領で必修化される英語は、上でも述べたように「外国語活動」として小学校5年、6年に「総合的な学習の時間」とは別に授業時間数を設け、年間35単位時間（週1コマ相当）行われるが、教科として位置づけされるわけではない。また、評価については数値によるものは行わず、文章表記で行われる。「外国語活動」という名称であるが、中学校の「外国語科」同様、原則として英語を取り扱うこととしている。「外国語活動」の新設にあたっては、①「小学生の柔軟な適応力を生かすことによる英語力の向上」、②「グローバル化の進展への対応」、③「教育機会均等の確保」という英語教育の必要性を踏まえたものとされている（5.1参照）。これらの必要性を踏まえた「外国語活動」とはどのようなものだろうか。

まず、新学習指導要領（2008年）における目標を見てみよう。[29]

目標

> 外国語を通じて、言語や文化について体験的に理解を深め、積極的にコミュニケーションを図ろうとする態度の育成を図り、外国語の音声や基本的な表現に慣れ親しませながら、コミュニケーション能力の素地を養う。

目標は、①「言語や文化について体験的に理解を深める」、②「積極的にコミュニケーションを図ろうとする態度の育成を図る」、③「外国語の音声や基本的な表現に慣れ親しませる」の3点すべてを「外国語を通じて」行うこととしており、また、これら3点のいずれかに偏って指導されることのないようにとしている。もう少し詳しく見ていくと、まず目標の①については、言語意識を高め、日本語や日本の文化を含めた言語・文化

29）外国語活動の新学習指導要領についての詳細は、文部科学省「小学校学習指導要領　第4章　外国語活動」及び「小学校学習指導要領解説　外国語活動編」を参照。http://www.mext.go.jp/a_menu/shotou/new-cs/youryou/syo/gai.htm

への理解を深めることを重要とし、文化に関しては、日本に関することで児童にとって身近なこと（例えば地域や学校、地域の名物）を紹介して、発信することも考えられている。②については、相手の思いを理解しようとする態度と自分の思いを伝えようとする態度の育成を重要としている。③については、聞く力など音声面の育成が小学校段階では適当であるが、あくまで音声や表現に慣れ親しむことを示しており、過度な暗記による習得へ偏らないよう説明している。これらの目標を踏まえた内容は次のように設定されている。[30]

1　外国語を用いて積極的にコミュニケーションを図ることができるよう、次の事項について指導する。
　(1)　外国語を用いてコミュニケーションを図る楽しさを体験すること。
　(2)　積極的に外国語を聞いたり、話したりすること。
　(3)　言語を用いてコミュニケーションを図ることの大切さを知ること。
2　日本と外国の言語や文化について、体験的に理解を深めることができるよう、次の事項について指導する。
　(1)　外国語の音声やリズムなどに慣れ親しむとともに、日本語との違いを知り、言葉の面白さや豊かさに気付くこと。
　(2)　日本と外国との生活、習慣、行事などの違いを知り、多様なものの見方や考え方があることに気付くこと。

30）本章脚注29に同じ。

(3) 異なる文化をもつ人々との交流を体験し、文化等に対する理解を深めること。

以上が「外国語活動」の目標及びその内容であるが、これらについて議論すべき点がいくつかある。

まず、第3章でも述べたように「外国語活動」の目標は中学校への接続を意識し、小学校段階で養う「コミュニケーション能力」を強調しているのだが、目標の②の設定理由に疑義を呈したい。学習指導要領解説はその設定理由について、「現代の子どもたちが、自分の感情や思いを表現したり、他者のそれを受け止めたりするための語彙や表現力及び理解力に乏しいことにより、他者とのコミュニケーションが図れないケースが見られる」[31] からと述べている。しかしこの設定は当を得ていない。目標②はコミュニケーションを図ろうとする態度の育成についてであり、語彙や表現力、理解力の育成についてではない。「語彙や表現力及び理解力に乏しい」ということが原因で他者とコミュニケーションが図れないのなら、それはコミュニケーションへの積極的な態度の育成が目標ではなく、それらの力をつけることが目標となるべきである。しかも、日本語の問題と混同してしまっている。

次に議論したい点は目標①並びにそれを受けた内容の2である。教育課程の位置づけが変わり、「総合的な学習の時間」の

31) 文部科学省「小学校学習指導要領解説　外国語活動編　第2章 第1節　1目標」を参照。http://www.mext.go.jp/a_menu/shotou/new-cs/youryou/syo/gai.htm

英語と区別するためか、「国際理解」ということばがさまざまな批判の原因となったからなのか、目標の中には「国際理解」という文言はない。「国際理解」とは記してないが、目標①が示すように、日本語や日本の文化を含めたさまざまな言語・文化への理解を深めることは、一種の国際理解である。しかし、学習指導要領が提示するその内容は国際理解と言えるのか。文部科学省はそれを国際理解として捉えているようであるが、その内容が本当の意味での国際理解につながるとはどうしても思えない。その理由は2つ挙げられる。まず理由の1つ目は、言語や文化について理解を深める方法である。「総合的な学習の時間」で国際理解教育を取り入れた学校では、その解釈の違いから、どちらかというと英語力の向上を図る取り組みを重視し、英語を用いた活動を行うところもあれば、英語活動よりも国際理解教育の取り組みに力を入れ、日本語で授業を行うところなどさまざまであった。しかし、「外国語活動」では目標の①、②、③すべてにおいて「外国語を通じて」行うことが明記されており、言語や文化について理解を深めることにおいても、「外国語を通じて」「体験的に」に行うこととしている。また、学習指導要領解説では、内容指導においての留意点について次のように述べている。[32]

（前略）言語や文化についての知識を単に与えるのではなく、言語や文化を題材にして、児童が実際に外国語を聞

32）文部科学省「小学校学習指導要領解説　外国語活動編第2章 第1節 3 指導計画の作成と内容の取扱い」を参照。

いたり話したりするなどコミュニケーションを体験することを通して、言語や文化について理解することが大切である（後略）（下線は筆者）

言語や文化について理解を深めるために、日本語での紹介や説明を必ずしも否定するわけではないようだが、学習指導要領の解説ではそのような方法ではなく、あくまでも外国語によるコミュニケーション活動を通して体験的に行われることが強調され、必要であると示されている。しかし、年間35単位時間（週1回程度）という時間的に限られた中で、上で示されたような方法で行ったとして、例えば、国や地域による食文化の違いなどについて「理解を深める」という域に達するのだろうか。外国語による体験的な活動を行ったからといって、児童全員が同様に自然に理解を深めると期待すべきではない。もし本当に理解を深めたいのであれば、児童自らが本やインターネットなどで調べたりする方が（もちろん日本語で）、限られた時間の中でもっと中身の濃い、児童にとって意味のあるものになるはずだ。

2つ目の理由は、取り扱う題材である。日本語や外国の言語や文化の指導においては、児童が日本文化と異文化との違いを知り、「多様なものの見方や考え方があることに気付くようにすることが重要である」[33] としているが、「外国語活動」の内容とその解説を見るとそれは疑問である。例えば、「世界のさまざまなあいさつ」や「世界の食べ物」、「いろいろな国の衣装」、

33）本章脚注32に同じ。

「いろいろな数の数え方」[34]といった題材を扱ったとき、日本文化と表面的に異なるということは感じても、そこから世界にあるさまざまなものの見方や考え方にまで広げて理解を深めさせるのは難しい。外国語でのコミュニケーション活動によって、児童がこれらの題材について理解を深めるには、上で述べたように、児童に異文化に関する知識や何らかの事前・事後の活動が必要である。世界のいろいろな文化を見ること自体は決して悪いことではない。さまざまな国の文化は児童にとって興味深いものだ。外国の食べ物や生活を紹介することによって、他国に興味・関心が高まることは良いことだろう。しかし、それらのことを題材として扱い、コミュニケーション活動を行ったからといって、異文化への理解が深まる、もしくはそれで国際理解教育ができたということにはならない。

ここまで、「外国語活動」の内容について見てきたが、次に「外国語活動」の指導体制について見ていくことにする。5.2で述べたように、誰が指導するのかについては英語教育導入前からずっと議論されてきた。「総合的な学習の時間」での英語活動では、基本的には学級担任を中心に進めることとされてきた。言語面を指導したり異文化を伝えるALT（外国語指導助手）の活用や、担任やALTと調整したりするJTE（日本人英語教師）の活用は大切であるとしているが、中心になって進める

34）指導内容の一部（イメージとされている）は文部科学省 中央教育審議会 初等中等教育分科会 教育課程部会小学校部会（第4期第1回）議事録・配布資料[資料15]を参照。http://www.mext.go.jp/b_menu/shingi/chukyo/chukyo3/029/siryo/07090310/004/002.htm
また、「英語ノート」構成案（第5学年・第6学年）も参照してもらいたい。http://www.mext.go.jp/a_menu/shotou/gaikokugo/note/pdf/080328.pdf

のは学級担任であることが推進されてきた。小学校への英語教育導入賛成派の間でも、学級担任が責任を持ち、中心になって英語活動を進めるのは当然と考える専門家がいる。しかし、これらの専門家でさえ、学級担任に求められることは、英語を使って外国の人と関わってみようとする積極的な態度や、国際理解教育を目指した活動のための最低限度の英語力であり、教師が難しいと感じたり、できないと思ったりして不安に思うことまで教える必要はないと考えている。しかし、「外国語活動」においては、その教育課程の位置づけが変わり、今までの「国際理解の一環」からは離れて、中学校の英語教育に接続するものと考えられている。小学校における英語教育はスキルの向上を重視するよりもコミュニケーションへの積極的な態度の育成や国際理解を深めることを重視することを基本としているとは言え、英語教育に関する小学校の責任も当然あるということだ。それは次の「小・中学校 新学習指導要領Q&A（教師向け）」[35]の説明からもわかる。

> 小学校の外国語活動は、単に国際理解を図ることを目的とした活動ではなく、中学校の外国語科の学習に接続するものとして位置づけられています。そのため、中学校においては、地域の小学校における外国語活動の指導内容について、扱われている単語や表現についてもきめ細かく把握することが、特に中学校第1学年の指導内容に係

35）詳しくは文部科学省「小・中学校 新学習指導要領改訂Q&A（教師向け）11.外国語活動・外国語に関すること」を参照。http://www.mext.go.jp/a_menu/shotou/new-cs/qa/11.htm

る指導計画を作成する際には必要となります。小学校においても、中学校と連携を密に図っていくことに配慮して下さい。（下線は筆者）

「総合的な学習の時間」での英語活動とは趣旨が異なる部分があり、個人差があるだろうが、学級担任ができないことや難しいと思うことも当然あると考えられる。

では「外国語活動」の指導体制はどのように考えられているのだろうか。以下は指導体制についての配慮事項である。

指導計画の作成や授業内容については学級担任の教師又は外国語活動を担当する教師が行うこととし、授業の実施に当たっては、ネイティブ・スピーカーの活用に努めるとともに、地域の実態に応じて、外国語に堪能な地域の人々の協力を得るなど、指導体制を充実すること。[36]

「外国語活動」においても、児童のことをよく理解している学級担任の存在は不可欠と考えられているが、実施に当たっては指導者にある程度の「聞く・話す」英語力や外国の文化についての知識が求められることから、ネイティブ・スピーカーや外国語が堪能な人々を取り入れる必要性が述べられている。しかし、人材については多くの学校で継続的にしっかり指導できるALTや外国語に堪能な人々などの確保が難しい状態だ。学習指導要領でネイティブ・スピーカーや外国語が堪能な人々の必

36）文部科学省「小学校学習指導要領解説　外国語活動編第2章 第１節 3指導計画の作成と内容の取扱い」を参照。

要性を述べるなら、国や地方自治体は人材とそのための財源の確保に力を入れ、現場をサポートする体制を十分に作らなければならない。そうでなければ、中学校へつなぐ基盤を育成する責任を小学校に求めることはできない。

誤解のないように言っておくが、学級担任が「外国語活動」の授業をできないと言っているのではない。中には英語が得意な教師もいるだろう。しかし、教職課程でも英語教育についての勉強はなかったし、英語が苦手であるという教師にとっては、単語や短いセンテンスを発音することでも不安や抵抗を感じる。それは教えるプロであれば、「基本的なものだから簡単」というわけではないことは、なおさら感じるであろう。学級担任はクラスの児童にとって、とても影響力のある存在であるから、教師が頑張って英語でコミュニケーションを図ろうと挑戦している様子や、活動に積極的に参加する様子から、学習者としての姿を学び、それが「積極的にコミュニケーションを図ろうとする態度の育成」にプラス作用を及ぼすことは大いに考えられる。筆者も実際にそのような状況を見てきた。しかし、同時に教師が不安や迷いを感じながら教えていれば、児童は察知し授業がうまく成立しないことも考えられる。また、このような言語面の指導に関する問題のほかに、教材・教具の研究や準備の時間を確保するのが難しいこともある。もちろん、教科の授業準備もあるが、そのほか生活指導や生徒指導など、現場では膨大な量の仕事があるという現実をしっかり把握した上で、国や地方自治体は指導体制を考えなければならない。

5.3.1　英語導入の必要性とは

小学校英語教育について述べてきて、英語導入の必要性とはと言うと、今さら何をと思うかもしれないが、「なぜ英語を学習するのか」という部分が日本の英語教育では長い間議論され（第3章参照）、そして抜け落ちてきた。これまで、英語学習は必要か、不必要かについては、それが教養のためか、実用のためかという論点で議論されてきたのだが、経済界からの要請もあって、近年英語教育はより実用面を重視したものになってきている。しかし、そのように実用面ばかりを強調し、将来その英語が使えるか使えないか、使い物になるかならないか、というレベルで議論されていると、将来使う必要がないなら別に学ぶ必要はないのではないかという議論も起こってくる。「日本では日本語さえちゃんと出来れば大多数の国民は、少しも不利益を受けずに一生暮らせる」（鈴木（孝）2005：192）のであるから、必要ある人だけが学ぶべきであるとか、「外国語の支配を受けず、外国語に依存せずとも生きてゆけるという日本の状況は、喜ぶべきことなのだ」（薬師院　2005：183）とかいった意見まで聞かれる。しかし、このように将来の必要性や実用性だけに目を向けていては、教育は成り立たない。そんなことをしていたら、音楽や図画工作など、さまざまな科目を排除しなくてはならなくなってしまう。実際はそのようなことにはなっておらず、英語に限ってそのようなことを言うのは妥当ではない。また、将来必要か不必要かについては、誰も義務教育の間に100％の確信と責任を持って決定できるとは思えない。将来の可能性は、本人でさえわからないときもある。それに、英語を知らなくても本当に不利益を受けずに一生暮らせるという保証があるだろうか。近年、経済のグローバル化が進み、技術者や営業担当者が英語を使わなければならない状況が増えてきている。彼らの相手は英語を母語とする人たちだけでなく、中国やロシア、中東など英語を母語としない人たちも多い。このように、最近まで自分が仕事で英語を使うことになろうとは思ってもみなかった人もいる[37]のだから、義務教育の段階で実用性の立場から英語学習の必要性を判断することは難しい。現段階での判断で将来の可能性を断ち切るのではなく、義務教育期間に英語を学習し、「将来、本格的に英語を習得しようと思い立った際に役立つ基盤を作る」（市川 2006：64）ことが将来の必要性につながるのではないだろうか。

英語教育の必要性というのは、経済界における実用面においてだけ議論すべきではない。確かに、グローバル化によって国際的な経済競争が増してきており、経済面でも英語が必要であるという現実もある（1.1参照）。しかし、そのことを理由に学校での英語教育の必要性を述べるのであれば、経済活動に役に立つ英語を学ばなければ意味がないということになってしまう。それは言語教育の本来の姿ではない。言語の大きな役割として、人と人が意思疎通を図るための手段であることが挙げられるが、その手段が異なれば、つまりお互いの母語が異なれば、共通する言語なしには意思疎通は難しい。また、言語や文化背景が異なれば、考え方が異なる場合も当然ある。そのような場合では、なおさらお互いのことを説明し意思疎通を図ることが大切に

37）NHKクローズアップ現代（2009年4月2日放送）「どこまで必要　日本人の"英語力"」より。

なってくる。これからの社会では、世界の人々と協力し合わねばならない問題が多くあり、日本だけが例外などということはあり得ない。このような世界状況の中で、母語や文化の異なる人々と理解しあうことは非常に重要なことなのである。その上で、英語を使用している人々、英語を学習している人々が多いという現実を踏まえ、日本人には英語教育が必要であると言える。このように世界の人々と共に生き、相互理解を図るために英語が必要であるという主体的な姿勢を国は第一に示さねばならない。

長い年月をかけて議論されてきた小学校での英語教育は、第一歩を踏み出そうとしているが、今後も議論は続いていくだろう。なぜ、小学校段階で英語教育を取り入れないといけないのだ、取り入れるべきではないのではないか、という意見もまだ根強くあるだろうが、筆者は英語教育自体を小学校に導入してはいけないという理由はないと思っている。諸外国のことを言うと、他の国と日本とは事情が異なるとか、隣国の英語教育熱につられるなと言われそうだが、外国語教育の重要性については英語圏も含め、世界的に認識が高まっている。それは外国語教育が、最終的に異文化理解への扉を開くことにつながると考えられるからである。[38] また、これらの国々が小学校段階で取り組んでいるのは、それが教育上有効であり、言語力の向上にプラスになると考えているからであろう。例えば、音声面の学習においては、小学生の方が向いている部分は大いにあるから、それを最大限に生かすべきである。また、外国語に触れること

38）詳しくは、大谷（2006）を参照。

によって、自分の持っている世界観から一歩踏み出す体験ができる。こういう体験は小学生からでも早すぎることは全くない。児童の学習における利点を生かし、諸外国の取り組みを参考にして、日本の小学校英語教育を目指していくべきである。国によって問題点も異なるだろうが、それらも含めてこれからの英語教育に役立てていかねばならない。

5.3.2　公立小学校における英語の方向性

公立小学校への英語教育の「導入までに22年の歳月がかかったわけで、全ての方々に満足のいくものではないかもしれないのですが、今できる最大の内容だろう」、「これ以上を小学校の先生方に望んだり子どもたちに負担をかけたりすることは現状では無理」[39]と文部科学省教科調査官の菅氏は述べているが、教員自身が経験したことのない分野で指導するということに、既に負担が大きすぎると感じている教員は少なくなく、確かに小学校現場にこれ以上の負担を求めるのは無理であろう。ではこのまま、とにかく現場の先生の努力だけに頼りながら進めていく方向で行くのだろうか。負担が減らされなければ、小学校の英語教育はこのまま英語力の向上は第一に目指さないで、英語を体験するという域にとどまるということなのか。日本の小学校における英語教育に、これ以上を目指す余地はないのだろうか。ここでは小学校の英語教育の方向性について考えていきたい。

39）新学習指導要領は英語の授業をどう変えるのか」大修館『英語教育』（2009　第58巻第2号：10-19）を参照。

まず、これから正式に「外国語活動」が始まるという段階だが、その内容には上で述べたように、大いに疑問が残ることは否めない。今のところ、文部科学省の英語の位置づけは体験活動というレベルであるが、今後、目標や指導内容、実践方法については確固たる英語教育に向けて改革していかねばならない。なぜなら、このまま進んでは小学校での英語教育の効果が期待できないからである。現段階では、どちらかというと、「楽しく行うこと」や「国際理解」、「児童に負担をかけない英語活動」といったことを目指しているが、楽しく行うというのは指導の一種の手段であり、目標ではないはずだ。国際理解自体は大切なことではあるが、それが目的になると本来目指すべきものの焦点がぼけて、「なぜ英語学習をするのか？」という疑問が生まれる結果に陥ってしまう。それに、国際理解とは英語学習と同時に行えるほど簡単なものではないはずである。いろいろな国の文化を知ったり、その国の人の話を聞いたりすることは、児童にとって外の世界への興味・関心を高めるきっかけになり、大変な刺激になるだろうが、それだけでは国際理解教育を行ったことにはならない。そこから文化などへの理解を深めることが国際理解教育には必要であり、そこへさらに英語学習も同時に盛り込めば、国際理解自体の焦点もぼけてしまうことになる。児童に負担をかけない英語活動というのは、英語嫌いを作らないためとも考えられるが、子どもの可能性を低めているような気がしてならない。それに、これでは言語を習得するには努力と時間がかかるという事実を見ていないことになる。コミュニケーション活動を体験することで「自然に身につく」というような楽観的な見方で英語教育を行うのではなく、努力や時間がかかるのは当たり前なのだ、それでも必要なことなのだという前提で、学習者も努力を重ねる教育でなければならない。そうでなければ、学習者の発揮されるべき力を埋もれさせてしまう。もちろん、学習者の頑張りを引き出す工夫が指導者には求められる。これはその他の学習と同様のことである。そうやって学習者が努力した先に得られる達成感は、簡単なゲーム活動で得られる楽しさとは違い、本当の英語学習の動機づけになるだろう。そして、コミュニケーション活動を体験させるだけの段階から、小学生の強みを活かした音声面における語彙・基本的な表現の習得を基に、もっと学習者自身の思考を駆使するような活動を重ね、言語力を育成していく段階へと進めていかねばならない。その上で、言葉を効果的に操る技術を育成する母語教育（言語技術教育）と連携させた内容を取り込むことが、確かな言語力を効果的に育成していくために必要であると考えられる（6.3参照）。

そうは言っても、ここで述べていることを実際の現場ですぐに、実行に移すのはまだ難しいことは認めざるを得ない。小学校での英語教育自体が始まったばかりということもあるが、その他に、現在の世間の英語教育に対するイメージや考え方、また学校現場での体制を見るとき、ここで述べたような教育へ向かう状況にはなっておらず、目指すべき状況とかなりギャップがある。しかし、このままずっと「楽しい英語活動体験」の路線で進んでいけば、子どもたちの英語能力の基盤がいつまでもつくられないのではないかと危惧するのである。やっと小学校での英語教育が開始されることになったのだから、「小学校で英語をしたのに効果がない」、「中学校に結び付く学力になっていない」と言わせないよう、国は正面から英語教育に向き合うべきである。なぜ英語教育を行うのか主体的な姿勢を示し、将来に向けて小学校での英語教育の目標をより明確化し、確かな言語力の育成を目指すべきである。そして、目指すべき英語教育には何が足りないのか、必要なのか、教育現場と相互に連絡を取りながら、実践方法を改善し続けるよう努力を続けなければならない。

第6章

日本人は英語とどう関わっていくべきか

本書の第1章から第5章までを要約すると次のようになる。英語はどのような過程を経て現在に至ったか（第1章）。その過程の中で英語という言語がいかに侵略と関わってきたか（第2章）。日本人はその英語と明治期以降どのように付き合ってきたのか（第3章）。日本人が学び続けている英語と日本語、そしてそれぞれの言語の背景にある文化はいかに異なっているか、またその相違故に、日本人は固有の言語を守ることにどれだけ気を配らなければならないか（第4章）。2011年度に始まることになっている公立小学校での英語教育にいかに賛否両論があり、どのような必要性と危険性とがあるのか、その中でいかに小学校英語教育を実施していけばよいのか（第5章）。この章では、以上の議論を踏まえて、今後日本人は英語とどう関わっていくべきかを考えたい。その際には、英語と母語としての日本語との関係をも含めて考える。

英語と日本人の関係を考える時にいつも描くことができるのは、英語に振り回され翻弄される日本人の姿である。英語教育（活動）が小学生のうちから一斉に開始されることがいよいよ決定的になった今、改めて問わなければならないことは、日本人にとって英語とは何か、何のために英語を学ぶのか、それはどのような英語なのか、ということである。これらは第5章でも議論されてきた問題であるが、日本人にとっての英語の意味を考えることなく子どもたちへの英語教育に臨んでしまうのはおそろしいし、英語に振り回される日本人をまた生み出すだけである。英語は日本の将来を担う子どもたちが人生最初の学校教育の段階で学ぶただ一つの外国語になるわけであるが、それに対する子どもたちの態度を決定づけるのは、教員や親である。大人の責任は大きい。

よく言われる「グローバル化社会を生き抜くためには世界共通語の英語が必要だ」といった論理だけで英語を受け入れてしまうのは愚かというものかもしれない。しかし、小学校教育への英語の導入の是非をこれまでと同じように議論し続けるのも非生産的だと思われる。小学校での英語活動が問題になり始めた当初からの文部科学省の曖昧な態度も原因して、この議論は堂々巡りであり、同じ所に留まって一歩も前に進んでいない。2年後の2011年度からの導入が決定された今でも、同様の議論は続いており、いつまでたっても結論は出そうにない。おそらく永遠に平行線をたどるであろう。小学校での英語教育（活動）に賛成する側も反対を唱える側も、その主張を容易に変えるとは思えないし、英語教育が果たしてどのような結果を生むのかは、結局のところ、誰にもわからないのである。そう考えると、小学校での英語教育の是非を議論する時期はもう既に過ぎてしまったのではなかろうか。世界における英語の勢いに目を向ける時、いつまでも議論を続けるだけでどの方向にも一歩を踏み出さないよりも、英語を取り入れながら上手に付き合っていく方法を考える方が理にかなっていると言える。地球は日本人のみで構成されているのではないのである。

このような立場に立って、以下、日本人と英語のあるべき関係を探っていきたい。英語が話題になる時にほとんど必ず出てくる用語は「グローバル化」（または「単一化」）と、その反対にある「多言語多文化主義」（あるいは「ローカル化」、「個別化」）である。ここでは、グローバル化か多言語多文化主義か、また「国際的な経済競争」（文部科学省2003）に勝つための英語か、地球規模で起こる諸問題にともに立ち向かい、ともに生きていくための英語か、といった視点からこの問題を考える。さらに、日本人にとっての英語を考える時に必ず問題となる母語教育に関して何が必要なのかについても論じる。そして、政府がこの国の言語政策を明確な形で1日も早く示す必要があることを主張する。

6.1　多言語多文化主義と共生原理に基づく英語教育[1]

6.1.1　グローバル化か多言語多文化主義か——問題提起

世界に広まる英語を前にして、日本人の中には、グローバル化の時代を生き抜くためには英語が必要だ、と無条件に英語を受け入れる人も多い。確かに、航空機の発達によって人々の往来も容易になった。情報技術（IT）の進歩は世界をよりいっそう狭く身近に感じさせてくれると言ってもよい。このような時代であるからこそ、世界共通語を皆が不自由なく、また抵抗なく使うことができれば、コミュニケーションは確かにスムーズ

1）森光、中島（2006）参照。

にいくであろう。グローバル化する世界において英語の普及が「利点」として挙げられることが多いのはこの点である。

しかし、情報技術の進歩は世界を狭く感じさせてくれると同時に、世界の人々がともに生きていくことの難しさを痛感させる。世界のあちらこちらから瞬時に伝えられる情報の中には、異なる民族間や宗教間の争いに代表されるような文化の衝突がほとんどいつも含まれている。異なる文化を理解しようとせず力で支配しようとする姿がテレビやコンピュータの画面上に映し出されるのは稀なことではない。「単一言語中心の文化の中で生まれ育った人々」の「考え方は、何世紀もの間、支配的な文化の中で確立されて」きており、このような人々は「自分たちの言語を学ぶのは他者であり、自分たちがほかの言語を学ぶことはない」（クリスタル2004：63）と考える傾向があるが、この考え方は言語に限らず、宗教面にも、その他の文化面にも同様に当てはまる。この文化的優越主義がさまざまな地域文化の独自性を脅かすものであることは説明するまでもないであろう。そして、それが人類にとっての不幸であることは、既に第2章で述べたとおりである。

グローバル化が進んでいる経済やビジネスの世界では、ある程度共通した尺度が必要であろう。言語面での共通の尺度として英語は有益に働くことも多いに違いない。しかし、世の中のあらゆる場面でグローバル化が求められているわけではない。グローバル化が求められる場合と、逆に多様化また個別化が必要な場合とを見極める的確な判断力が必要である。私たちは「多様性を減少させ、文化の多元性、言語の多元主義に対立する態度を促すような、ほとんどの国における長年に渡る単一化への傾向」[2]（岡戸 2002：39)、つまり言語・文化統一の方向に向かっている現在の状況を憂え、言語に関しては、すべての言語に等しく与えられるべき権利を主張しなければならない。それは固有の文化を守るということにもなる。

6.1.2　小学校英語と文部科学省

言語を一つの「権利」として主張できるようになったこの時代に、日本では小学校から英語教育を義務化することになった。周知のとおり、小学校での英語活動は2002年度から実施可能であったが、その位置づけは当初から現場の混乱を招き、その結果として、何もかもが曖昧なままの形で英語活動は始まった。2011年度にスタートする小学校英語はこの延長線上にある。そのあたりの経緯を整理することによって、文部科学省の態度がいかに曖昧であるかを示し、ここに小学校ばかりでなく日本全体の英語教育をめぐる混乱とも言える状況を生み出す根本原因があることを指摘したい。

英語教育をめぐる混乱は小学校においてだけではなく中学校また高等学校にまで及び、文部科学省は、2013年度から高校での英語の授業は英語で指導することを基本とすると定めた(「高校学習指導要領改訂案」(2008年12月))。それまでの教育課程での積み重ねがない状況で高校から突然英語の授業を英語で行うなど、非現実的である。小学校から高校までの一貫し

---

2)「1996年6月にバルセロナに参集した研究機関および非政府組織(NGO)」が「ユネスコへ働きかけるために」「採択した」「『言語の権利に関する世界宣言(Universal Declaration of Linguistic Rights)』」（岡戸 2002：39）の前文の一節である。

たプログラムを十分に納得のいく形で提示することなく非現実的な内容を『指導要領』に盛り込むとは、混乱する現場を無視していると言われても仕方がない。さらに、大学入試の問題と方法を視野に入れているとは思えない決定である。(3.5参照)

このように、文部科学省の提示することは、現場からかけ離れたこと、一貫性に欠ける思いつきとも言えることをも含む。ここでは、以下、小学校英語とそれに関わる文部科学省の態度に話を絞る。

6.1.2.1 ユネスコの「国際教育」と日本の「国際理解」教育

2002年度から日本の公立小学校では「総合的な学習の時間」の中で「国際理解に関する学習の一環としての外国語会話等」を実施することができるようになったが、鳥飼（2004）によれば、「わが国の『国際理解』教育は、世界平和を実現することを目的にユネスコ（国連教育科学文化機関）が1974年に提唱した『国際教育』を受ける形で導入したもの」（鳥飼 2004：191）である。[3] UNESCO（1974）には次のような記述がある。

> The terms international understanding, co-operation and peace are to be considered as an indivisible whole based on the principle of friendly relations between peoples and states having different social and political systems and on the respect for human rights and fundamental freedoms. ...... the

3）明治期以降、「英語」の扱いにおいて教育課程でさまざまな変遷があったように（詳細は、第3章参照）、「国際理解」についても削除、復活や別の表現に置き換えられるなど、紆余曲折が見られる。

different connotations of these terms are sometimes gathered together in a concise expression, "international education". (UNESCO 1974：1)
(国際理解、国際協力、国際平和という用語は、異なる社会制度や政治組織を持つ諸民族また諸国家が互いに友好的関係を有するという原則と、人権と基本的自由への敬意とに基づく、分けることのできない全体と考えられるべきである。(中略) これらの用語が含み持つさまざまな意味は「国際教育」という簡潔な表現に集約されることもある。(筆者訳))

すなわち、ユネスコの言う国際教育とは国際理解、国際協力、国際平和実現のための教育であり、単に文部科学省の言う「外国語会話等」だけを意味するのではない。国際教育はまた、人権と基本的自由への敬意を培う目的も持っている。

また、以下に示すように、ユネスコの「国際教育」は、「地球規模の諸問題を解決するために必要な国際協力と、基本的人権および基本的自由を促進するために」、次の (a)-(g) を「教育政策の主な指導原理」と明記している (UNESCO 1974：2)。

(a) an international dimension and a global perspective in education at all levels and in all its forms;
(b) understanding and respect for all peoples, their cultures, civilizations, values and ways of life, including domestic ethnic cultures and cultures of other nations;
(c) awareness of the increasing global interdependence

between peoples and nations;

(d) abilities to communicate with others;

(e) awareness not only of the rights but also of the duties incumbent upon individuals, social groups and nations towards each other;

(f) understanding of the necessity for international solidarity and cooperation;

(g) readiness on the part of the individual to participate in solving the problems of his community, his country and the world at large.

ここに示されていることは次のとおりである。「あらゆるレベル、あらゆる形の教育において国際的次元と地球的視野を持つこと」(a)、「すべての人、文化、価値観、生活様式に理解と敬意を払うこと」(b)、「諸民族および諸国家間に国際的相互依存関係が増大していることに気づくこと」(c)、「他の人々とコミュニケーションを取り合う能力を身につけること」(d)、「個人、社会集団、国家には相互に対する権利だけではなく、互いに負うべき義務があることに気づくこと」(e)、「国際的連帯と協力の必要性を理解すること」(f)、「個人として、自分が属するコミュニティや国、さらには世界全体が抱える問題の解決に進んで関わる心構えを持つこと」(g)。ここに見られる姿勢は多言語多文化主義と共生原理である。「英語」や「英語教育」ということばはどこにも出てこない。

このUNESCO（1974）の「国際教育」を受ける形で始まったはずの「国際理解」に関する学習がなぜ「英会話」に限定さ

れてしまうのか。また、「総合的な学習の時間」の趣旨やねらいを踏まえた結果の「国際理解」が「英会話」なのだろうか。[4] 日本の教育界では以前から、国際理解と英語教育は混同されたり同一視されたりしてきたところがある。文部省（当時）が平成5年および6年に中学と高校の学習指導要領を改訂し、国際化時代に必要な国際理解の助長を目指した時にも、これを英語教育の質的改善のための方策と捉えた者は多い。国際理解は英語教育のためということである。(5.1および5.2参照)

国際理解の意味を明確に示したUNESCO（1974）の方針はUNESCO（2001, 2003）にも一貫して受け継がれており、これらにおいては多言語多文化主義の姿勢、母語の重要性、絶滅に近い言語も含め個別言語とその文化を尊重しようという態度が強く窺える。ユネスコは母語による教育、母語の重要性を訴え、同時に文化的多様性に基づく外国語教育を奨励している。

このような現実を見た時、文部科学省は何を考えて「国際理解」教育を打ち出し、その内容を「英会話」としたのか、全く見えてこない。文部科学省の取った態度がいかに曖昧で矛盾に

4）『小学校学習指導要領』（1998年告示、2003年一部改正）によると、「総合的な学習の時間」の趣旨は「地域や学校、児童の実態等に応じて、横断的・総合的な学習や児童の興味・関心等に基づく学習など創意工夫を生かした教育活動を行う」ことであり、またねらいを「自ら課題を見付け、自ら学び、自ら考え、主体的に判断し、よりよく問題を解決する資質や能力を育てること」、「学び方やものの考え方を身に付け、問題の解決や探究活動に主体的、創造的に取り組む態度を育て、自己の生き方を考えることができるようにすること」、「各教科、道徳及び特別活動で身に付けた知識や技能等を相互に関連付け、学習や生活において生かし、それらが総合的に働くようにすること」としている。そしてこれらの趣旨およびねらいを踏まえた学習活動として、例えば「国際理解」があげられている。

満ちているかを次に示す。

6.1.2.2　文部科学省による『「英語が使える日本人」の育成のための行動計画』

文部科学省は2003年、『「英語が使える日本人」の育成のための行動計画』を打ち出した（3.5参照）。2003年というのは、ユネスコが母語の重要性や多言語多文化主義の姿勢などを強く主張したまさにその年である。そしてUNESCO（1974）の提唱する「国際教育」を受けて「国際理解」教育をスタートさせてから、わずか1年しか経っていない時である。

その『「英語が使える日本人」の育成のための行動計画』で主張されている内容はどのようなものかを見てみよう（3.5および第3章末資料参照）。冒頭で、「『英語が使える日本人』の育成のための行動計画の策定について」と題して、遠山敦子文部科学大臣（当時）は次のように述べている。

> 経済、社会の様々な面でグローバル化が急速に進展し、（中略）国際的な相互依存関係が深まっています。それとともに、国際的な経済競争は激化し、メガコンペティションと呼ばれる状態が到来する中、これに対する果敢な挑戦が求められています。さらに、地球環境問題をはじめ人類が直面する地球的規模の課題の解決に向けて、人類の英知を結集することが求められています。こうした状況の下にあっては、絶えず国際社会を生きるという広い視野とともに、国際的な理解と協調は不可欠となっています。（下線は筆者）

さらに、グローバル化によって生じる「誰もが世界において活躍できる可能性」や「IT革命の進展により」知識や情報を入手、発信し、対話する能力が求められていることにも触れている。そしてこのような状況では、「母語の異なる人々の間をつなぐ国際的共通語として」「英語のコミュニケーション能力を身に付けることが不可欠」であるが、実際には「日本人の多くが、英語力が十分でないために」さまざまな問題が起こっているとしている。

しかし、一重下線部の「国際的な相互依存関係」や「国際的な理解と協調」ということばは実際の『行動計画』では全く（と言ってよいほど）触れられていない。『行動計画』では、「英語が使える日本人」育成の目標を「日本人全体として、英検、TOEFL、TOEIC等客観的指標に基づいて世界平均水準の英語力を目指すこと」としており、また各大学に「大学を卒業したら仕事で英語が使える人材を育成する観点から、達成目標を設定」することを求めている。『行動計画』は、二重下線部の「国際的な経済競争」、「メガコンペティション」に勝つための英語力、また「国際社会に活躍する人材に求められる英語力」を身につけるためには、学校でどのように対処していけばよいのかに終始している。

『行動計画』に表れる他のことば――「『コミュニケーションの手段』としての英語」、「教員は、普段から主に英語で授業を展開」、「授業外における英会話サロンやサマーキャンプ（等を通して）国際化に対応できる人材を育成」、「小学校英会話活動推進のための手引の作成」など――を見ても、文部科学省は英語力あるいは英会話力そのものをいかに身につけるかという一点に焦点を絞っていることがわかる。また、国際理解教育の一環としての「外国語会話等」を英会話活動と同一であると述べていると解釈される箇所も見られる。さらに、企業等にも「採用試験において、仕事で使える英語力の所持を重視するよう」求めており、英語力のない者はまるで人生の敗者であるかのような印象を与えている。

一方、「国際理解教育」についての言及があるのはただ一箇所である。しかしながら、それは「英語学習へのモティベーションの向上」の中で触れられており、<異文化＝英語圏の文化>、<外国語＝英語>という図式になってしまっている。少し長くなるが、問題の箇所を引用してみる。

> 3.　英語学習へのモティベーションの向上
>
> （前略）英語学習へのモティベーション（動機づけ）を高めることが必要である。様々な機会をとらえて、異なる文化や生活への理解と関心を深める教育を推進し、英語によるコミュニケーション能力を身に付けることの意義や面白さを理解させるとともに、授業以外で英語を使う機会をできるだけ多く設けたり、挑戦すべき具体的目標を設定したりするなど、英語が使えたという喜びや成就感を与える取組が重要である。（中略）
>
> 【国際理解教育の推進】
>
> ○新学習指導要領の趣旨の実現
>
> 広い視野を持ち、異文化を理解するとともに、これを尊重する態度や異なる文化を持った人々とともに生きていく資質や能力の育成をねらいとする国際理解教育は、英

語のみならず、社会科、地理歴史科を中心に各教科、道徳、特別活動の特質等に応じて行うこととしている。(後略)

これでは「国際理解教育」に関係する言語は「英語のみ」であると言っているのも同然である。さらに、ユネスコが重視している母語に関する言及は形ばかりである。

これが果たして「国際理解教育」を言う者の考えなのだろうか。『「英語が使える日本人」の育成のための行動計画』は、英語によるコミュニケーション能力を身につけ、激化する国際的経済競争に果敢に挑戦すること、国際社会で活躍する人材となることを全日本人が目標とすることを、文部科学省は望んでいると思われても仕方のない内容となっている。「国際理解教育が英会話に矮小化されている」(鳥飼 2004：193)のである。

6.1.2.3　文部科学省の取るべき態度

文部科学省の態度は曖昧である。『学習指導要領』(1998年告示、2003年一部改正；本章脚注4参照)に見られる考えと『「英語が使える日本人」の育成のための行動計画』で示している姿勢とに矛盾が見られる。前者は多言語多文化主義と共生原理に基づいており、国際理解や国際協力などのための教育を目指していると考えられるが、一方、後者は英語優越主義と競争原理に基づいており、国際的な経済競争に勝つことを教えることを目指していると言える。また上述のとおり、『「英語が使える日本人」の育成のための行動計画』の「英語学習へのモティベーションの向上」の項目の中で「新学習指導要領の趣旨の実現」を扱っているのを見ると、文部科学省自身が混乱してしまっているように見える。しかも、これらの相反する考えは相前後して提言されているのである。この曖昧さはそのまま、何をどうしたらよいのかわからないという現場の教員の悩みであり、小学校英語教育をめぐる混乱にも似た議論に結び付いているように思われる。

文部科学省は、グローバル化と競争原理を前提として言語教育を行っていくのか、あるいは多言語多文化主義と共生原理を尊重する言語政策を押し進めていくのか、その方向を明確に示す責任がある。

6.1.3　グローバル化か多言語多文化主義か――提案

上述のとおり、文部科学省はグローバル化と競争原理に基づく英語教育を目指すのか、それとも多言語多文化主義と共生原理に基づく英語教育および国際理解教育を押し進めていくのか、態度を明確に示す必要がある。しかしながら、今もいろいろな場所で起こっている宗教紛争、民族対立や自然・環境問題等、現実に目を向けた時、私たちは競争原理にではなく、共生原理に基づいて生きていかなければならないとわかる。このような人類が直面する諸問題に立ち向かい、これらを解決するために必要なものを教えるのが「国際理解教育」であるとすれば、文部科学省はもっと、ユネスコの言う「国際理解、国際協力、国際平和」や「多言語多文化主義」、「母語の重要性」の立場を前面に打ち出し、母語の異なる人々と理解し合い協力し合って、相互に敬意を払いながらともに生きていくために英語が必要だということを主張すべきであろう。もちろん、英語力がない国は国際競争力においても下位に位置することになるという現実もあり（1.1参照）、経済面でも英語が必要であるのは理解できるが、それだけを主張する教育はするべきではない。何のために全人教育を基本とする小学校に英語教育を導入するのか、小学校の教育は何を目指しているのか、どのような日本人になってほしいのかを、文部科学省は明確に示さなければならない。そうでなければ現場の支持は得られない。また、教育を受ける児童自身に対しても、なぜ日本人なのに英語を勉強しなければいけないのかについて、納得させる必要がある。

現時点では小学校英語教育が今後実際にどのような方向に進んでいくのか明確には見えてこないが、いずれの方向に進むにしても、一つ忘れてはならないことがある。それは教える側に立つ者は、英語を世界共通語として見る以上に特別視する態度、英語以外の言語に対する排他的態度、いわゆる英語優越主義的態度を学習者に植え付けるような教育だけはしてはならない、ということである。そのような教育は、国際理解教育とは対極にあるのである。

6.2　あるべき言語教育の姿

多言語多文化主義と母語尊重の立場に基づき、そして地球規模で生じる諸問題にともに立ち向かい生きていく地球市民としての英語を身につけるためには、どのような言語政策また言語教育が必要であろうか。まず、あるべき言語教育の形について、ここで考えてみたい。

6.2.1　言語教育とは何か

最初に明確にしておきたいことは、「言語教育」が何を意味するかということである。「言語教育」ということばを聞いた時に、それを「外国語教育」あるいは「英語教育」と解釈する人が多いように思われる。この考えの根底には、「母語は自然に身につくものであるから、特に教育するには及ばない。教育が必要なのは外国語だからである」というような発想があるのではないかと考えられる。実際に、何人もの人が、「自分のことばに他人からあれこれ言われる筋合はない。話が通じているのだからそれでよいではないか」といった発言をするのを聞いたことがある。ことばに無関心また無頓着で、「自然に身につく」母語について訓練する必要性を全く感じていない日本人が多い。

また、国の歴史が異なるにせよ、「国家としての言葉の管理が重要課題」であるフランスでは、「アカデミー・フランセーズは今も正しい国語維持のために、外国語や俗語に抗して目を光らせている」のに対し、日本では「NHKのアクセント辞典を若者コトバに沿って書き換える動きがある」という（古関 2000：7)。日本では、個人のレベルでだけではなく国のレベルでさえ、若者にことばを教育することをせず、逆に、若者ことばに迎合しているとさえ言える。

ここで強く主張したいことは、ことばは、母語であれ外国語であれ、訓練を要する手強い存在であり、トレーニングの仕様によって、自分の味方にもなってくれるし敵にもなってしまうということである。母語の訓練なくして本当に言いたいことは伝えられないし、相手の意図も理解できないであろう。また、ことばをコミュニケーションの道具としてしか見ていない人が多いが、第2章でも述べたとおり、ことばはただコミュニケーションのためだけのものではなく、人間の思考をも司る基盤となるものであるし、さらに、その思考やそれをいかに語るかはその人自身を表すことになるのである。

つまり、筆者の言う「言語教育」とは外国語（英語）教育ではなく、その前にあるべき「母語教育」を指す。その「言語教育」ないし「母語教育」はどのような形でなされるべきかに話を移そう。この問題を考えるにあたり、日本語の教育特区（特に、世田谷「日本語」教育特区）での学習の中身と、それとは異なる三森ゆりか（つくば言語技術教育研究所所長）が提言する言語技術教育のあり方とを見る。

6.2.2 「日本語」教育特区における言語教育

小学校英語必修化の賛否を問う朝日新聞によるアンケート結果がある。[5] 2004年に実施された文部科学省による公立小学校の教員、保護者、児童に対するアンケートでは小学校英語への支持率は高かった（5.1参照）が、その2年後の2006年に実施されたこのアンケートでは、一般の読者3005人が回答し、その内の約52％にあたる1564人が反対であった。反対の意見として多数を占めたのは「国語がおろそかになる」（(反対側の人の中の）768人、49.1％）という母語への不安であった。同じ記事の中で、石原慎太郎東京都知事の「小学生に英語を教えるなどナンセンス。母国語を完全にマスターしていない人間に外国の知識の何を吸収できるというのか」というコメント、また

5）2006年5月13日付け朝日新聞参照。

藤原正彦（数学者）の著書『国家の品格』の中の「小学校から英語を教えることは、日本を滅ぼす最も確実な方法」ということばを紹介している。山田雄一郎（広島修道大学教授）は「日本語で言うべきことを言う堂々とした日本人」（朝日新聞2008年9月25日）を育てることを教育の基本としている。いずれの意見も「揺るぎない国語力」（朝日新聞2006年5月13日）の育成こそが先決であるとする。

では、何が「揺るぎない国語力」で、どのようにすれば「国語がおろそかに」ならず、「日本語で言うべきことを言う堂々とした日本人」を育てることができるのだろうか。また、人間はその一生のどのあたりで「母国語を完全にマスター」できるのだろうか。何とかして母語の力を育てようと、文部科学省は数自治体を日本語の教育特区として認定した。

ここでは日本語の教育特区として認定されている自治体の中で、特に東京都の世田谷「日本語」教育特区を取り上げる。[6] 世田谷区役所公式サイトによると、世田谷区は「これからの国際社会を生き抜く」ためには「総ての思考の原点となる言語力＝日本語能力の向上」が必要であるとして、区全域の公立小学校および中学校を対象に、平成16年（2004年）12月、教科「日本語」の認定を受けた。授業は平成19年度（2007年度）から実施されている。小学校・中学校9年間の一貫した教科であるが、上述のとおり、小学校では英語ではなく国語を、と望む声も大きいことから、つまり、小学校での英語が大きな問題と

6）世田谷「日本語」教育特区に関しては、主に世田谷区役所公式サイト（http://www.city.setagaya.tokyo.jp/030/d00005808.html および http://www.city.setagaya.tokyo.jp/030/d00020629.html）を参照。

なっていることから、ここでは「言語力＝日本語能力の向上」に向けての小学校におけるプログラムを中心に取り上げる。

世田谷区立の全小学校（また中学校）において教科「日本語」で「ねらい」とされていることは、「深く物事を考える児童・生徒」の育成、「自分の考えを表現する力や、他人とのコミュニケーション能力」の育成、「日本の文化や伝統への理解を深め、それらを大切にする態度」の育成であり、これらを実現させる取り組みの方向として、「語彙（ごい）の習得」、「古典、漢文、近代の名文、詩などの学習」、「思考力・表現力の育成」、「日本文化の理解」、「国際人としてのマナーの習得」が挙げられている。平成20年度には、小学校では週1時間、年間35時間の「日本語」の実施によって、これらの目標達成を目指している。因に、同区の中学校での「日本語」の時間は、週2時間、年間70時間である。小学校での実際の学習内容を見ると、「日本語の響きやリズムを楽しむ内容：和歌、俳句、近代詩、漢語、論語など」、「その他：漢字の成り立ち、世田谷区の地名の由来、世田谷区の郷土カルタ、日本の伝統文化など」となっている。世田谷区教育長によると、前者が学習全体の約半分を占め、1年生から和歌、俳句、漢詩、論語など、3年生では郷土学習、6年生では狂言の鑑賞や体験を行っているということである。[7] 問題は小学生にこれらの学習を実施したとして、

7）2008年8月、京都大学経済研究所他の主催によって東京大学弥生講堂一条ホールにおいて開催されたシンポジウム「思考力と読解力をつける」で、世田谷区教育長が「『深く考える、表現する、日本文化を理解する』“世田谷『日本語』教育特区”の試み」と題して講演を行った。http://www4.kanken.or.jp/symposium04/a_m02.php参照。

本当に「国際社会を生き抜く」ための「言語力」は育つのだろうかということである。

さらに、同教育長は「美しい日本語」や「きちんとした日本語」（読売新聞2006年2月18日）を身につけることの重要性を述べている。「日本語」が「美しい」や「きちんとした」、また「正しい」といったことばで形容されるのをよく目にし耳にするが、何をもって「美しい」あるいは「きちんとした」、また「正しい」とするのか問いたい。

宇都宮市のある小学校では、「日本語力」教育特区を活用し、3年生以上を対象に「ことばの時間」（年間17時間）に「ラジオのアナウンサーによる話し方講座や、読み聞かせ」を実施している（同新聞同年同月日）。当該小学校校長は「時にぶつかることがあってもいい。相手の気持ちを理解した上で、自分の気持ちを自分の言葉で伝えられる子供に育ってほしい」と述べるが、これにも疑問を持つ。日本の教育の中での話し方講座や読み聞かせがどのように目標につながるのか見えてこない(6.2.3.2参照)。また、「時にぶつかることがあってもいい」のではなく、ぶつからないと何も始まらないのではないか。人は、意見がぶつかるところから疑問を持ち、考え、発見をし、新しい見方ができるようになる。これが視野が広まるということではないか。そして、述べなければならないのは分析に基づく客観的な意見であって、主観的な「自分の気持ち」ではない。「相手の気持ちを理解した上で」というのも、典型的な日本型コミュニケーション・スタイルの表れであろうが（6.2.3.2参照)、それでは言語力は育たない。

和歌や俳句も、漢詩や論語も、郷土学習も、狂言の鑑賞や体験も、よい。人間として豊かに生きていくための必要不可欠な部分や教養を育むには適切である。例えば、「任期3年ぐらいの商社マンなどには、仕事のことならいくらでもしゃべれるが、フランス人の家庭に招かれての夕食中の会話が苦痛でノイローゼになったケース」（古関2000：6）があるように、仕事以外の話題になると話に入ることができない、自分の文化を知らないし話す内容を持っていないといった、（日本人に向けられた）批判めいたことばも聞く。和歌や俳句、郷土学習などを通して日本文化を学べば、このような批判めいたことばも聞かなくて済むようになるかもしれない。ただ、既に述べたとおり、これらの学習が「国際社会を生き抜く」ための「言語力」向上につながるのか、また「揺るぎない国語力」や山田の言う「日本語で言うべきことを言う堂々とした日本人」が育つのかは疑問である。そもそも「言語力」とは何なのだろうか。それが「国際社会」に通用するためには何が必要なのだろうか。それを考えるために、次に三森（2004）の言語技術教育を取り上げる。

6.2.3　言語技術教育

6.2.3.1　母語教育と外国語教育の位置づけ

日本人が英語を難しいと感じる原因はいくつかある。ヨーロッパの多くの言語やアジアの一部の言語が属す印欧語族に日本語は含まれていない（図1-3、また1.2.1参照）こともあって、英語と日本語の間には何も類似点が見出されないし、ことばの構造も大きく異なる。その点、印欧語族の諸言語は親類関係にあり、英語は、先に述べた歴史的背景によって、ゲルマン語派に属するドイツ語やイタリア語派（ロマンス語派）に属するフランス語と非常に密接な関係にある（1.4.1、1.4.6、および図1-3参照）。

三森（2004）は「しかし、似ているのは言葉だけでなく、実はその母語教育も互いに似通っている」（三森2004：248）と言う。三森は自身がドイツで受けた教育に基づきドイツ語の例を挙げているが、イギリスにおける国語教育やアメリカにおける英語教育にも触れ、いずれにおいても同様の教育が行われているとしている。経済協力開発機構（OECD）の学習到達度調査（Programme for International Student Assessment, PISA）で、読解力部門で2000年、2003年と連続で1位[8]に輝いたフィンランドでも、基本的に同種の国語教育が実施されていると考えられる。[9] 少なくともこれらの国々では、「外国語教育との連携を視野に入れた母語教育」（三森 前掲書：246）が行われ、母語教育が外国語教育に繋がっている。そして、いずれの国の母語教育でも「言語を操るための技術、つまり言語技術」（三森 前掲書：246）が徹底的に指導される。

一方、日本では、国語は国語、外国語は外国語、と完全に切り離され、国語教育は外国語教育と全く関係なく行われている。

8）因に、フィンランドは2003年、科学でも1位、数学では2位と、2000年の時点でのそれぞれ3位、4位から順位を上げている。一方、日本は読解、科学、数学のそれぞれにおいて、8位、2位、1位（2000年）、14位、2位、6位（2003年）である。参加国数は2000年は32カ国、2003年は41カ国である。詳細は、北川、フィンランド・メソッド普及会（2005：23）参照。

9）どのような教育が行われているかについては、北川、フィンランド・メソッド普及会（2005）、またバレ、トッリネン、コスキパー（2005）参照。

そして、さらにそこに国際理解やコミュニケーション能力の育成、日本の（伝統）文化への理解、古典の学習などさまざまな内容が盛り込まれることによって、両科目の関連やこれらの科目の本来あるべき趣旨やねらいがぼかされてしまう。このように、日本では母語と外国語の両者に通ずる言語教育がなされていない。それ故に、日本人が外国語を学ぶ時、その外国語を学ぶのに加えて、母語において学習したことのない言語技術まで同時に一から学ばなければならないのである。では、その「母語教育」、「言語技術教育」とはどのようなものなのかを見てみよう。

6.2.3.2　世界に通じる「言語技術教育」

「欧米の母語教育は言語技術教育」（三森 2004：247）である。そして、「言語技術（Language Arts）」とは「言葉を操るためのスキル」である故、言語技術を教える母語教育の「指導内容は、母語を効果的に操るための技術（スキル）を教えるためのものでなければならないと考えられている」（三森 前掲書：249）。実際の指導では、「考えること」を土台にした「言語技術」の3本柱「話すこと」、「書くこと」、「読むこと」を「具体的」に「系統的」に教えている（三森 前掲書：249、また表6-1参照）。

表6-1からもわかるとおり、「話すこと」は小学校の第1学年（7歳）の時から「ディスカッション」であり、11歳からは「ディベート」も導入される。「議論を中心に組み立てられ」た授業では、児童・生徒は「ひとつの問題についてごく幼いときから自分自身の意見を根拠に基づいて発言」しなければならな

表6-1　ドイツの国語教育のカリキュラム

	学年	年齢	対話	読解	作文
小学校	1	7	ディスカッション	読解	聴いて理解する 物語の再話 "Nacherzählung"
小学校	2	8	ディスカッション	読解	聴いて理解する 物語の再話 "Nacherzählung"
小学校	3	9	ディスカッション	読解	聴いて理解する 物語の再話 "Nacherzählung"
小学校	4	10	ディスカッション	読解	聴いて理解する 物語の再話 "Nacherzählung"
中学・高等学校	5	11	ディスカッション	ディベート / 物語・短長編小説の要約 "Inhaltsangabe"	物語 (年齢7-11) 視点を変える(11-12) 説明・描写(9-14) レポート (11-14) アピール (11-12) 議事録 (14-15) 手紙 (7-13) ブックレポート (12-14) 名画の説明と分析(16-17) 小論文 (13-14) 論文 (15-19)
中学・高等学校	6	12	ディスカッション	ディベート / 物語・短長編小説の要約 "Inhaltsangabe"	
中学・高等学校	7	13	ディスカッション	ディベート / 物語・短長編小説の要約 "Inhaltsangabe"	
中学・高等学校	8	14	ディスカッション	ディベート / 物語・短長編小説の要約 "Inhaltsangabe"	
中学・高等学校	9	15	ディスカッション	テキストの分析と解釈・批判 "Interpretation"	
中学・高等学校	10	16	ディスカッション	テキストの分析と解釈・批判 "Interpretation"	
中学・高等学校	11	17	ディスカッション	テキストの分析と解釈・批判 "Interpretation"	
中学・高等学校	12	18	ディスカッション	テキストの分析と解釈・批判 "Interpretation"	
中学・高等学校	13	19	ディスカッション	テキストの分析と解釈・批判 "Interpretation"	

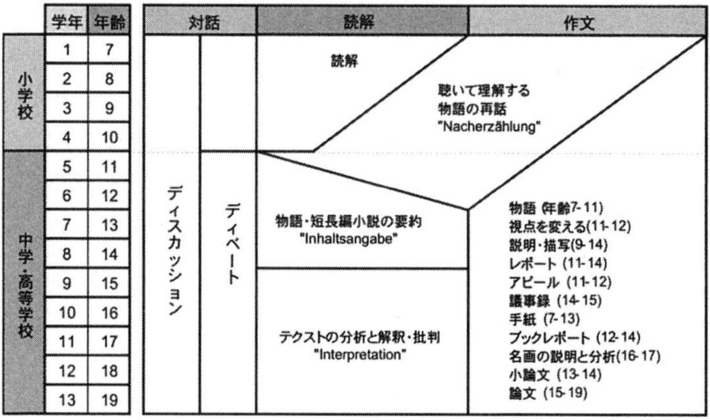

三森（2004：250）

い（三森 前掲書：250）。

　日本では従来、「教師が一方的に話してしまいがち」で、国語教育でも「教師の答えがただひとつの正解になりがち」（三森 前掲書：250）であったが、最近では、この授業形態を見直す動きもある。しかし、ディスカッションやディベートが正しく解釈されているかと言えば必ずしもそうではないようで、何でもよいからただ人前で大きな声で発言できればそれでよいと思われていたり、好き勝手な感情的な発言も許されると誤って認識されているように思われる。小学校5、6年生対象のNHK教育の番組「わかる国語・読み書きのツボ5・6年［再］」の最終回「議論の穴を探せ！」（2009年3月12日放送）の中で、議論の仕方について、出演者から「反論をする時もされた時も感情的になる必要はない」という的外れな説明もある始末である。

感情的になってしまったら、それは議論ではないはずである。他の出演者の「今まで議論と言えばけんかすることだと思っていました」ということばが、多くの日本人の議論に対するイメージであるように思われる。

フランスの小学校教育で「話すこと」において求められていることを、古関（2000）に見てみよう。

> 小学校へあがると同時に人の前できちんと考えをまとめて話す訓練が、あらゆる学科で課せられる。それも大きい声で元気にお話が出来れば、皆が「イェー」と拍手してくれる、などど言うものではない。結論を述べてその理由を説明する、仮説を立てて証明する、いくつかの経験から演繹する、等の方法を駆使して、小さな弁論家たちは合理的な思考と説明の方法を身につけさせられる。（古関 2000：6）

また、三森（2004）も次のように言う。

> 話すことにおいて重要なのは、必ず根拠に基づいて自分の意見を提示することです。その結果、互いの意見の成立基盤が異なるからこそ、意見を交換し合うことに意義があることを、生徒は低学年のうちから認識するようになります。（三森 2004：250）

そして、常に「『論理的に・理性的に・冷静に』議論をすること」（三森 前掲書：251）が指導されたという。

このような訓練を通して、子どもたちはコミュニケーションの大切さを認識することになろう。そして、これがコミュニケーション能力の育成に繋がると考えられる。英語教育でも日本語教育特区でも、コミュニケーション能力を児童・生徒に身につけさせることをねらいの一つとして掲げているが、コミュニケーション能力の一つの要素は、人々がそれぞれの意見を交換することによって互いの考えの相違点と共通点とを確認しながら、その時点での目標に向かって進んでいったり、真実を探究していったりするのに必要な能力である。この時に求められる力は議論の訓練で養われる。そして、もう一つの要素は相手との人間関係を良好に保つ能力である。コミュニケーション能力はこの両方を必要とし、このいずれが欠けてもコミュニケーションとしては成り立たない。

私たちは人とコミュニケーションをとる時このいずれをも考慮しながら人と接していると思われるが、それでも日本人は2つの中の人間関係の維持の方をより重視する傾向が極めて強く、一方、西洋文化では人々は分析し議論しながら真実を追い求めていくことに重きを置く。人間関係を大切にしようとするあまり、日本人には自分が人と異なることをおそれる傾向がある。それ故に、人と対立して人間関係が壊れないように、自分の考えを正直に言うことよりも人の気持ちを推し量ることにばかり力を注いでしまうことになる。それはそれで日本人のコミュニケーション・スタイルなのであるが、これではいつまでも世界に通じるコミュニケーション能力は育たない。「コミュニケーションとは二人以上の人間がシンボルを使ってお互いの間の意見、感覚、価値観などにまず違いがあることを確認して、そこから少しでも共通点、あるいは共有点とでもいうべきものを探り合う過程」（宮原 1992：5）だからである。

現在のコミュニケーション学は1909年にアメリカではじめて開催されたスピーチ学会にその起源がある。ヨーロッパでは古代ギリシア、ローマ時代のプラトンやアリストテレス、キケロらの雄弁術に始まって、古くからスピーチやコミュニケーションが研究され発達してきたのに対して、日本ではコミュニケーションが学問として定着したのは1980年代に入ってからと比較的最近であることを考えると、日本文化の中でコミュニケーション能力を育てる教育の歴史は浅く、それだけ難しいことなのかもしれない。（宮原 前掲書：4参照）

「書くこと」の指導においては、「叙述・説明・分析・論証など」の技術の訓練がなされる。最終的に、第9学年（15歳）から始まる論文教育に繋がるように、これらの訓練は「系統的に積み上げられるシステムになっている」（三森 前掲書：252、また表6-1参照）。15歳と言えば、日本では中学校3年生から高校1年生である。この段階で論文指導が始まるのは今の日本では考え難い。大学のレポート作成や卒業論文指導で、ドイツでは小学校から始まる書くことの指導をすべて行わなければならない現実がある。日本の小学校教育では書くと言えば感想文や日記など私的・個人的なものが多く、仮に何かを調べてまとめる時でも、書くにあたっての指導はないに等しい。何をどのようにまとめ、どのように書くかなどは、児童個人個人に任されているように感じる。書くための訓練なく、児童はただ書くという行為を取っていると言ってよいのではないだろうか。このような母語で書くための訓練を経ていない日本人が外国語で書けるはずがない。三森は、大学卒業後、勤めた商社で議事録の翻訳に携わり、その時に「国語教育の相違によって生ずる交渉力の差を目の当たりにした」(三森 前掲書：256；傍点は筆者）と言う。

吉田研作（上智大学外国語学部長・中央教育審議会外国語専門部会委員）は、2013年度に始まる高校の英語の授業は原則的に英語で行うという決定について、「これからの国際社会では英語を使って交渉する力が必要だ。実際に使うことをしないと力はつかない」(朝日新聞2008年12月23日）と、英語での「交渉力」の必要性を言う。しかし、母語で交渉力を鍛えるという訓練を受けず身についていないことについて、高校英語を英語で実施したからといってできるはずがないであろう。英語で授業をすれば国際社会での交渉力が身につき、三森の言う「交渉力の差」を埋められるというものではない。高校の英語の授業に何を求めているのか疑問である。

言語技術教育は「読むこと」に関してはどのようなことを重要としているだろうか。それは「テクストを分析して解釈し、批判的に検討する作業（Interpretation)」であり、アメリカでクリティカル・リーディング（Critical Reading）と言われるものに相当する（三森 前掲書：253)。三森はこの力がないと国際社会では通用しないと考え、自身が開設したつくば言語技術教育研究所では、「絵の分析」を通してクリティカル・リーディングができるように指導している（三森 前掲書：263)。[10]

また、「絵の分析」を含めた自身の研究所での指導（本章脚注10参照）とその結果を踏まえて、日本の小学校に導入すべき言語技術教育について、一つの案を出している。その中に含まれている「絵本の読み聞かせと分析的問いかけ」に関する記述に、日本の国語教育と欧米のそれとで「読む」ということについての考え方が根本的に異なることを表している箇所がある。

> 日本には、絵本を読み聞かせてもらうときには黙って聴くという暗黙の了解があるようです。私自身もこれまで、分析的な問いかけをしながら絵本を読み聞かせるように提案すると、しばしば「作者の想いをないがしろにしている」

10）つくば言語技術教育研究所の指導プログラムや具体的内容については、表6-2および三森（2004：256-264）参照。

表 6-2　つくば言語技術教育研究所の言語技術の指導プログラム

<table>
<tr><td>授業のための
基礎練習</td><td colspan="4">対話と議論のための基礎技術
問答ゲーム</td></tr>
<tr><td></td><td colspan="4">作文技術</td></tr>
<tr><td>作文のための
４つの技術</td><td>物　語</td><td>説　明</td><td>論　証</td><td>読書技術
分　析
分析と解釈・批判
【クリティカル・リーディング】</td></tr>
<tr><td>各部分の技術練習</td><td>①再話
②創作文
③視点を変える
＊物の認識</td><td>①描写文
人物・服装・物・風景・絵
行動・性格・心理etc.
②説明文
作り方・やり方
使用説明書、道案内etc.
③報告文
事件・新聞記事・レポート
④記録文
議事録
⑤アピール
広告・招待状・本の紹介
陳情書・請願書・苦情etc.
⑥実用文
履歴書etc.
⑦プレゼンテーション</td><td>①紙上問答ゲーム
②紙上議論
③意見文
④論証文</td><td>①再話
②要約
＊ブック・レポート
③絵の分析
④テクストの分析と解釈・批判
〔クリティカル・リーディング〕

☆百人一首
（言葉の変化・音の変化）</td></tr>
<tr><td>総合力</td><td colspan="4">論　文
＊テーマ型小論文
＊弁証法的小論文
＊課題文型小論文
＊クリティカル・リーディングに基づく小論文</td></tr>
</table>

三森（2004：258）

という根強い抵抗に遭いました。しかし、作者の想いとは何でしょうか。なぜ読み手は作者の想いに縛られなくてはならないのでしょうか。生存している作者であればともかく、作者が亡くなっている場合、いったいどのようにして「作者の想い」を確認できるのでしょうか。

「作者の想い」は、非常に日本的な読みです。日本の国語教育では、作者が何を言おうとしているのかを読者は一所懸命に考えながら受け身的に読むことを学びます。しかし、欧米の読書教育はこれとは逆の立場に立っています。すなわち、書かれたものは、作者の手を離れたとたんに、読者のものになるのです。読者は、書かれたものをどう解釈するも自由です。答えはひとつではなく、読み手ひとりひとりが探り出すものだからです。そのために、欧米の国語教育では、テクストを分析し、解釈し、批判的に検討する技術を長い時間をかけて指導するのです。(三森 2004：272-273)

引用部分は絵本の読み聞かせについて書かれたものであるが、絵本以外の場合でも状況は同じである。日本の教室での読み聞かせは、大人が読み、児童はただ黙って聞くだけである。筆者も子どもの頃、国語の授業や試験で「作者の想い」を尋ねられるたびに、「作者の想いは作者にしかわからない」と思ったり、「読み手の年齢に応じて、また健康状態やその時に置かれている状態によって同じ作品でも解釈は異なるはずだ」と思ったりしたものである。「作者の想い」は、なぜいつも変わらぬ一つなのか不思議であった。相手が何を考えているか、どのような気持ちでいるかと、相手への思い遣りを重視する日本文化が具現された教育なのかもしれないが、教員の答えが唯一の正解という答えの押し付けは、児童・生徒から「ひとりの読者として、自立してテクストを分析することを学ぶ」（三森 前掲書：274）能力を奪い、必要な分析的言語能力を育てることはできないであろう。

以上のことから、国際社会で通用する言語能力とは、単に英語をぺらぺら喋る力などではなく、まず言語を技術として捉える母語教育によって培われる能力であるとわかる。まず、日本人はすべての思考の基盤となる母語を築き、しっかりした日本語で言うべきことを言える日本人となることを考えるべきである。「どんなに努力してみたところで、外国語の能力が母語のそれを上回ることはないし、母語でできないことは外国語で」できるはずがないのである（三森 前掲書：246）。このことを十分に認識した上で、今後の日本の言語教育と外国語教育を、そしてそのための言語政策を検討しなければならないであろう。

6.3　日本に必要な言語政策

小学校英語がどのような結果を生み出すことになるかは誰にもわからない。しかし、小学校への英語の導入は既に決定されたことであることと、このことをめぐる同じ議論がいつまでも繰返し行われ続けるだけでは何も変わらず、どの方向にも歩み出せないという考えから、筆者たちは、それならば英語も上手く取り入れて、よい教育に繋げようと主張したい。

文部科学省による小学校への英語導入においても、英語よりも国語だという思いを反映する日本語教育特区のねらいにおいても、児童・生徒に身につけさせたいと出てくることばは共通している。それらは、「コミュニケーション能力」であり、「国際社会で通用する英語力／言語能力」であり、「思考力・表現力」である。6.2で日本語教育特区の言語教育と三森（2004）の提言する言語技術教育を見たところで、これらの能力を育ててくれる日本に本当に必要な言語教育とは何か、そのために国はどのような言語政策を打ち出す必要があるかを考えたい。

6.3.1　日本の教育への諦め？——どう変わればよいか

日本語教育特区の学習内容である「日本語の響きやリズムを楽しむ」和歌、俳句、漢詩、論語や、郷土学習、狂言の鑑賞や体験は、残念ながら、国際社会を生き抜くための言語力育成にもコミュニケーション能力育成にも直接的には繋がりそうにない。日本に必要なのは、言語教育を技術教育と捉えることである。

今や、大学また大学院の段階で海外留学を考えることは選択肢の一つとして当たり前になりつつあるが、小学校や中学校から我が子を海外で学ばせることを考える保護者も年々増加の傾向にあるようである（朝日新聞2008年12月21日）。そして、その理由は英語力そのものを身につけるということとは別の所にあるようである。例えば、自分の子どもを中学生の時からアメリカの全寮制学校に入学させた保護者は、「日本では」「テストの点数に追われてばかりだった。『広い視野を持って、自分の意見を言える子に育ってほしい』」と言い、「東大へ何人進学したかを競う教育では、のびのび育てるのは難しいと感じている」(同新聞同年同月日)。

アメリカの大学への進学を考えている高校2年生の男子は、「高1で10カ月間留学した米国の高校では、生徒が積極的に質問し、すぐに議論になった。一方的に教える日本の授業とは全く違っていた。『教授や友人と議論しあって自分を磨きたい』」と述べ、日本の教育を「知識を詰め込む勉強」と言う。海外の学校への進学を視野に入れた学校や塾の動きも活発化し始めている。ある高校は2008年だけで外国の大学に延べ17人の合格者を出した。このような動きに合わせて、海外進学コースを開設する塾が登場している。(同新聞同年同月日)

この動きは、海外の学校の教育内容や方法、質に価値を見出す日本人の増加を示している。教員の話を聞き知識を詰め込むのではなく、疑問を抱き、議論をし、考えを深めていく、これこそ学問だと考えている。これは、裏返せば、日本の教育への諦めであり絶望感の表れである。さらにこの動きはさまざまな問題を含んでいる。まず一つには、中学生、ましてや小学生の段階から外国で教育を受けることになると、その人たちは自分の属する国や文化を失ってしまうという危険性を抱えることにもなろう。このような人たちを「日本を捨てて『外国人』になる」(同新聞同年同月日)と表現する人もいるくらい、大学進学の段階で自らの意志で外国の大学を選択するのと異なり、あまりに早い時期から日本語以外の言語で教育を受け始めると、その人たちの思考言語は日本語ではなくなる。思考の仕方も日本文化にそぐわなくなる可能性も大である。日本人でありながら日本人ではない。このアイデンティティーに関わる問題は重大である。もう一つの問題は、頭脳流出がより早くより若い年代の人から始まってしまうという事実である。前者は主に外国で教育を受ける個々人にとっての問題であり、後者は日本という国にとっての問題である。これらがこの国にどのような結果をもたらすのかを真剣に考えなければならない。

この動きを、この現実を国はどう受け止めるのか。日本の教育が本当に見限られないうちに、一刻も早く手を打たなければならない。日本の教育は国際的にも通用する教育を提供できなければならないが、上記の保護者や高校生のことばからも推測できるとおり、日本の言語教育を言語技術教育にすることで、日本の教育は随分変わると確信する。言語教育を技術教育と捉える姿勢を各教科で生かせば、この国の教育は変わり、頭脳流出を防げるかもしれない。以下に、提案したい言語政策また言語技術教育はどういうものか論じてみる。

6.3.2 日本の言語政策——案

日本の言語政策として、まず小学校を対象に次の案を取り入れることを提言したい（表6-3参照）。

表6-3の左から3番目の枠内の「言語技術としての母語教育」は三森（2004）を基にしている。したがって、それを参考にしながら、まず①–⑤についてやや詳しく説明する（三森2004：256-274参照）。

①の「再話」は、教員が児童に読み物を2–3度読み、児童はそれを聞きながら要点をメモに取り、それに基づいて元の読み物を自分のことばで語り直す、という方法で実施される。最初は短くわかりやすい読み物から始め、徐々に長い複雑な内容のものへと進んでいく。再話を繰返すことによって、児童は要点

表6-3　日本の言語政策（案）

国語	母語教育		学年	英語教育
国語（日本語教育特区の教育内容参考） ①現代文、近代詩、和歌、俳句、漢語、論語など ②日本の（伝統）文化	言語教育を技術教育と捉える姿勢をさまざまな教科で生かす	**言語技術教育としての母語教育**（三森二〇〇四：二五六―二七四参考） ①再話 ②問答ゲーム ③説明・描写 ④絵の分析 ⑤絵本の読み聞かせと分析的問いかけ	1 2	
			3 4	音声教育
			5 6	**母語教育と連携させた英語教育**を開始

教員の姿勢：
－多言語多文化主義
（×英語優越主義）
－共生原理
に基づく英語教育

を押さえる力、まとめる力、書く力、文章構成力、語彙力を身につけることができる。そして、ことばを道具として使えるようになる。（三森 前掲書：265-266）②の「問答ゲーム」は「対話と議論の基礎的な技術」（三森 前掲書：267）を身につけるためのものである。基本的に文は主語と動詞とで成立するため、問答ゲームでは、児童は質問に対して必ず主語を入れて文を作ることを要求される。そして、自分の言うことに対してその理由を述べることも必ず求められる。このような練習を重ねることによって、児童は自分の発言に責任を持つようになる。また、児童の答えに対して質問を重ね、児童がさらに深く考えられるようにする。児童はそれぞれ、他の児童の問答ゲームを聞き、それによって学ぶ。さらに、場合によっては、児童はルールに従って他の児童の問答ゲームに点数をつけ、互いに競い合うことも可能である。(三森 前掲書：267-268)

③の「説明・描写」は「ある対象物を、それを見ていない他人が頭の中に絵を描けるように説明すること」と定義できる。説明と描写の順序には「原則」がある。まず、説明（描写）する「対象を全体として捉える考え方、物の見方」を教えるために、「全体から部分」へ、「概要から詳細」へ、といった説明（描写）の順序を一つの「原則」とし、さらなる「原則」として、「上から下」へ、「右から左」へといったように、どのように「視点」を「移動」させていけば「混乱」のない「論理的な説明」になるかを教える。(三森 前掲書：269)

④「絵の分析」は「問答ゲーム」で養った対話の技術を生かして行う。絵に「何が描かれているか」、絵に描かれている「場所・季節」や「時代背景」などの「設定」、絵に描かれている「人物・動物」などの「性別」やその人（動物）が「何をしているか・何を考えているか・何を話しているか」、また絵から感じ取られる「音」や「香り」など、さまざまなことを「議論形式」で分析する。分析は「絵の中に発見した根拠」に基づく意見を要求するため、児童は絵をよく観察し、深く読まなければならない。児童によって絵の読み方は異なるため、ある児童の意見は他の児童にとっては新発見になり、絵に対して新しい見方ができるようになる。そして、全児童がそれぞれ、最初

に絵の中に見たものと分析するうちに見えてきたものとに違いがあること、観察や発見、根拠に基づく意見の大切さを認識することになる。(三森 前掲書：270-272)

先に日本の小学校における「読み聞かせ」に関してその傾向と問題点を述べた（6.2.3.2参照)。日本では、(絵）本の読み聞かせの時には、聞き手は黙って聞くことがルールになっている。ただ作者の言いたいことは何かを考え、「作者の想い」を共有することだけに価値を置く傾向が極めて強い。しかし、⑤の「絵本の読み聞かせと分析的問いかけ」はそれとは異なる。(絵）本の解釈は人によってさまざまであるはずであるという考えが根底にある。また、同じ人でも年齢や環境、健康状態などさまざまな要因によって、解釈は異なってくる。故に、読み取れることはいつも一つであるはずはない。したがって、聞き手がそれぞれテキストを「分析し、解釈し、批判的に検討する技術」を身につけられるよう、読み手（教員）は聞き手（児童）に読み聞かせをしながら、児童が考えることができるように問いかけ、ともに読むという作業をする。日本の読み聞かせが「受け身的」で、自分の意見のすべてをそのまま言えないのと異なり、「分析的な読み聞かせ」はすべての児童が「ひとりの読者として、自立してテクストを分析することを学ぶ」ことができる。(三森 前掲書：272-274)

これらの言語技術は「国語」の教育だけにではなく、社会や理科など他の教科においても利用できると考える（表6-3左から2番目の枠)。また、日本語教育特区で実施している教育は技術教育としての言語教育には直接的有効性は持たないが、日本人として学ぶに相応しい内容を含んでいる（6.2.2参照)。語るべき内容や知的世界を豊かにし、日本人としてのアイデンティティーを確立させる第一歩になり、日本文化に敬意を払う態度を育てることにも繋がると考える。

この3つの枠の内容を小学校6年間を通して実施するとよい。いずれも学年に応じて内容や指導方法を考え工夫するのはもちろんのことである。また、小学校以降の教育課程の段階においても、母語教育の手法はさまざまな所で生かされる。これは筆者自身の経験からも言えることである。

筆者は、三森の言う言語技術教育を知る以前から、大学の授業でも再話や問答ゲーム、また絵の分析を発展させた方法を筆者自身の手法で試み、受講者からも好評を得ることができたと感じている。例えば、1年次生を対象にした学び方の基礎を教える授業においては、扱うテーマを「裁判員制度」や「トリアージ」、「医療のあり方」、「ニート」などの社会問題、「校則」や「小学校英語」といった教育問題など、大学生として考えるに相応しいものにする。これらは学生にとっても身近で、直接影響のある問題からいつ自分にも関係するかもしれない問題まで、関心を持てるテーマである。学生はこれらの問題を考えるにあたり、準備をしなければならない。つまり、まず参考資料にあたり、どのような問題なのか要点を押さえることに始まる。学生は授業中、必要に応じて口頭で、あるいは書くことによって要点を表し、考えるべき問題点を提示する。その後、学生に必ずディスカッションあるいはディベートをさせるのであるが、再話や問答ゲームを発展させた形のものを積み上げてのディスカッションやディベートは学生の持つ力をさらに鍛えてくれる。学生は自分の考えを整理しなければならないが、そのためにはより深く考えること、さまざまな角度から物事を見る目を持つこと、聞き手に伝え納得を得るにはどう言えばよいかを考えることが求められる。学生はそれまでにない経験に最初は何をどうすればよいのか戸惑うこともあるが、慣れて要領を掴めると授業時間だけでは足りなくなるほどディスカッションやディベートを楽しむ学生も出てくる。ディベートの時には審査員も決め、誰のどのような発言が説得力があり有効であったか、いずれのチームが強力であったかを審査してもらう。学生は自分の意見を言い、それが評価されるという充実感を得るのだが、実は、論理的な深い思考力、洞察力、まとめる力、発言する力、聞く力などの向上が認められたということなのである。

さらに、大学の英語の授業でも再話、問答ゲーム、絵の分析や描写を取り入れている。外国語の学習であるから、これらを基本的なパタンで実施している。英語で書かれたものを日本語に置き換えることができたとしても、再話や要約ができない、つまり、要するに何が書いてあるのかがわからなければ、それは読めていないことに等しいと思うからであり、また日常「読み取る」という行為は文字だけではなく絵やグラフといったものからも何かを読み取っているのであるから、絵などを描写することも必要だと思うからである。そして、問答ゲームによって学生はより深く考える訓練をすることになるからである。このような方法で英語の授業を行っている時に思うことは、これを学生が母語教育で経験済みであればどれだけやり易いだろうということである。一度経た過程であるならば、再話や絵の分析などの方法や趣旨を説明する時間はいらず、授業時間のすべてを英語そのものの学習に費やすことができるからである。したがって、まず母語について体得した言語技術をその後の英語学習に生かせるように、英語教育を母語教育と連携させることには大きな意味がある。このように、大学の教育課程であっても、またそれが母語教育であっても英語教育であっても、言語技術教育は内容と方法を工夫することによって有益的に機能するのである。

小学校課程での言語教育に話を戻そう。児童が言語技術教育としての母語教育に慣れてきた段階で、それをその後の英語学習に生かすことができる。それが小学校英語からなのか中学英語からなのか、週何時間程度英語の授業をするのかなどによって、どのように生かしていくかは違ってくるため、英語教育の一貫したプログラムを考えることは必須である。理想論を言えば、小学校5年生から英語教育を始めるのであれば、その時点から言語技術教育としての英語教育を導入するのがよいかもしれない。子どもたちは言語技術教育を一度母語で経験していれば、英語学習の際も何をしているのかがわかり、しなければならないことに自信を持って臨める。また、母語教育と連携した英語教育を5年生から始めるとしたら、それまでの2年間程度を音声教育に費やしてもよいのではないかと考える。小学校現場で児童たちの英語教育（活動）に携わっていて気づくのは、3、4年生の児童は耳のよさという点において、5年生以上の児童と明らかに違うということである。およそ10歳前後と言われる臨界期を境にして言語習得に差が見られるという説は母語について当てはまるもので外国語には当てはまらないという考えが大勢を占めることは既に述べた（5.2）。仮に臨界期仮説が関係ないとしても、筆者の経験から言わせてもらえば、非常に強い傾向として、小学校4年生と5年生とを境に、耳のよさに違いを見る。この点を考慮すると、言語技術教育としての英語教育を開始する前に音声教育を始めておくことは、教育上効果的だと考えられる。さらに、人間の言語習得はまず母親の胎内で自分の言語となることばを聞くことから始まるのであるから、最初に音声に慣れてから先に進んでいくことは、言語習得の自然な過程を踏んでいるとも言える。

今の時点では、小学校1年生から母語教育を始めたとして、それがどの段階で英語教育に結び付いていくかははっきりとは見えない。それは技術教育としての母語教育がまだ日本では公教育に存在していない上に、小学校から高等教育機関まで一貫した英語教育プログラムが明確な形で提示されているとは言い難いからである。それ故に、理想の案にならざるを得ないところがあるのだが、上に述べたとおり、児童が母語教育に慣れてきた時点で、できれば小学校5年生から、それを英語教育にも生かしていくとよいであろう。いずれにしても、これらはすべて言語技術教育としての母語教育をまず確立させなければ始まらない。そして、英語で議論する力や交渉する力を求めるならば、まず母語でのこれらの力を養成できる言語政策に早く着手しなければならない。何度も言うが、母語でできないことは外国語でできるはずがないのである。

「英語を学ぶのは興味を持つ一部の人のみでよい」といった意見がよく聞かれるが（5.1参照）、この意見は的外れであろう。なぜ英語についてだけ、このような発言がなされるのか疑問である。話題が英語になると、なぜか感情に走った意見が聞かれることが多い。このような発言が英語について許されるのであれば、同種の発言が小学校課程で教えられる他の科目についても同様になされてもかまわないのではないか。教員は算数や理科などの科目を児童に教える時、ましてや音楽などの芸術系科目を教える時、誰もすべての児童をその道のプロに育てようと思って教育しているわけではないであろう。児童の中の一人でもふたりでもよいから、その科目に興味や関心を持ってくれたらという思いで児童たちに接しているに違いないし、児童本人は学ぶことによって興味を持つようにもなり、自分の得手不得手を感じ取ったり、進む方向を決定したりする判断材料にする可能性もある。将来どの科目が必要また不必要になるかは、小学校の段階ではまだわからない。英語についてだけ将来に直結しなければならないかのような論理で議論されるのは、理解できない。そのような考え方よりも、すべての人にできるだけ多くの機会を均等に与えようとする方針の方が理にかなっているし、特に小学校課程では、それは目的の一つでもあろう。

なぜ学習する外国語が英語なのかを尋ねられたとしたら、それは世界に目を向けた時に、好むと好まざるとにかかわらず、英語が当然の言語であることは現状では間違いがないからと答えることができる。ただ、この時に重要なのが英語に対する教員の姿勢である。

私たちが置かれている現状は、世界の人々とともに生きていかなければどうにもならない状況である。環境を見ても、経済を見ても、食料や医療の面でも、治安面でも、日本だけではこの地球上で平和に生存していくのが難しいことは誰が考えてもわかる。世界中の人々が手に手を携え、ともに考え行動することが非常に大きな意味を持つ時代に私たちは生きている。この現実を直視し、教員は子どもたちに地球市民の一人として生きていくこと、またそのために準備しておくことの大切さを教えなければならない。

その時、自分がこれまで当然だと思ってきたことが実はそうではないとわかったり、自分たちのやり方では壁にぶつかり解決できない問題に遭遇したりすることがあるはずである。類似の問題に他の文化がどのように対処しているかを知っておくことがどれだけ重要なことなのかに、その時はじめて気づくことになる。（Brown 1963：3）そして他の文化を本当に理解しようと思えば、その文化の言語を知っておくことが必要である。それ故に、第2章でも述べたとおり、文化、特に言語の多様性は重視されなければならないのである。最終的なコミュニケーションが英語に依るとしても、それは多言語多文化主義と共生原理に基づく英語でなければならないのである。

全人教育を行う人生はじめての学校教育課程で母語以外に学ぶ言語が英語に特定されてしまうと、そこで生じる危険は英語を特別視する態度の発生である。子どもたちが、また保護者もそのような間違った態度で英語に接することのないよう、英語優越主義や英語崇拝に陥らないように、まず教員がしっかりとした姿勢を示さなければならない。教員が生徒に与える影響は絶対的なものがあることを教員は肝に銘じ、日本語は日本人にとって欠くことのできない日本人であることの「標（しるし）」（阿部 2007：51）であることを伝えなければならない。

学校教育のどの課程においても、英語の教員に求められるものは多い。英語の歴史とあわせて、日本における英語教育の歴史も知っておかなければならない（第1章および第3章参照)。その際には、英語が征服戦争や植民地支配と関わってきた現実を見過ごしてはならないし、言語の多様性が維持されなければ、それは世界の存亡の危機に繋がるということを知らなくてはならない（第2章参照)。そうすれば、日本人として母語の日本語と日本文化とに敬意を払うことの大切さも理解できる。また英語を教える際に、英語と日本語、さらには英語文化と日本文化の間の類似点と相違点を知っておくこともちろん重要である（第4章参照)。そして、特に小学校英語に携わる教員は、この問題に関わる賛否両論をよく理解しなければならないし、これから小学校英語がどのような方向に進んでいくべきかを考えなければならない（第5章参照)。英語の教員にはこれらを熟知した上で児童・生徒に向かってほしいと願う。

このような母語教育と外国語教育であれば、母語はいい加減にならず、しっかりした日本語で主張すべきことを主張できる日本人が育つであろう。また、日本の（伝統）文化を大切にし、物事を深く考え、豊かな表現能力やコミュニケーション能力を持った日本人が育成されるに違いない。そして、母語でこれらのことが可能になれば、英語においても同じことを期待できよう。そうなった時、『「英語が使える日本人」の育成のための行動計画』が強く主張する「競争」力が必要な場面でも、自ずとその力は発揮されるものである。

この国の言語政策を考える際に考慮に入れるべき点をあといくつか付け加えておきたい。国や教育機関は小学校の英語活動に国際理解を含めようとしてきたように、日本語教育特区における言語教育に伝統文化などを混ぜ合わせたり、高等学校課程の英語教育に交渉力の養成を付加しようとしたりしている

(6.2.3参照)。また、英語教育（活動）や言語教育にはコミュニケーション能力を育成することまでも期待している。コミュニケーション能力には話す力と聞く力のみが関係するのではなく（6.2.3.2参照)、教育全体が関わってくるものである。それなのに、なぜ英語教育（活動）また言語教育にのみコミュニケーション能力の育成を負わせようとするのだろうか。文部科学省は各々の課程の各々の教科に求めるものを明確にし、一つの科目にあれこれ詰め込んで欲張ることをせずに切り離すべき内容は切り離し、教員は何を教えればよいのか、児童・生徒は何を学ぶべきなのかを明示しなければならない。

また、ここでは深く立ち入らないが、日本社会に溢れるカタカナ語や略語についての考え方も明確にする必要があるだろう。[11] 日本語の中のカタカナ語は文意を曖昧にしたり誤魔化したりしているように思え、書き手が実は言いたいことを明確に持たない、あるいは考えを持っていても、それを伝えることばを持たないのではないかという印象さえ与える。意図的に中身をぼかし、イメージだけを伝えようとしていると思える場合もある。相手への配慮から、はっきり物事を言うのを避けようとしているのかもしれないが、「揺るぎない国語力」を重視し、そして英語教育を充実させていこうとするのであれば、安易にいい加減なカタカナ語を造り出してはいけない。小学校から早期英語教育をしながら、片方では日本流のカタカナ語を増産するというのでは、言語政策に関して日本の中での首尾一貫性はなく、日本人はどうなりたいのか、世界の中でどのような位置を占め

11）この問題については、森光、中島（2006）で詳しく述べた。

たいのか、見えてこない。カタカナ語は日本語能力の育成に弊害となると同時に、英語教育においても、特に音声面と語彙習得の面で弊害をもたらすことをよく考え、不用意にカタカナ語を使用したり作り出したりしないようにしなければならない。

以上、案として、この国の言語政策を考えてきた。主に小学校での案を提示したが、日本人の土台を作る教育課程での言語政策をどのようにするかは、この国の将来に大きく関わる問題である。国はこの国の言語をどのようにしたいのかをよく考え、そのために本当にしなければならないことは何かを慎重に、しかし一刻も早く検討し提示しなければならない。そして、この国の教育が見限られ愛想を尽かされないうちに、本当の教育とは何か、どのような日本人を育てたいのか、人間の何を育てるべきなのか、国はその考えを明確に示すべきである。

また、私たちは自分たちの母語の教育や政策を国任せにせず、日本文化の「標（しるし）」（阿部2007：51）であり日本人のアイデンティティーの証である日本語についてよく考えていくべきである。そして、日本人が英語を学ぶことの意味もよく考えなければならない。なんとなく日本語を話し、なんとなく英語を学ぶのではなく、なぜ日本人が英語を学ぶのか、それはどのような英語であるべきかを一人一人が考え、納得して臨まなければならない。人間にとってのことばの意味をさまざまな角度から広く深く考え、意識的にことばに接し、地球市民の一人としての責任を果たす準備と覚悟を持たなければならないだろう。

あとがき

本書を執筆中に大きな出来事が起こった。アメリカ合衆国の第44代大統領がアフリカ系アメリカ人のバラク・フセイン・オバマ氏になったことである。過去の歴史を考えると、少し前まではこのようなことは決して起こらないだろうと誰もが思っていたに違いない。それが現実となった。世界はこの大きな変化に驚いたり喜んだり、また期待したりとさまざまな動きを見せた。アメリカに住むアフリカ系の人々の中には、自分のルーツを知りたいと行動するようになった人もいると聞く。祖国がどこかさえわからなかったという人が、DNAを頼りに先祖の祖国や部族を、そして自分のルーツを探し出すことに成功しているようである。歴史は変わり、新たな一歩を歩み始めたと言える。

歴史が動くのと同様、ことばも日々変化する。2週間に1語の割合で言語が消滅しているとも言われる。しかし、BBCニュース（2009年2月20日）や宮岡、崎山(編)（2002）によると、死んでしまったとされていたがその後生き返り、今はまだ少数ながら話し手を持つに至っている言語もある。18世紀に死に絶えたと考えられているコーンウォール語もその一つであるが、言語学者の中には、このような言語は消滅したのではなく、ただ一時的に眠っていただけだと考える者もいる。ユネスコにより出版された消滅の危機にある世界の弱小言語地図の編集に携わった言語学者は、地図の次の版には「よみがえった言語」という区分を設ける必要性を感じている。このような現象は、ことばは生き物だとあらためて思わせてくれる。

日本語は、さまざまな変化を受けながらも、まだ存在している。日本語が存在していることはほとんどの日本人にとっては当たり前のことで、特に意識することでもないように思われる。したがって、多くの日本人にとって日本語の将来は考えるに及ばない問題であろう。しかし、例えば、英語は「国際共通語」であるから、日本人が英語を身につけるために英語を日本の第２公用語にしようといった英語公用語論者の主張も存在する。もし万が一、英語公用語論者の主張どおり、英語が日本の第２公用語となり、日本が日本語と英語の２言語併用状態になったら、日本語また日本文化はどうなっていくのだろう。日本語がもし危機的状況に陥ることがあれば、日本語で書かれた書物の存在も危うくなるし、日本語の歌も歌えなくなる。日本人の過去の歴史や文化を知ることもできなくなるし、これからの歴史も残らなくなる。日本文化は理解されなくなり、遂には途絶えてしまう。

「そんなことはあり得ない」と思う人が多いかもしれないが、条件が異なるにしろ、実際消滅していっている言語があるのである。自分の言語が消滅するということは、自分のルーツもなくなるということである。それほど言語は重要なものなのである。日本語の価値を低く見ている状況も現に存在しているように思われるが、日本人自らが日本語の価値を軽く捉え、日本語が危機的な状況になってからその価値に気がついても遅い。近年の日本語の扱い、また英語への接し方を見る時、いったい日本語は、日本文化は、そして日本人はどうなってしまうのだろうかと不安に感じずにはいられない。

私たちは今、日本語を失わずにいることに感謝し、日本人として、日本語と日本文化を途絶えさせず、未来へ繋いでいく責任があることを認識する必要がある。それを認識する時、私たちの言語に対する意識も高まり、それぞれの言語を尊重する姿勢も生まれる。日本人がこのように自分たちの言語に対する意識をしっかり持っていれば、現代の地球上での英語の重要性を認識しつつも、必要以上に英語に重きを置いたりすることはないであろう。また、英語を学ぶ意味を的確に把握できていれば、英語学習を無駄な努力と見なしたり、英語教育をエリート育成のための特別な教育と考えたりすることもないであろう。地球上のすべての言語は等しい権利と価値とを持っている。私たちはその中の言語の一つである英語を正しく捉え、長年囚われてきた「英語 vs. 日本人」の図を変えていかねばならない。

* * *

本書の完成までにいろいろな方にお世話になった。原稿執筆の過程で私たちの様子を見ながら、必要な時に声を掛け励ましてくださった、同僚の山下昇先生と北崎契縁先生に感謝したい。また、本書の内容を話していた時にタイトルのヒントをくれたイギリス人の友人、ジョアナ・ハモンズさんにもお礼を言いたい。彼女はその後も、原稿執筆中、不安定な精神状態にいた私をいつも面白い話で大いに笑わせリラックスさせてくれた。ありがとう。そして、本書の原稿に丁寧に目を通し、さまざまなコメントをしてくださった相愛大学名誉教授の新井俊一先生に心よりお礼を申し上げる。先生は本書についてのコメントだけではなく、もっと広い意味で私たちを支えてくださった。

日本人にとって英語とは何なのかをテーマに一冊の形でまとめたいという私たちの希望に理解を示してくださり、出版に至るまで励ましてくださったのは、開文社出版の安居洋一氏である。また、同社の佐久間邦子さんには編集にあたり大変お世話になった。おふたりにも厚くお礼申し上げたい。

最後に、原稿執筆中、精神的に支えになってくれた家族に深く感謝したい。

参考文献

阿部珠理（2005）『アメリカ先住民——民族再生にむけて』東京：角川書店

———（2007）「母語と国語のはざまで——インディアン同化教育の悲劇と言語復興」『月刊言語』1月号　第36巻　第1号、東京：大修館書店、pp.50–53

安彦忠彦（監修）大城賢、直山木綿子（編著）（2008）『小学校学習指導要領の解説と展開　外国語活動編—— Q&Aと授業改善のポイント・展開例』東京：教育出版

安彦忠彦（編）（2008）『平成20年版小学校新教育課程教科・領域の改訂解説』東京：明治図書出版

アシャー、ロン・E、クリストファー・モーズレイ（編）土田滋、福井勝義（日本語版監修）（2000）『世界民族言語地図』東京：東洋書林.（Moseley, Christopher, Ron E. Asher（eds.）（1994）*Atlas of the World's Languages*. Routledge. 福井正子訳）

綾部恒雄（監修）福井勝義、竹沢尚一郎、宮脇幸生（編）（2008）『講座　世界の先住民族——ファースト・ピープルズの現在——　05　サハラ以南アフリカ』東京：明石書店

———（監修）富田虎男、スチュアート ヘンリ（編）（2005a）『講座　世界の先住民族——ファースト・ピープルズの現在——　07　北米』東京：明石書店

———（監修）前川啓治、棚橋訓（編）（2005b）『講座　世界の先住民族——ファースト・ピープルズの現在——　09　オセアニア』東京：明石書店

———（監修・編）（2007）『講座　世界の先住民族——ファースト・ピープルズの現在——　10　失われる文化・失われるアイデンティティ』東京：明石書店

Booth, Alan.（1988）*The Story of English*. Special Complete Edition. Macmillan LanguageHouse.（原著 McCrum, Robert, William Cran, and Robert MacNeil.（1986）*The Story of English.*）

Brown, Ina Corinne.（1963）*Understanding Other Cultures*. New Jersey:

Prentice–Hall, INC.

ブロズナハン、リージャー（1988）『しぐさの比較文化――ジェスチャーの日英比較』東京：大修館書店.（Brosnahan, Leger（1985）*Japanese and English Gesture: Contrastive Nonverbal Communication*. 岡田妙、斎藤紀代子訳）

バトラー後藤裕子（2005）『日本の小学校英語を考える――アジアの視点からの検証と提言』東京：三省堂

――――（2006）「小学校での英語教育――期待すること、考慮すべきこと」大津由紀雄（編）『日本の英語教育に必要なこと――小学校英語と英語教育政策』東京：慶応義塾大学出版会、pp. 185–206

Crystal, David.（2002）*The English Language: A Guided Tour of the Language*. Second edition. London: Penguin Books.

――――.（2003）*English as a Global Language*. Second edition. Cambridge: Cambridge University Press.

――――.（2004）*The Stories of English*. London: Penguin Books.

クリスタル、デイヴィッド（1992）『言語学百科事典』東京：大修館書店.（Crystal, David.（1987）*The Cambridge Encyclopedia of Language*. Cambridge: Cambridge University Press. 風間喜代三、長谷川欣佑監訳）

――――（2004）『消滅する言語――人類の知的遺産をいかに守るか』東京：中公新書.（Crystal, David.（2000）*Language Death*. Cambridge: Cambridge University Press. 斎藤兆史、三谷裕美訳）

江利川春雄（2008）『日本人は英語をどう学んできたか――英語教育の社会文化史』東京：研究社

フレンド、ジョーゼフ・H（1972）『英語学概論』東京：金星堂.（Friend, Joseph H.（1967）*An Introduction to English Linguistics*. New York: The World Publishing Company. 安井稔、安井泉訳）

Fromm, Erich.（1976）*To Have Or To Be?*（リプリント版．東京：金星堂. 1982）

Hall, Edward T.（1966）*The Hidden Dimension*. New York: Anchor Books.

ハーマー、ジェレミー（2002）『21世紀の英語教育を考える　実践的英語教育の進め方――小学生から一般社会人の指導まで』東京：ピアソンエデュケーション.（Harmer, Jeremy.（2001）*The Practice of English Language Teaching*. Pearson Education. 渡邉時夫、高橋庸雄監訳）

Haviland, John B.（1993）“Anchoring, Iconicity, and Orientation in Guugu Yimithirr Pointing Gestures.” In *Journal of Linguistic Anthropology*. Vol.

3, No. 1, pp. 3–45.
平泉渉、渡部昇一（1975）『英語教育大論争』東京：文藝春秋
平野次郎（1999）『図解　英語ものがたり――英語はなぜ楽しいのか？なぜ世界語になったのか？』東京：中経出版
保苅実（2004）『ラディカル・オーラル・ヒストリー――オーストラリア先住民アボリジニの歴史実践』東京：御茶の水書房
本名信行（2003）『世界の英語を歩く』東京：集英社
市川力（2006）「英語を『教えない』ことの意味について考える」大津由紀雄(編)『日本の英語教育に必要なこと――小学校英語と英語教育政策』東京：慶応義塾大学出版会、pp. 53–69
池上嘉彦（2003）「言語における＜主観性＞と＜主観性＞の言語的指標（１）」山梨正明他(編)『認知言語学論考』No.3、東京：ひつじ書房、pp. 1–49
―――（2006）「＜主観的把握＞とは何か――日本語話者における＜好まれる言い回し＞」『月刊言語』5 月号　第 35 巻　第 5 号、東京：大修館書店、pp. 20–27
今井むつみ（2005）「認知学習論から考える英語教育」大津由紀雄(編)『小学校での英語教育は必要ない！』東京：慶応義塾大学出版会、pp. 77–99
井上京子（1998）『もし「右」や「左」がなかったら――言語人類学への招待』東京：大修館書店
JACET 教育問題研究会(編)（2005）『新英語科教育の基礎と実践――授業力のさらなる向上を目指して』東京：三修社
影浦攻（編）（1997）『小学校英語教育の手引』東京：明治図書出版
影浦攻、小学校英語セミナー委員会(編)（2008a）『小学校英語セミナー』No. 28、東京：明治図書出版
影浦攻、小学校英語セミナー委員会(編)（2008b）『小学校英語セミナー』No. 29、東京：明治図書出版
柿沼肇（1990）『近代日本の教育史』東京：教育史料出版会
菅正隆（2008）「『英語ノート』を使った『外国語活動』の授業」『英語教育』第 57 巻　第 6 号、東京：大修館書店、pp. 10–13
菅正隆、高橋一幸、田尻悟郎、中嶋洋一、松永淳子（2009）「新学習指導要領は英語の授業をどう変えるのか」(座談会)『英語教育』第 58 巻　第 2 号、東京：大修館書店、pp. 10–19
金谷憲（2008）『英語教育熱――過熱心理を常識で冷ます』東京：研究社

唐津教光（2004）「Who's afraid of teaching English to kids?」大津由紀雄（編）『小学校での英語教育は必要か』東京：慶応義塾大学出版会、pp. 81–111
柏木博（2004）『「しきり」の文化論』東京：講談社
河原俊昭（編）（2002）『世界の言語政策——多言語社会と日本』東京：くろしお出版
河添恵子（2005）『アジア英語教育最前線　遅れる日本？　進むアジア！』東京：三修社
喜多壮太郎（2002a）『ジェスチャー——考えるからだ』東京：金子書房
———（2002b）「人はなぜジェスチャーをするのか」齋藤洋典、喜多壮太郎（編）『ジェスチャー・行為・意味』東京：共立出版、pp. 1–23
北川達夫、フィンランド・メソッド普及会（2005）『図解　フィンランド・メソッド入門』東京：経済界
北沢方邦（2005）「ホピ—精緻な宇宙論体系を持つ部族」綾部恒雄（監修）富田虎男、スチュアート ヘンリ（編）『講座　世界の先住民族——ファースト・ピープルズの現在——　07　北米』東京：明石書店、pp. 194–206
古関須磨子（2000）「コトバ文化の国で」『月刊言語』8月号　第29巻　第8号、東京：大修館書店、pp. 6–7
クローバー、シオドーラ（2003）『イシ——北米最後の野生インディアン』東京：岩波書店.（Kroeber, Theodora（1961）*Ishi in Two Worlds: A Biography of the Last Wild Indian in North America*. 行方昭夫訳）
熊倉千之（2006）「＜主観＞を本質とする日本文学——語り手の声が表出する世界」『月刊言語』5月号　第35巻　第5号、東京：大修館書店、pp. 28–34
Lakoff, George.（1987）*Women, Fire, and Dangerous Things: What Categories Reveal about the Mind.* Chicago: The University of Chicago Press.
——— and Mark Johnson（1980）*Metaphors We Live By.* Chicago : The University of Chicago Press.
Langacker, Ronald W.（1985）"Observations and Speculations on Subjectivity." In John Haiman（ed.）*Iconicity in Syntax*. Amsterdam: John Benjamins. pp. 109–150.
———.（1987）*Foundations of Cognitive Grammar*, Vol. 1. *Theoretical Pre-requisites*. Stanford, California: Stanford University Press.
———.（1990）"Subjectification." In *Cognitive Linguistics*, 1. pp. 5–38.

———. (1991a) *Concept, Image, and Symbol: The Cognitive Basis of Grammar*. Berlin: Mouton de Gruyter.

———. (1991b) *Foundations of Cognitive Grammar*, Vol. 2. *Descriptive Application*. Stanford, California: Stanford University Press.

———. (1999) *Grammar and Conceptualization*. Berlin: Mouton de Gruyter.

Levinson, Stephen C. (1997) "Language and Cognition: The Cognitive Consequences of Spatial Description in Guugu Yimithirr." In *Journal of Linguistic Anthropology*. Vol. 7, No. 1, pp. 98–131.

———. (2003) *Space in Language and Cognition: Explorations in Cognitive Diversity*. Cambridge: Cambridge University Press.

巻下吉夫（1997）「翻訳にみる発想と論理」巻下吉夫、瀬戸賢一『文化と発想とレトリック』（中右実(編)「日英語比較選書 1」）東京：研究社、pp. 1–91

増田義郎（訳）（2004）『クック太平洋探検（一）第一回航海（上）』『クック太平洋探検（二）第一回航海（下）』東京：岩波文庫.（Beaglehole, J. C.（ed.）(1955–67) *The Journal of Captain James Cook on his Voyage of Discovery*.（Cambridge: Cambridge University Press）全 4 巻のうち、第 1 巻の抜粋・翻訳）

松川禮子（2004a）『明日の小学校英語教育を拓く』東京：アプリコット

——— (2004b)「小学校英語活動の現在から考える」大津由紀雄(編)『小学校での英語教育は必要か』東京：慶応義塾大学出版会、pp.17–44

松本昇、三石庸子、君塚淳一、高橋明子、中野里美、野川浩美、寺嶋さなえ、高見恭子(編)（2006）『アフリカ系アメリカ人ハンディ事典』東京：南雲堂フェニックス

宮原哲（1992）『入門コミュニケーション論』東京：松柏社

宮岡伯人、崎山理(編)（2002）『消滅の危機に瀕した世界の言語——ことばと文化の多様性を守るために』東京：明石書店.（渡辺己、笹間史子監訳）

文部省（1998 年告示、2003 年一部改正）『小学校学習指導要領』大蔵省印刷局

文部科学省（2001）『小学校英語活動実践の手引』東京：開隆堂出版

——— (2003)『「英語が使える日本人」の育成のための行動計画』文部科学省

森光有子（2007）「主観的把握と客観的把握——なぜ日本語には擬声語・

擬態語が多いのか」『相愛大学研究論集』第 23 巻、pp. 19–45
森光有子、中島寛子（2006）「小学校英語教育を考える――児童英語教育におけるカタカナ語の影響に焦点を当てて」『相愛大学研究論集』第 22 巻、pp. 69–91
森光有子、中島寛子（2008）「日本に溢れるカタカナ語とその影響――大学生のカタカナ語の認識と英語学習」『相愛大学研究論集』第 24 巻、pp. 67–97
中村芳久（2004）「主観性の言語学：主観性と文法構造・構文」『認知文法論 II』（「シリーズ認知言語学入門」第 5 巻）東京：大修館書店、pp. 3–51
―――（2006）「言語における主観性・客観性の認知メカニズム」『月刊言語』5 月号　第 35 巻　第 5 号、東京：大修館書店、pp. 74–82
直山木棉子（2004）「小学校への英語導入について」大津由紀雄(編)『小学校での英語教育は必要か』東京：慶応義塾大学出版会、pp. 221–244
―――（2006）「小学校英語の必要性の主張のあとに必要なこと」大津由紀雄(編)『日本の英語教育に必要なこと――小学校英語と英語教育政策』東京：慶応義塾大学出版会、pp. 227–241
Nettle, Daniel and Suzanne Romaine.（2000）*Vanishing Voices: The Extinction of the World's Languages*. New York: Oxford University Press.
Ngũgĩ wa Thiong'o.（1986）*Decolonising the Mind: The Politics of Language in African Literature*. Oxford/Nairobi/Portsmouth: James Currey/EAEP/Heinemann.
日本教材システム編集部(編)（2008）『ひと目でわかる 2 色刷り　中学校学習指導要領新旧比較対照表』東京：日本教材システム株式会社
新村朋美（2006）「日本語と英語の空間認識の違い」『月刊言語』5 月号　第 35 巻　第 5 号、東京：大修館書店、pp. 35–43
西村秀夫（1997）「英語史」西光義弘(編)『英語学概論』東京：くろしお出版、pp. 287–365
野山広（2006）「多文化共生社会に対応した言語の教育と政策――『何で日本語やるの？』という観点から」大津由紀雄(編)『日本の英語教育に必要なこと』東京：慶応義塾大学出版会、pp. 152–170
岡戸浩子（2002）『「グローカル化」時代の言語教育政策――「多様化」の試みとこれからの日本』東京：くろしお出版
奥野久（2007）『日本の言語政策と英語教育――「英語が使える日本人」

は育成されるのか？』東京：三友社出版
大城賢（2009）「中学英語の前に小学校で学ぶ英語とは」『英語教育』第58巻　第2号、東京：大修館書店、pp. 20–22
大谷泰照（2006）「諸外国の外国語教育からの示唆」『英語教育』第54巻第12号、東京：大修館書店、pp. 10–13
———（2008）「異文化理解教育が今、日本に必要なわけ」『英語教育』第56巻　第13号、東京：大修館書店、pp. 10–13
———（2009）「学習指導要領が映すこの国の姿」『英語教育』第58巻第2号、東京：大修館書店、pp. 34–37
大津由紀雄（編）（2004）『小学校での英語教育は必要か』東京：慶応義塾大学出版会
———（編）（2005）『小学校での英語教育は必要ない！』東京：慶応義塾大学出版会
———（編）（2006）『日本の英語教育に必要なこと――小学校英語と英語教育政策』東京：慶応義塾大学出版会
———（2006）「原理なき英語教育からの脱却を目指して――言語教育への提唱」大津由紀雄(編)『日本の英語教育に必要なこと――小学校英語と英語教育政策』東京：慶応義塾大学出版会、pp. 17–32
大津由紀雄、鳥飼玖美子（2002）『小学校でなぜ英語？――学校英語教育を考える』岩波ブックレット No.562、東京：岩波書店
大津由紀雄、三森ゆりか、松本茂、山田雄一郎（2006）「英語教育は国語教育と連携できるか：その基盤を探る」（座談会）『英語教育』第55巻　第2号、東京：大修館書店、pp. 10–21
ロメイン、スザーン（1997）『社会のなかの言語』東京:三省堂.（Romaine, Suzanne（1994）*Language in Society: An Introduction to Sociolinguistics*. Oxford University Press. 土田滋、高橋留美訳）
寮美千子（編・訳）（1995）『父は空　母は大地　インディアンからの手紙 FATHER SKY, MOTHER EARTH』東京：バロル舎
齋藤洋典、喜多壮太郎（編）（2002）『ジェスチャー・行為・意味』東京：共立出版
斎藤兆史（2007）『日本人と英語――もうひとつの英語百年史』東京：研究社
———（2009）「新高等学校学習指導要領の愚」『英語教育』第58巻第2号、東京：大修館書店、p. 41
三森ゆりか（2004）「母語での言語技術教育が英語の基礎となる」大津由

紀雄（編）『小学校での英語教育は必要か』東京：慶応義塾大学出版会、pp. 245–276

Sapir, Edward.（1921）*Language: An Introduction to the Study of Speech.* New York: Harcourt, Brace.

鈴木清史（2005）「オーストラリア先住民—差異化の意味するところ——多文化主義と先住民」綾部恒雄(監修) 前川啓治、棚橋訓(編)『講座　世界の先住民族——ファースト・ピープルズの現在——　09　オセアニア』東京：明石書店、pp. 98–114

鈴木孝夫（1973）『ことばと文化』東京：岩波書店

———（1999）『日本人はなぜ英語ができないか』東京：岩波書店

———（2005）「小学校教育に求められる基本的な知識とは」大津由紀雄(編)『小学校での英語教育は必要ない！』東京：慶応義塾大学出版会、pp. 185–196

Swan, Michael.（1985a）“A critical look at the Communicative Approach（1）.” In *ELT Journal*, 39(1), pp. 2–12.

———.（1985b）“A critical look at the Communicative Approach(2).” In *ELT Journal*, 39(2), pp. 76–87.

田嶋幸三（2007）『「言語技術」が日本のサッカーを変える』東京：光文社

田尻悟郎（2006）「小学校英語教育の意義と課題」大津由紀雄(編)『日本の英語教育に必要なこと——小学校英語と英語教育政策』東京：慶応義塾大学出版会、pp. 242–263

竹沢尚一郎（2008）「解説　西・南アフリカ」綾部恒雄(監修) 福井勝義、竹沢尚一郎、宮脇幸生(編)『講座　世界の先住民族——ファースト・ピープルズの現在——　05　サハラ以南アフリカ』東京：明石書店、pp. 234–251

冨田祐一（2004）「国際理解教育の一環としての外国語会話肯定論——競争原理から共生原理へ」大津由紀雄(編)『小学校での英語教育は必要か』東京：慶応義塾大学出版会、pp. 149–186

鳥飼玖美子（2004）「小学校英語教育——異文化コミュニケーションの視点から」大津由紀雄(編)『小学校での英語教育は必要か』慶応義塾大学出版会、pp. 187–217

———（2007）「カタカナ語に見る意味のずれ」『月刊言語』6 月号　第 36 巻　第 6 号、東京：大修館書店、pp. 52–59

辻幸夫（編）（2003）『認知言語学への招待』「シリーズ認知言語学入門」第 1 巻、東京：大修館書店

宇賀治正朋（2000）『英語史』安井稔（監修）「現代の英語学シリーズ第 8 巻」東京：開拓社

UNESCO（1974）*Recommendation concerning education for international understanding, co–operation and peace and education relating to human rights and fundamental freedoms*. UNESCO.

———.（2001）*UNESCO Universal Declaration on Cultural Diversity*. UNESCO.

———.（2003）*Education in a multilingual world*（UNESCO Education Position Paper）. UNESCO.

バレ、メルヴィ、マルック・トッリネン、リトバ・コスキパー（2005）『フィンランド・メソッド　5 つの基本が学べる　フィンランド国語教科書　小学 4 年生』東京：経済界.（Wäre, Mervi, Markku Töllinen, Ritva Koskipää and WSOY（2005）*Uusi salainen kerho 4*. WSOY. 北川達夫、フィンランド・メソッド普及会訳）

渡部昇一（1983）『英語の歴史』渡部昇一（編）「スタンダード英語講座第 3 巻」東京：大修館書店

ウォーフ、ベンジャミン・リー（1993）『言語・思考・現実』東京：講談社.（Whorf, Benjamin Lee（1956）*Language, Thought, and Reality*. Cambridge MA. 池上嘉彦訳）

Wurm, Stephen A.（ed.）（2001）*Atlas of the World's Languages in Danger of Disappearing*. Second edition. UNESCO Publishing.

薬師院仁志（2005）『英語を学べばバカになる　グローバル思考という妄想』東京：光文社

山田雄一郎（2005a）『英語教育はなぜ間違うのか』東京：筑摩書房

———（2005b）『日本の英語教育』東京：岩波書店

———（2006）「計画的言語教育の時代」大津由紀雄（編）『日本の英語教育に必要なこと――小学校英語と英語教育政策』東京：慶応義塾大学出版会、pp. 89–110

山口仲美（2007）『若者言葉に耳をすませば』東京：講談社

山川智子（2005）「多言語共生社会における言語教育――多様な言語への気づきをきっかけに」大津由紀雄（編）『小学校での英語教育は必要ない！』東京：慶応義塾大学出版会、pp. 161–184

山梨正明（2000）『認知言語学原理』東京：くろしお出版

山梨正明他（編）（2003）『認知言語学論考』No.3、東京：ひつじ書房

横須賀孝弘（2000）『北米インディアン生活術――自然と共生する生き方

を学ぶ』東京：グリーンアロー出版社

雑誌：

特集「オセアニアの言語と文化――知られざる豊饒と多様の世界」『月刊言語』1999年7月号　第28巻　第7号、東京：大修館書店、pp. 20–93

特集「公用語論の視点――21世紀日本の言語政策を考える」『月刊言語』2000年8月号　第29巻　第8号、東京：大修館書店、pp. 22–75

ウェブサイト：

"Cornish language extinct, says UN."（BBC News, 2009年2月20日）（検索日：2009年2月28日）
http://news.bbc.co.uk/2/hi/uk_news/england/cornwall/7900972.stm

"The Declaration of Independence."（検索日：2008年11月13日）
http://www.ushistory.org/declaration/document/index.htm

Educational Testing Service　TOEFL: Test of English as a Foreign Language（検索日：2008年11月3日）
http://www.ets.org/portal/site/ets/menuitem.fab2360b1645a1de9b3a0779f1751509/?vgnextoid=69c0197a484f4010VgnVCM10000022f95190RCRD

基礎学力を考える　シンポジウム「思考力と読解力をつける」、東京都世田谷区教育長　若井田正文「『深く考える、表現する、日本文化を理解する』"世田谷『日本語』教育特区"の試み」（検索日：2009年1月24日）
http://www4.kanken.or.jp/symposium04/a_m02.php

国際競争力と経済のパフォーマンスランキング 2003–2007（Overall Ranking and Competitiveness Factors）（表1–1；検索日 2008年4月1日）
http://www.imd.ch/research/publications/wcy/wcy_book.cfm

「ことば・言葉・コトバ：教育特区　日本語・言語」（検索日：2009年1月24日）
http://blogs.dion.ne.jp/bunsuke/archives/5662302.html

教育ルネサンス「深める伝え合う力（10）『日本語力』特区を活用」（検索日：2009年1月24日）
http://www.yomiuri.co.jp/kyoiku/renai/20060218us41.htm

文部科学省『学制百年史』資料編 [四 1]（検索日：2008年7月5日）

http://www.mext.go.jp/b_menu/hakusho/html/hpbz198102/hpbz198102_2_187.html

———— (2003)『「英語が使える日本人」の育成のための行動計画』(検索日：2008 年 8 月 22 日)
http://www.mext.go.jp/b_menu/houdou/15/03/03033102.pdf

————「構造改革特別区域研究開発学校設置事業における小学校の英語教育の取組（全 55 件）」中央教育審議会 初等中等教育分科会 教育課程部会（第 39 回（第 3 期第 25 回））議事録・配布資料 [資料 2–2（8）]（検索日：2009 年 1 月 6 日）
http://www.mext.go.jp/b_menu/shingi/chukyo/chukyo3/004/siryo/06040519/002–2/008.htm

————「小学校段階における英語教育に関する教育内容（試案）」中央教育審議会 初等中等教育分科会 教育課程部会（第 39 回（第 3 期第 25 回））議事録・配布資料 [資料 2–2（19）]（検索日：2009 年 1 月 6 日）
http://www.mext.go.jp/b_menu/shingi/chukyo/chukyo3/004/siryo/06040519/002–2/019.htm

————「諸外国における小学校段階の英語教育の状況」中央教育審議会 初等中等教育分科会 教育課程部会（第 39 回（第 3 期第 25 回））議事録・配布資料 [資料 2–2（9）]（検索日：2009 年 1 月 6 日）
http://www.mext.go.jp/b_menu/shingi/chukyo/chukyo3/004/siryo/06040519/002–2/009.htm

————「小学校における英語教育について（外国語専門部会における審議の状況）」中央教育審議会 初等中等教育分科会 教育課程部会（第 39 回（第 3 期第 25 回））議事録・配布資料 [資料 2–1]（検索日：2008 年 11 月 3 日）
http://www.mext.go.jp/b_menu/shingi/chukyo/chukyo3/004/siryo/06040519/002.htm

————「小学校における英語教育に関する研究開発学校」中央教育審議会 初等中等教育分科会 教育課程部会（第 39 回（第 3 期第 25 回））議事録・配布資料 [資料 2–2（7）]（検索日：2009 年 1 月 6 日）
http://www.mext.go.jp/b_menu/shingi/chukyo/chukyo3/004/siryo/06040519/002–2/007.htm

————「小学校の英語教育に関する意識調査 結果の概要」中央教育審議会 初等中等教育分科会 教育課程部会（第 39 回（第 3 期第 25 回））議事録・配布資料 [2–2]（検索日：2009 年 1 月 6 日）

http://www.mext.go.jp/b_menu/shingi/chukyo/chukyo3/004/siryo/06040519/002–2/011.htm
———「小学校英語活動実施状況調査概要（平成 17 年度）」（検索日：2009 年 1 月 6 日）
http://www.mext.go.jp/b_menu/shingi/chukyo/chukyo3/004/siryo/06040519/002–2/002.pdf
———「『小学校英語活動実施状況調査（平成 19 年度）』の主な結果概要（小学校）」（検索日：2009 年 1 月 6 日）
http://www.mext.go.jp/b_menu/houdou/20/03/08031920/001.htm
———「小学校における英語活動に関する指導内容（一部）のイメージ（試案）」中央教育審議会 初等中等教育分科会 教育課程部会小学校部会（第 4 期第 1 回）議事録・配布資料 [資料 15]（検索日：2009 年 4 月 8 日）
http://www.mext.go.jp/b_menu/shingi/chukyo/chukyo3/029/siryo/07090310/004/002.htm
———「英語ノート（仮称）構成案　第 5 学年・第 6 学年」（検索日：2009 年 4 月 8 日）
http://www.mext.go.jp/a_menu/shotou/gaikokugo/note/pdf/080328.pdf
———（2008 年 3 月告示）「小学校学習指導要領　第 4 章　外国語活動」（検索日：2009 年 1 月 6 日）
http://www.mext.go.jp/a_menu/shotou/new–cs/youryou/syo/gai.htm
———（2008 年 8 月）『小学校学習指導要領解説　外国語活動編』（検索日：2009 年 1 月 6 日）
http://www.mext.go.jp/a_menu/shotou/new–cs/youryou/syo/gai.htm
———「新しい学習指導要領　小・中学校 新学習指導要領改訂 Q&A（教師向け）11. 外国語活動・外国語に関すること」（検索日：2009 年 3 月 27 日）
http://www.mext.go.jp/a_menu/shotou/new–cs/qa/11.htm
———（2008 年 12 月）「高等学校学習指導要領案」（検索日：2009 年 1 月 6 日）
http://www.mext.go.jp/a_menu/shotou/new–cs/news/081223/002.pdf
———「高等学校学習指導要領、特別支援学校学習指導要領等改訂案関係資料」（検索日：2009 年 1 月 6 日）
http://www.mext.go.jp/a_menu/shotou/new–cs/081223.htm
文部省（1989 年 3 月）「中学校学習指導要領 第 9 節 外国語」（検索日：

2008 年 8 月 22 日）
http://www.nicer.go.jp/guideline/old/h01j/chap2–9.htm
———（1998 年告示、2003 年一部改正）「中学校学習指導要領 第 9 節 外国語」（検索日：2008 年 8 月 22 日）
http://www.mext.go.jp/b_menu/shuppan/sonota/990301/03122602/010.htm
———（1998 年告示、2003 年一部改正）「小学校学習指導要領 第 1 章 総則」（検索日：2009 年 1 月 6 日）
http://www.mext.go.jp/b_menu/shuppan/sonota/990301/03122601/001.htm
日本英語教育史学会『日本英語教育史年表　昭和（～ 30 年代）』（検索日：2008 年 5 月 20 日）
http://hiset.jp/n–showa1.htm
———『日本英語教育史年表　昭和（40 年代～）』（検索日：2008 年 5 月 20 日）
http://hiset.jp/n–showa2.htm
日本の国際競争力ランキング 1991–2002（IMD World Competitiveness Yearbook 91–02）（グラフ 1–2；検索日：2008 年 4 月 1 日）
http://www.shinseibank.com/fx_info/imgs/gaikahozen/2g001.gif
2008 年国際競争力ランキング（The World Competitiveness Scoreboard 2008）（グラフ 1–1；検索日：2009 年 2 月 10 日）
http://www.imd.ch/research/publications/wcy/upload/scoreboard.pdf
"'Oldest English words' identified."（BBC News, 2009 年 2 月 26 日）（検索日：2009 年 2 月 28 日）
http://news.bbc.co.uk/2/hi/science/nature/7911645.stm
世田谷区　教科「日本語」の推進（検索日：2009 年 1 月 24 日）
http://www.city.setagaya.tokyo.jp/030/d00020629.html
世田谷区　世田谷「日本語」教育特区認定（検索日：2009 年 1 月 24 日）
http://www.city.setagaya.tokyo.jp/030/d00005808.html
財団法人自治体国際化協会（CLAIR）「The JET Programme」（検索日：2008 年 8 月 31 日）
http://www.jetprogramme.org/j/introduction/index.html

新聞記事：
論点「小学校の英語」（毎日新聞 2004 年 8 月 30 日）
「児童楽しみ『英語話したい』先生お悩み『どう教えれば』」（朝日新聞 2005 年 8 月 18 日）
「言い換え 35 案　国語研発表第 4 回中間」（朝日新聞 2005 年 10 月 7 日）
きょうの論点「小学校から英語を必修？」（朝日新聞 2006 年 4 月 24 日）
be between「小学生の英語」（朝日新聞 2006 年 5 月 13 日）
「『英語交じり文』増殖中」（朝日新聞 2007 年 5 月 2 日）
「広辞苑現代語満載」（毎日新聞 2007 年 10 月 24 日）
「小学英語の教材試作」（日本経済新聞 2008 年 4 月 4 日）
「5000 校で小 3 から英語　教育再生懇が中間報告へ」（朝日新聞 2008 年 5 月 25 日）
「菅正隆・文科省教科調査官に聞く」（日本教育新聞 2008 年 6 月 23 日）
「教育改革熱　陰りの兆し（小学校英語も支持離れ）」（朝日新聞 2008 年 7 月 26 日）
文化「『英語信仰、脱却を』教員ら 500 人がシンポ」（朝日新聞 2008 年 9 月 25 日）
「『悲しき熱帯』を歩く」①―⑤（石田博士）（朝日新聞 2008 年 9 月 29 日 –10 月 3 日）
正論「小中学校の『言語学習』を思う」（加藤秀俊）（産經新聞 2008 年 11 月 5 日）
あしたを考える「新学歴社会　海外名門大へ進学熱」（朝日新聞 2008 年 12 月 21 日）
社説「高校指導要領　英語で授業…really?」（朝日新聞 2008 年 12 月 23 日）
「指導要領改訂案　高校英語　授業は英語で」（朝日新聞 2008 年 12 月 23 日）
時時刻刻「高校指導要領改訂案　英語だけで OK?」（朝日新聞 2008 年 12 月 23 日）
「高校の学習指導要領改訂案」（朝日新聞 2008 年 12 月 23 日）
新教育の森「小学英語の指導に専任者いるといい」（毎日新聞 2009 年 3 月 2 日）
天声人語（朝日新聞 2009 年 5 月 16 日）

テレビ番組：
「ETV スペシャル　ネイティブアメリカン　祈りの大地　喜多嶋洋子・30 年目の旅」（NHK 教育 2003 年 10 月 4 日放送）
「わかる国語　読み書きのツボ 5・6 年『議論の穴を探せ！』」（NHK 教育 2009 年 3 月 12 日放送）
「クローズアップ現代　どこまで必要　日本人の "英語力"」（NHK 総合 2009 年 4 月 2 日放送）

映画：
『裸足の 1500 マイル』（フィリップ・ノイス監督、2002 年オーストラリア映画）（Noyce, Phillip.（director）*Rabbit Proof Fence*. HanWay and The Australian Film Finance Corporation. 2002）

辞書：
小西友七、南出康世（編集主幹）（2001）『ジーニアス英和大辞典』東京：大修館書店
新村出（編）（2008）『広辞苑』第六版、東京：岩波書店

引用例のみの出典：
Clark, Jeffrey.（2006）*Back in the U.S.A.: An American Rediscovers His Native Land*. NHK Publishing.
Elwood, Kate.（2007）*Oops and Goofs: Lessons Learned through Daily Life in Japan*. NHK Publishing.
東野圭吾（2005）『探偵倶楽部』角川書店
宮沢賢治『注文の多い料理店』（新潮社、1990）
———「風の又三郎」（『銀河鉄道の夜』集英社、1990）
Strong, Sarah M. and Karen Colligan-Taylor.（2002）*Masterworks of Miyazawa Kenji*. International Foundation for the Promotion of Languages and Culture.

索　引

＜言語名＞

あ行

か行

<人　名>

か行

さ行

た行

は行

ま行

＜事　項＞

た行

ま行

や行

ら行

わ行

著者紹介

森光有子（もりみつありこ）――第1章、第2章、第4章、第6章 執筆担当
大阪市立大学大学院文学研究科後期博士課程単位取得満期退学。1992年から1993年まで米国カリフォルニア大学サン・ディエゴ校客員研究員。現在、相愛大学教授。論文に“Factors and Their Relations in the Interpretation of Deictics-A Prototype Approach to *Here*, *There*, *This*, and *That*-,”「空間の前置詞 in と out of へのプロトタイプ・アプローチ」、「認知的際立ちから見る Prepositional Phrase Construction と Double Object Construction」、「主観的把握と客観的把握―なぜ日本語には擬声語・擬態語が多いのか―」など多数の他、『英語基本形容詞・副詞辞典』（研究社）などの辞書執筆にも携わる。

中島寛子（なかじまひろこ）――第3章、第5章、第6章 執筆担当
セントラルミズーリ州立大学大学院修士課程（TESL 専攻）修了。現在、相愛大学にて非常勤講師として教鞭をとるほか、大阪府と兵庫県の幼稚園・小学校で英語教育に携わる。論文に「小学校英語教育を考える―児童英語教育におけるカタカナ語の影響に焦点を当てて―」、「日本に溢れるカタカナ語とその影響―大学生のカタカナ語の認識と英語学習―」（いずれも共著）がある。

英語 vs. 日本人
——日本人にとって英語とは何か——　(検印廃止)

2009年9月15日　初版発行

著　　者　森　光　有　子
　　　　　中　島　寛　子
発 行 者　安　居　洋　一
組　　版　アトリエ大角
印刷・製本　モリモト印刷

160-0002　東京都新宿区坂町 26
発行所　開文社出版株式会社
TEL 03-3358-6288 FAX 03-3358-6287
www.kaibunsha.co.jp

ISBN978-4-87571-669-3　C3082